被误解的

林徽因

及其时代

凌怡 著

上海三联书店

目录

从历史现场为她祛魅

林徽因大概是民间最津津乐道的民国杰出女性之一了，一首《你是人间四月天》的广泛流传，把林徽因和她身处的民国时代都镀上了一层风花雪月的色彩。大多数时候，坊间对她的讨论，不是绯闻化，就是鸡汤化，要么就是高度的文人化。可真正的林徽因是什么样的？她所处的时代又是什么样？这些问题，都在真假交织的民间传闻和大众作品里被演绎、被模糊、被忽略和遮蔽了。林徽因加强了人们对民国时期的某一种想象：名媛、才女，身前身后文人骚客环绕不绝。她更成了鸡汤文化和成功励志学的主题，这些文章乐此不疲地用她来教导女性温顺动人，既要有所品位，又要安于幸福。在一片赞誉声中，鲜少有人关心这个眼界开阔、相貌姣好、原本可以舒适安逸过一生的女性，是怎样选择了"建筑"这条风雨兼程的道路，并在荣耀与动乱中矢志不渝。

人是由时代塑造的，但是通过智慧与努力，人也可以重塑时代。对林徽因的研究，如果把重点过度集中在她个体身上，把她从具体的历史场景中抽离，把她与其处境割裂开来，最终必然会导致鸡汤化或者妖魔化。

林徽因远不是《人间四月天》等大众影视作品里的单薄形象。当我们把她放回 20 世纪初的中国和西方的历史浪潮中，才能重构一个顺势而为的林徽因。她是晚清"新政"后出生的名门闺秀，在新旧交替中，成为中国几千年来第一批享受了教育权利的幸运女孩；她的童年时期，正值辛亥革命后中国女性第一次争取选举权，她成为了第一批接受新式教育的城市女孩；她的少女时期，正是颁布了新学制的北洋时期，她成为教会女校改革升级后接受全英语教学的学生；在一战后，趁着中国成为"战胜国"和五四运动的激荡，她随父旅欧，见识了战后欧洲女性力量的崛起；在 20 年代的宾夕法尼亚大学，她成为与美国高等教育中性别歧视作斗争的赢家；白话文运动和现代诗歌运动带动了现代女性写作狂潮，她置身其中，靠天分和文学积累，在女作家群中迅速崭露头角；日本侵华战争来临，她在逃亡途中还疾病缠身，却无惧生死并坚持学术研究，赢得了中外学者的尊重。她没有在战火中自暴自弃，没有在质疑声中妄自菲薄，也没有在颠沛流离中绝望溃败，而是永远乐观，跟战争赛跑，向死神争时间。

她过早地见识了世界，胸中有远见和格局，却仍敌不过家庭的琐碎。她也是一个传统大家庭的长女，名门的儿媳，名人的妻子，两个孩子的母亲，她逃不脱千百年不变的婆媳矛盾、妯娌矛盾、母女关系矛盾，生活的琐碎将她拽入尘埃，她一样有着平凡人的家庭烦恼和普通女性的困境。那种琐碎是女性千百年来的桎梏，也是新旧交替时代女性必经的麻烦。她也过早地见识了生命的创痛，经历了颠沛流离的考验，以及病痛缠身痛苦不堪，以至于到最后看淡生死、一心发光发热。重要的是，她始终坚持初心。

所有这些经历，共同构成了一个真实的、有血肉的、有光环也有缺点的林徽因。

误解林徽因，也因为我们误解了那个时代，那个时代有独特的美好，也有艰辛和残酷。

不了解新文化运动之后不同思潮的对垒，也就无法理解林徽因的那些爱恨情仇；不了解一战后整个亚洲的格局，就不会理解为什么父辈们给她选择了那样的路；不了解战后中、美、苏、印、日的格局，就不会理解她为何如此珍视传统文化的价值观，与大潮流相悖。可以说，她的每一个选择，都是内外困境交织的必然。

从一路搬家、四处求学到野外考察，她跟着父辈接触过中国权力中心，也因为田野考察而接触到中国底层社会，她辗转过大半个中国，于是她比很多人清楚，中国到底是什么样；她也曾随父旅欧，到美国留学，蜜月旅行欧洲和远东，她流连于世界各地，看遍战后各国的真实面孔，于是她知道，中国不能成为什么样。

她历经晚清、北洋、民国和新中国四个时期，目睹政权更迭，在历史洪流中看尽父辈们政海浮沉，极尽努力，却始终是时代的傀儡，于是最终她选择远离政客，但不刻意逃避政治，始终坚持自己的立场。她爱美，却从不想做花瓶，她可以坐在客厅与文人高谈阔论，也敢穿着旗袍"上房揭瓦"。她热爱文学，诗歌、散文、小说、剧本通通不在话下，但从不媚俗从众，因为厌恶文艺脱离现实。

作为一个建筑学家，在某种程度上，她的格局比梁思成更加广阔和多元，她看到的不仅是"石头的史诗"，更是历史的兴衰和人性的坚韧幽深。

她留给世界的，不只是一副美丽的躯壳，也不止大量的建筑学研究成果，还有一个人如何在历史浪潮中坚持内心，在虚浮繁华中不失自我，在纷乱的情感诱惑中不向欲望和空虚低头。

我们误解林徽因，更多的是因为我们容易误解杰出的女性。

没有那个时代，就没有林徽因；没有那些苦难，也没有林徽因。没有林徽因这样的女性，也很难证明女性在科学领域同样可以做出杰出贡献。没有林徽因这样的知识分子，中国近代学术领域也无法在战火摧残中依旧茁壮成长。

当然，林徽因并不能代表从晚清到民国的所有女性，她出生于特定的阶层，成长于特定的派系，混迹于特定的文人圈子。作为新女性，她代表的是清末民初立宪派的价值观，而不是街头革命女青年的理念；作为女作家，她代表的是新文化运动中资产阶级知识分子的东西兼顾，而不是婉约派女作家的深情或者左派女作家的革命精神；作为中国古建筑的研究者，她必然也是传统文化的拥护者和坚定的爱国者，否则不会在抗日战争中永怀不屈的精神，更不会选择在内战尾声拒绝迁台；但是，她对传统文化的执着也注定了，留在新中国以后，她能用自己的专业知识迅速做出贡献，但也会由于自己阶层和理念的局限，与新的意识形态和新社会需求脱节。一切安排，也早被她的时代和命运在暗中标注好了价码。

人性和历史一样，曲折幽微，真伪交织；我们只有交叉印证，并以最求实的态度去叩问和探索，用诚恳的同理心去体会和重构，才能与历史上的杰出女性真正共情。认识真正的林徽因，可以认识真正的时代，更可以反思今天女性的处境，为每个心向自由的人，寻找内心的坚定与安宁。

第一章

她的出身　并非贵族，而是改革者之家

1. 生逢变革时

泰戈尔说过："人总是会被历史淹没，除非他努力崭露头角。"（Man does not reveal himself in his history，he struggles up through it.）这对于福建闽侯（现在的福州）林氏家族接下来半个世纪所经历的一切，仿佛是一种预言，尤其是在 20 世纪初那样一个激流涌动的时代。

这是光绪三十年（1904 年），这个夏天，一切看起来平静如常，其实水面以下，各种力量蓄势待发，暗自较量。杭州的初夏，空气里充满江南的温润，而且带着微微的海风味道，会让时任杭州代理知府的林孝恂想起老家福建闽侯。

时下正值农历的芒种左右，杭州城外的农民正在像往年一样忙着抢收小麦，以避开即将到来的梅雨季节。这两年，他们在田间经常见到一些来自农事试验场和农务学堂的人，说要改革农业生产，农民们不太明白，只知道这些都是慈禧太后她老人家吩咐的。而在杭州城里，官员们也没有一天安生。日俄战争爆发，日本即将让世界看到黄种人打败白种人的"奇迹"；美国提出门户开放，从此外国人在中国境内畅行无阻，各种西洋文学译作越来越多；《辛丑条约》让清政府欠下巨额的赔款，也让南方汉族的势力、军阀、各地的督府开始和清政府中央抗衡，朝野酝酿着新的权力分配……但混乱中好像又萌生着希望，慈禧太后在历经了戊戌变法百日维新后的紧张与多疑，又历经了庚子国变的恐惧和妥协之后，她终于在大清国运垂危之际，开启了前所未有的"新政"，那些在百日维新中被她唾弃和防备的知识分子，好像突然有了用武之地。还有些林家判断不出好坏的形势：孙中山在檀香山加入华侨组织的洪门致公堂；蔡元培着手成立光复会……一个新旧交替的时代即将到来，杭州湿润的空气里到处是蠢蠢欲动的味道。

　　林孝恂家在闽侯地区是望族，变革者迭出。以至于后来还有"闽侯四民"的说法，这四名分别是林长民、林觉民、林肇民、林尹民。其中林觉民和林尹民兄弟留日归来之后走上了革命之路，成为"黄花岗七十二烈士"，林长民的一生则为了立宪和变革鞠躬尽瘁。这个林家，后来在整个 20 世纪的前 50 年，为中国尝试了无数条路。

可林孝恂刚刚搬到杭州西湖附近的陆官巷没几年，他的一生与同时代文人相比有些不同。他并不总是埋首穷经，他学习过医术和武术，也接受西方的政法思想。晚年客居上海期间，还参股创办了商务印书馆。他和其他传统读书人一样，曾在科举入仕之路上倾尽全力，在晚清政局最为变幻莫测的 1889 年，他中进士，并被授予为翰林院编修。但是他很快厌倦了京城官场迎来送往的潜规则，于是利用了一个潜规则告别了一切规则：在翰林院年度甄别考试时，故意写错一个字，主考人看到这个错字，便知此人暗示想离开京城了，于是林孝恂很快被下放到地方，做过金华、孝丰、仁和、石门、海宁诸州县的地方长官，后来做到代理杭州知府。① 厌倦官场只是表象，真正的原因是，他知道科举制度已日薄西山，他的后代，一定要熟悉新学。

----

① 陈学勇：《莲灯微光里的梦：林徽因的一生》，人民文学出版社，2008 年，第 4 页。

当时他家有两个儿子和其他几个侄子，长子林长民，次子林天民，侄子林觉民、林尹民，后来这四兄弟都用自己的方式试图改变中国。当时，林孝恂在位于杭州万安桥侧的林宅内，特地把宅子分为东西两侧，一边教授新学，一边教授传统经学。他从福建请来两位至交来教育子女，一位是被公认为中国近代文坛开山祖师及译界泰斗的林纾，专教中式学问；一位是后来的著名报人林白水，专教西学。

林纾可谓中国近代文学的传奇人物：他通过请人将西方英文原著口译成口语，再转写为古文，不懂英文，却成为了西方文学翻译泰斗。他为中国第一次引入了大仲马的小说《茶花女》，轰动一时，随后，还有狄更斯的《大卫·科波菲尔德》、哈葛德的《天女离魂记》、托尔斯泰的《恨缕情丝》、塞万提斯的《魔侠传》、森彼得的《离根天》、司各德的《撒克逊劫后英雄略》、笛福的《鲁滨逊漂流记》等等。他用"文言文"介绍西方文学这种方式，既向中国民众打开了西方文学世界的大门，又为当时的传统士大夫们所接受，但他本人并不是一个保守的旧式文人。在戊戌变法前，林纾在福建每天和林孝恂谈革新，谈如何接受西方政治和法律思想，这已超越了同辈文人们"中体西用"的主流观念。在林孝恂的儿子里，林长民特别受林纾欣赏。1909 年林长民毅然放弃了翰林的头衔，不做科举既得利益者，后期也主要走宪政改革路线，不得不说跟林纾的关系很大。

教西学的林白水则和林纾在中西文化中寻求折中不同，他完全是一个旧制度的反抗者。林白水知识渊博，所教授知识新颖，不仅涉及国内的军事政治问题，还包含世界最新的政治思想学说，而且讲课总是慷慨激昂、富有激情，这在很大程度上影响了林长民出国留学的行事风格。当时他也开始涉足报业，时任《杭州白话报》主笔。

"闽侯四民"之一林尹民是林孝恂的哥哥林孝扬之子。林尹民自幼习武，一身仗剑走天下的侠气，据说独爱三国里的张飞。16 岁那年，他被伯父林孝恂叫到杭州，和堂弟林长民一起读书，他的课业一直在几兄弟中排第一。在林白水的熏陶下，他热衷西学，决定留学日本，后来考入第一高等学校的医科。但做医生并不是他的理想，他在业余时间读了大量中外兵书，后来加入同盟会，投身革命。他革命意志非常决绝，很早就做好了殉国的打算，为此拒绝娶妻生子。他说既然有革命之心，不如尽早断绝牵挂，以免累及家人。林觉民和林尹民一样，忧国忧民，心向革命。他在福建高等学堂毕业后，留学日本庆应大学政法系，其间结交革命党人，并加入同盟会。19 岁那年娶妻，本来情投意合，但为了革命起义，林觉民忍痛决绝写下著名的《与妻书》，流传后世①。

1910 年 11 月，孙中山觉得革命时机成熟了，在马来西亚召集会议，决定在广州起事。当时，同盟会要选拔 800 人敢死队，林尹民和林觉民毅然参加，并从日本携带了多箱军械回国，1911 年 4 月 27 日晚，广州起义爆发，可敢死队寡不敌众，林尹民弹尽而死，才 25 岁。林觉民则负伤被抓，被清政府所杀。两人都名列后来的"黄花岗七十二烈士"。林尹民的胞兄林肇民虽然没有参加起义，但是听到消息后，他依然大呼"吾弟已矣，吾当力其所业而未就也"②。第二年，武昌

---

① 《福州文史资料选集（第 6 卷）》，中国人民政治协商会议福建省福州市委员会文史资料工作委员会，第 116 页。
② 陈新华：《百年家族：林长民·林徽因》，立绪文化，2002 年。

起义爆发，他组建革命司令部发动起义，光复福建，清政府覆灭。他终于不必再像弟弟一样流血牺牲，而迎来历史新纪元。

但林长民和他们的志向不一样，他希望通过其他方式改变中国。但眼下，他首先得应付家里的这件大事——妻子生产。

1904年6月10日这一天，林长民的第二任妻子何雪媛临盆了。

林长民没有林尹民、林觉民兄弟的运气和气魄，遇到一生所爱或者坚决独身。作为长子，他接受了父母安排的婚姻。他的第一任妻子未育便早逝，家里很快为他续弦，第二任妻子就是何雪媛。谁料结婚8年后，林长民28岁了，她才终于怀孕。这段婚姻里，他和何雪媛都是不愉快的。

何雪媛是一个嘉兴商人的小女儿。清末的官商关系非同一般。彼时的中国，尤其是在江浙沿海，尽管商品经济急速发展，但是清廷为了限制民间资本，企业只能是官督商办，盛宣怀、胡雪岩就是典型的官督商办背景下的红顶商人。到了"新政"时期，晚清政府终于放开了对民间资本的限制，改为官商合办。于是在江浙这样商业发达的沿海地区，商人越来越多，但想要做大，无不首先与官方结成利益同盟。因此，何雪媛的父亲让自己的小女儿去给林长民做续弦，是很正常的事。

可是，这个娇生惯养的小女儿并不讨林长民的欢喜。她没上过几天学，既不会吟诗作画，也不会弹琴下棋，跟学贯中西的林长民压根没有共同语言。再加上性格骄纵任性，颇不讨丈夫欢心；不擅长做家务，更不受婆婆游氏的待见——毕竟游氏是受过教育，也擅长女红的大家闺秀。尤其她还裹着小脚，更得不到力推改革的林长民的垂青。这样一来，何雪媛的"功能"似乎只剩下传宗接代，尤其是增加男丁。可惜都结婚八年，才第一次怀上孩子。她多希望是个男孩，可以为自己赢得一些尊严。

随着一阵婴儿啼哭传来，是个女儿，何雪媛显然非常失望。可是这个孩子如林长民一般俊秀、灵动，一双大眼睛充满了对一个新世界的孜孜渴望，让林长民爱不释手。老爷子林孝恂更是开心，他从《诗经·大雅·思齐》里，为长孙女取名"徽音"。原句"大姒嗣徽音，则百斯男。"意思是周文王的母亲大任、妻子大姒美德垂范，助文王成就大业①。因为林孝恂希望她长大后能具备文王之妻的美德，成为丈夫的贤内助。这个寓意后来似乎也为林徽因一生的命运写下了微妙的注脚。

（30 年代初，林徽音发表了大量诗歌和文章，但当时另有一位署名"林徽音"的男作家也有作品见报，于是她便改名"徽因"以作区别。）

① 田时雨：《阅读经典女人：林徽因》，思行文化传播有限公司，2013 年，第 18 页。

2. 改良者林长民

　　在林徽因刚满一岁的 1905 年，中国发生了一件重要的事情，那就是废除科举。庚子国变，清朝签订了《辛丑条约》之后，慈禧就已经下令义和团肇事严重的地区科举暂停三年，到 1905 年，废除科举已是水到渠成的事。但这样一来，也让中国广大的知识分子失去了上升的路径。同时，因为甲午战争之后，中国的知识分子和士绅们都希望学习日本的维新强国之路，于是清廷颁布了《奖励游学毕业生章程》，其中规定，只要留学日本有所成就，回国之后通过了考试的，就还是可以进入仕途，获得上升机会。而且，比起留学欧美，留学日本便宜多了。再加上，自 1904 年开始的日俄战争中，强大的白种人的俄罗斯竟然被黄种人的日本打败，更让中国年轻人对日本充满好奇和向往，力求从中学习到救国图强之道。

林长民自小东西学贯通，1898 年中了秀才，但他并没有继续科举之路，而是在家里苦学英文和日文，为出国留学做准备。林孝恂也非常支持，还为他请了一位加拿大教师和一位日本教师。1906 年，林徽因两岁的时候，林长民第一次赴日留学，不久后回到杭州的东文学校学习日文，然后再度赴日，进入早稻田大学预科和大学部政经科①。与他两位革命者哥哥不一样，他希望通过自己从政，以改良的方式实现中国的宪政之路。

林长民在早稻田大学的三年时间里，不仅成绩出类拔萃，而且还很快被推举为留学公会的会长。近代掌故大家徐一士曾这样描写林长民："一有才，既具学识，尤善治事……一有口才，善于辞令，辩才无碍；一有财，家本素封，交际所需，不匮于用，是以各方酬酢……一有胆，遇事肯担当，不畏葸。"意指他不仅功底深厚，而且多种语言流畅雄辩，再有殷实的家底支撑他广阔的交游，遍济同侪。这也让他有条件广泛结交中日政治名人。他认识后来的首相犬养毅、日本

---

① 徐友春主编：《民国人物大辞典（上）》，河北人民出版社，2007 年，第 815 页。

议会政治之父尾崎行雄；也熟识中国实业家张謇、岑春煊；既熟悉汤化龙、孙洪尹、刘崇佑、徐佛苏等留日立宪派志士；也结交保守君宪派的杨度；还与同盟会的黄兴、宋教仁打过交道。其中很多人的立场和目标都是相左的，他自己后来也与同盟会分歧巨大，但他认为政治家要包容，这不仅是一种气度，更是为将来预留沟通和折冲的空间。[①]

当时，梁启超因被清廷通缉而流亡日本，其间主办杂志发表政论，林长民此时就与梁启超多有往来，由此为梁、林两家结下了后来紧密的联系。多年以后，林徽因因为才华横溢、口才了得、胆识过人、交游广阔，也被林长民的老友称为"颇有乃父之风"。

林长民留学回来后，直接放弃清政府的留学生归国考试，自己出资创立了私立的法政专科学校以及附属中学，自己亲任校长，为各省私立政法学校开创了先河。第一年，学生竟然有百人之多。为了筹款运营，他经常在北京和杭州来回奔波，效果显著，以至于其他的学校大部分因为运行不善而关闭时，他的学校直

① 徐一士：《谈林长民》，《古今》1944 年第 38 期。

至他去世都还在运行。

就在林长民进行他的政治教育实践时，中国已经不一样了。清末新政进行得如火如荼，同时，清政府宣布了预备立宪。为了落实立宪，各省纷纷设立咨议局，这让以林长民为代表的立宪派知识分子充满了希望。于是，他在福建咨议局副议长刘崇佑的举荐下，出任谘议局书记长，大力推动清廷尽快立宪；年底，他和各省咨议局代表在上海成立了国会请愿同志会；不久，还赴北京和徐佛苏等人组成了宪友会；在上海，他还担任了《法政杂志》的社长，并在梁启超"远程"参与策划的《国民公报》上鼓吹宪政……当然，他知道这些温和的忠告对并不真心想立宪的清廷来说并不奏效，而且，清政府还组建了由保守党组成的"宪政促进会"等组织，和立宪派唱反调。但林长民还是非常努力，不仅出于对宪政的强大信念，更是因为他很不希望革命党成功——因为在日本，他目睹了大量的革命党人喜欢采取暗杀、制造炸弹等手段达到目的，让立宪派们深感忧虑。

而革命派没有立宪派那样天真，他们一刻不停地部署着武装起义，包括林长民的两个兄弟。林徽因 7

岁这年，1911 年 4 月 27 日，广州黄花岗起义爆发，她的叔父林觉民参与黄花岗起义而牺牲，叔父家不得已变卖福州杨桥巷十七号林家大院，仓皇出逃，接手他们宅院的人，就是后来著名的作家冰心一家。

这场起义并没有震慑到清政府，5 月，清政府宣布实行责任内阁制，在十三名国务大臣组成的新内阁中，满人皇族竟然占了七名，被讥为"皇族内阁"。林长民发现自己经年累月为改良奔走不仅没有改变腐朽的清政府，反而还阻止不了堂兄弟的伤亡，他彻底失望和愤怒了。

谁知道，几个月后，武昌起义一声枪响，辛亥革命爆发，时局瞬间扭转，改天换地，各省纷纷独立。林长民的堂哥林肇民也践行自己的诺言，发动福建全省官兵加入同盟会，参加起义，福建随后光复。

各省独立后需要建立中央政府，于是地方谘议局近水楼台先得月，林长民就直接成为福建省代表，参加了上海召开的第一届全省都督府代表联合会。会上，林长民首次与革命派正面交锋：他们立宪派坚持推举黎元洪为大总统，因为一位没什么实权的大总统在位，更方便推进宪政，实现权力制衡。

可是同盟会肯定不愿意让一个啥也没干的黎元洪抢夺革命果实，坚持让辛亥革命的元勋黄兴为大总统，双方争执不下，矛盾重重，很快为林长民带来杀身之祸。在场外一次同盟会内部会议上，同盟会元老、林长民的福建老乡林森公开指责林长民："有位福州著名的宪政党员，像他这样的人还混迹于代表中开会，显然，是宪政党还在起作用。"① 据《孙中山就任临时大总统揭秘》记载，这牢骚被当时的同盟会暗杀界的元老陈其美听到了，果断派打手在车站暗杀林长民。不知道到底是暗杀不成功，还是陈其美本来就只是警告，林长民伤势不重。但他当然明白其中的意图，于是马上辞职回福建避风头。从此，他与革命派的罅隙愈发深重。

此时中国，南方暗流汹涌，北方也对革命果实虎视眈眈——手握北洋军大权的袁世凯再度出山，担任了内阁总理大臣，与南方孙中山担任第一任临时大总统的中华民国政府对立。袁世凯与孙中山经过多轮博弈之后，最终达成协议，史称南北议和；孙中山遵守承

---

① 刘晓宁：《"无为而治"的国府元首：林森传》，中国文史出版社，2002年，第36页。

诺，辞去大总统，清帝溥仪逊位，袁世凯继任临时大总统，黎元洪任副总统。新的时代到来了，林长民又有了用武之地。

孙中山为了制衡袁世凯，首先想办法让革命派在内阁人数上占优势，而且还准备专门制订一项法律限制总统权力。这时，精研东西方法律，又有宪政实践经验的林长民就成为了首要人选。他被任命为临时参议院秘书长，参与草拟《中华民国临时约法》，规定新总统的施政规范。此后的近20年，革命党人与北洋军阀的斗争，几乎皆以这部《临时约法》为张本，你来我往地博弈。

这时，同盟会也改组为国民党。袁世凯当然不甘就范，和当初清廷成立"宪政促进会"来阻碍立宪派一样，他也亟需一个自己控制的政党，来制衡内阁中处处掣肘他的革命党。于是，本来就和革命党有罅隙的林长民也放下了对袁世凯的成见，和张謇一起，组成了统一党。而此时，林长民在日本的故交，因为变法失败而被清政府通缉的梁启超，终于结束了在日本十几年的流亡，重获自由，带着长子梁思成兴冲冲地回国，准备大展拳脚。

袁世凯瞅准时机，马上整合与革命党对立的力量，并出资 20 万元，在梁启超的参与下，让林长民的统一党和民主党、共和党三党一起，合并为进步党，与国民党抗衡。梁启超为理事长，林长民为秘书长。[①] 但在接下来的几年，林长民饱尝了政治的波诡云谲和宪政梦想的缥缈难平。

1913 年年初，中华民国举行了第一届国会选举，林长民当选为国会议员兼秘书长。按照《中华民国临时约法》的规定，需要尽快制订中华民国第一部正式宪法。林长民自然担任起了宪法起草委员，这部凝结了林长民等立宪派毕生所学所愿的宪法草案在 1913 年 10 月 31 日完成。由于当时宪法起草委员会的办公地点在天坛祈年殿，该草案又被称为"天坛宪草"。这部宪法草案带有强烈的理想主义，对内阁过度依赖，对总统权力过度防范，直接限制了袁世凯等北洋旧势力的权力企图。不出所料，袁世凯非常生气，于是在 1914 年靠武力强行解散了中华民国的第一届国会，并推出了扩大自己权力的《中华民国约法》（也称"袁记约

---

① 朱建华主编：《中国党派百年风云录》，华文出版社，1996 年，第 174 页。

法")。林长民的宪政梦第一次流产。

但是袁世凯重视网罗人才，依然委任林长民为总统府的政事堂参议。而且这期间还发生了一起众所周知的事，父亲林孝恂病重，林长民向袁世凯告假回上海探望父亲时，袁世凯还立马赠送价值两三千元的参鹿茸皮货等贵重物品。林孝恂不久病逝后，袁世凯又加赠了三千元。林长民回京向袁世凯销假时，袁世凯竟当场背诵林长民写的讣告，一句不落，林长民听后惶恐而感动，伏地叩首不已。[1] 于是，后来袁世凯称帝时，林长民明知有损声誉，但仍不顾争议和观念隔阂也要表示支持。

也就是在"天坛宪草"流产的 1914 年，遥远的欧洲爆发了第一次世界大战。德国陷入战争泥沼，无暇东顾。同时，还因为袁世凯向日本借过款，日本秘密提出了《二十一条》，并逼北洋政府承认日本取代德国在华的一切特权。善于打太极的袁世凯费尽心思与日本人周旋，经过无数轮谈判，终于用《中日民四条约》取代了《二十一条》，尽量减少了中国损失。但是此番

---

① 李宗一：《袁世凯传》，中华书局，1980 年，第 350 页。

成果却让袁世凯迅速膨胀，终于，在 1915 年年底打破了自己的所有底线——称帝。

为了还袁世凯的人情，林长民不得不主持了 1915年 12 月 11 日的袁世凯称帝会议，他在会议上宣读了事先已经备好的推戴书："恭戴今大总统袁公世凯为中华帝国皇帝，并以国家最上完全主权奉之于皇帝，承天建极，传之万世。"①

现场很热闹，林长民却非常落寞，如芒在背。于是，惶恐不安的林长民在袁世凯称帝之后就远离政治，在北京和天津之间赋闲。即使这样，袁世凯仍然没有和他断绝来往。根据袁世凯在清帝逊位时的承诺，他自己住在紫禁城的外朝，不打扰内朝的清朝皇室，但他却叫人把外朝所有匾额上的满文全部铲除掉，只留汉字。其中体元、承运、建极三殿的匾额，字体仿《瘗鹤铭》，但都没有落款，正是林长民书写的。②

1915 年 12 月 25 日，在梁启超的支持下，蔡锷在云南宣布起义，发动护国战争，讨伐袁世凯。在众叛亲离之下，袁世凯于 1916 年 6 月 6 日病故。

---

① 林风：《孙中山与袁世凯》，中国档案出版社，1995 年。
② 王晓华：《京华名士袁寒云》，中国社会科学出版社，2004 年。

袁世凯病故后，黎元洪继任大总统，林长民回京。戏剧性的是，支持过袁世凯的林长民和护国战争功臣梁启超，竟仍然彼此理解，继续着深厚的同僚感情。此时，随着袁世凯去世，进步党也经过分裂和重组，最终合并成梁启超和汤化龙领导的宪法研究会，史称研究系，当初袁世凯支持进步党的那笔没花完的钱，就由梁启超的研究系继承。林长民和梁启超开始大展拳脚，首先是办报，其中最成功的《晨报》影响了中国几十年，尤其是五四运动。

大总统黎元洪没有军力，实权自然掌握在北洋派系的皖系军阀段祺瑞手里。段祺瑞起初给林长民的印象是极好的。辛亥革命后，他联合众将领致电清廷要求共和，与袁世凯共同促使清帝退位；后来他由于反对袁世凯称帝，被迫辞去职务；袁世凯死后，他又不计前嫌，推举自己的"死对头"黎元洪任大总统，平息南方革命军的反对声音，恢复国会和《中华民国临时约法》。就凭这几点，林长民知道，自己再次出山的时候也到了。

而这个时候，遥远的欧洲已经整个陷入一战泥沼，日本的野心并没有随着袁世凯的去世而收敛，反而企图用对待袁世凯的方式来继续支配段祺瑞——通过大量借款来武装段祺瑞的"参战军"，以武力统一中国。段祺瑞知道日本的企图，但是雄心勃勃的他为了统一中国，倒也毫不客气，1917—1918年，他共向日本借款5亿日元——反正他也没打算还。

段祺瑞判断，美国参与一战后，德国必败，战后国际秩序必然重新建立，中国可以以战胜国的身份获得国际谈判权。因此，他主张加入协约国，对德、奥为首的同盟国宣战。可是黎元洪却反对，于是引起了历史著名的"府院之争"，最后黎元洪借助宪法赋予自己的总统权力罢免了段祺瑞。手握兵权的段祺瑞当然不肯就范，愤然发兵进逼北京，并扬言另组临时政府。

手无寸铁的黎元洪万般无奈之下，竟然求助对晚清残存信念的督军团团长、"辫子军"统帅张勋进京调解，没想到引狼入室——张勋竟然妄图借机复辟。他率兵进入北京后，还邀请了保皇党领袖康有为回北京，把12岁正在悠闲享受少年时光的逊帝溥仪请出来共商国是，跪称万岁，一直倾向保皇的康有为还去颐和园缅怀了光绪。

没几天，段祺瑞便派南苑机场的航空部队轰炸紫禁城，张勋的辫子军当场溃逃。张勋复辟失败后，黎元洪不得不辞去总统职务，段祺瑞则获得了再造共和之名。但黎元洪为了制衡皖系军阀段祺瑞，选择了直系军阀冯国璋继任总统，埋下祸根。

由于张勋复辟期间，林长民支持讨逆，成为助力段祺瑞再造共和的功臣。于是同年7月，段祺瑞以总理身份组建了内阁，其中财政总长是梁启超，司法总长是林长民。梁、林二人声望如日中天，就连章士钊也撰文赞扬林长民"总而言之，人生之秘，吾阅人多矣，惟宗孟参得最透，故凡与宗孟计事，决不至搔不着痒，言情，尤无曲不到，真安琪儿也"①。林长民都成了天使的代名词，达到了他个人事业的巅峰。

林长民任司法总长时，面临的首要问题就是对张勋等复辟人员的处理。这些追随张勋复辟的人员里有一人叫张镇芳，是袁世凯的表弟，其背景深、人脉广。复辟事败后，张镇芳发动家族关系，以十万元巨资和人情与林长民疏通关系，请求特赦，但林长民不为所动，谢绝贿赂，支持依法审判，最终大理院以内乱罪

---

① 吴相湘：《民国人物列传》，中国大百科全书出版社，2009年。

判处其无期徒刑，一时间，林长民刚正之名再次鼎沸。[①]

然而冯国璋当上总统后，和段祺瑞主张武力统一全国不同，他主张和平统一，因为这样可以讨好西南军阀，保护他直系军阀的利益。几经博弈，段祺瑞"武力统一南北政策"破产，不得不引咎辞职，他的内阁成员，包括林长民和梁启超等人当然也跟着辞职。

这时，林长民司法部长的职务才当值3个月，因此常自嘲为"三月司寇"，并以此刻印纪念。

但是段祺瑞并不会这么轻易认输。1918年3月，日本和奉系军阀张作霖共同支持段祺瑞，在巨大的压力下，冯国璋不得不暂时妥协，让段祺瑞出任国务总理。但此时段祺瑞吸取了"教训"，果断抛弃了最初的"功臣"研究系，任用自己的亲信第三次组阁，史称安福国会。因为在他看来，梁启超、林长民这样的文人派系无兵无权，还不太受掌控。这令梁启超、林长民大为失望，一举看清军阀的本质。但很快，他们

---

① 《新文学史料》，人民文学出版社，第182页。

改变中国的机会再次来临，这就是改变中国的五四运动。

1918 年年底，第一次世界大战结束。结果如段祺瑞所料，北洋政府治下的中国对德宣战之后，这个屈辱已久的东方大国第一次以战胜国的身份获得了国际地位，受邀参加巴黎和会。其实北洋政府并没有能力派兵参战，而是以设立商人性质的"惠民公司"的名义，征召工人"以工代兵"，派出了 30 万劳工到欧洲战场，从事建筑、修路等体力工作，并给协约国一些国家送去大批粮食。①

可惜，巴黎和会上，列强们并没有把中国这个"战胜国"放在眼里，吵了几个月后，终于拿出了一个大概的协议：英、法、意将不反对日本继承德国在山东权益的要求。日本同时与曹汝霖订立济顺、高徐两条铁路由日本出资建造的密约。曹汝霖正是段祺瑞安福国会的人，他们和日本还保持着借款的关系，此时不得不倾向于日本。

当时巴黎和会的消息传回国内，引得舆情沸腾，

① 侯中军：《中国外交与第一次世界大战》，社会科学文献出版社，2017 年，第 14 页。

商界、学界、军界纷纷发出抗议，要求政府代表在巴黎和会上争取合法权益。

这个时候正值民国选举第二届总统，段祺瑞指使安福国会选举了徐世昌为新总统。徐世昌没有实权，还喜欢处处讨好，任职前居然还请示早已退位的年仅13岁的溥仪，"得其恩准"。① 徐世昌不喜欢做段祺瑞的傀儡，但也自知无法对抗安福国会，他在梁启超的建议下，在总统府内设立了外交委员会，为巴黎和会出谋划策，由原外交总长汪大燮任委员长，林长民兼事务长。随后，徐世昌让梁启超以私人身份奔赴欧洲游说各国，之后直抵巴黎和会现场。②

1919年2月，梁启超抵达欧洲，在伦敦和巴黎期间接受采访、发表演说，申明中国的权益，同时，与汪大燮、林长民始终保持着热线联系。于是巴黎和会的消息很快被梁启超传递给林长民，林长民立马在《晨报》上揭露了巴黎和会上曹汝霖和日本的密约。5

---

① 丁志可主编：《逊清遗老的民国岁月》，广西人民出版社，2008年，第1795页。
② 李新、孙思白主编：《民国人物传（第十二卷）》，中华书局，1978年，第193页。

月 1 日，他又发表《山东问题之警报》，疾呼南北政府：国内若再无一致之精神以对外，则此次外交之失败，即足以亡国云。5 月 2 日，林长民又写了《外交警报敬告国民》，慷慨悲壮，大呼"山东亡矣！国不国矣！""国亡无日，愿合我四万万众誓死图之！"①

随后，国民外交委员会马上拟好电稿，由汪大燮与林长民亲送徐世昌，转国务院派发给中国代表团，希望事情有所改观。可是，来自安福系的内阁总理钱能训知道后，马上偷偷发了封密电，催促首席代表陆徵祥趁事态变化之前赶紧签约。此时，恰好林长民有一同乡在国务院电报处工作，当晚即将此情告知林长民，林长民一听，怒不可遏。于是 1919 年 5 月 3 日清晨，林长民到国民外交协会做报告，此举直接导致了学生大游行，后来就发生了众所周知的学生火烧赵家楼、痛殴章宗祥事件，五四运动由此达到高潮。历史也就在这里突然转身。在后来很多研究中，尽管五四运动是一个政界、学界各派系的人物都广泛参与的里程碑事件，但林长民总被公认是"火烧赵家楼"的真正

---

① 陈平原、夏晓红主编：《触摸历史：五四人物与现代中国》，广州出版社，1999 年，第 254 页。

点火人。

随后，32 名学生被捕。林长民还以外交协会理事的身份告诉总理，他当年主导拟就的临时约法规定人民有集会的权利，并配合蔡元培积极营救学生。

可是，因为林长民的这一系列举动并没有事先告知徐世昌，以至于徐世昌不得不为自己成立的外交幕僚的行为负责，非常头大。北洋亲日派也煽风点火，日本驻华大使也要求"严惩林氏"。

徐世昌十分难堪，内外夹击之下，不得不解散了外交委员会。但是惜才的徐世昌只是斥责了林长民一顿，没有多加惩治，反而还以调遣之名保护他——安排他去任了一个闲差，以"国际联盟"（巴黎《凡尔赛条约》签订后新组成的国际组织）代表的身份去欧洲远走两年。而这一趟欧洲之旅，林长民做了一个重要的决定：带上林徽因一起"见世面"。他知道，五四运动一定会改变中国，等他回来时，一切肯定不一样了。

亲何雪媛身边。没想到母女团聚并没有带来想象中的舐犊情深，因为长期的分隔，两人感情本就生疏，而何雪媛因为长期被冷眼相待，其无处发泄的怨气、古怪和孤僻的脾气，都刚好发泄到林徽因身上。再后来，何雪媛生了一儿一女，全都年幼夭折，她便愈发沉浸在"命苦"的幽怨中。母亲的幽怨，如化不开的阴影，始终笼罩着林徽因的童年。

眼见林家可能再难有男丁继承香火，再加上跟何雪媛感情疏离，新式的林长民依然按照旧式的习俗延续香火——纳妾，他很快娶了二太太程桂林。然而，没什么文化的二太太不仅抓住了林长民的心，还非常"争气"地生下了四男一女。于是，二太太和子女们住进了宽敞明亮的前院，这里热闹快活，是孩子们的天堂，逼仄的后院却只有幽怨的何雪媛。偏偏林徽因还特别喜欢去前院和"敌人"们玩耍得非常开心，何雪媛更不开心了。每次林徽因去前院找父亲或者兄弟姐妹，回头就会被何雪媛一顿训斥。林徽因的童年就在这种阴晴不定、动荡不安、两头讨好中度过。她善于察言观色、敏感、理性，却又疲于应对这种状态，内心始终渴望摆脱这种束缚她热情和灵性的传统沉疴。①

1912 年，林孝恂带着林徽因从杭州迁居上海，住在虹口区金益里，附近有清朝洋务重臣盛宣怀建造的 101 幢中式石库门，8 岁的林徽因进入爱国小学就读，在这里第一次接受西式教育，这个小学正是蔡元培赞助的。她的成绩突飞猛进，9 岁的时候就可以教堂弟认字。然后她还对家里的藏书、字画产生了强烈的兴趣，14 岁时，已经独自编成一本家中字画的目录。②

1913 年，林长民在北京实践宪政梦想，倾尽心血打造"天坛宪草"，为了方便工作，把家迁到北平前王恭厂胡同。不久，何雪媛带二女儿麟趾（后夭折）去了北平，和林长民住在这里，而 9 岁的林徽因却只能单独留在上海，陪伴身体状况急转直下的爷爷林孝恂。

1914 年，林徽因终于也随林孝恂来到了北京。但因为路途颠簸和病情加重，两个月后，林孝恂去世。林长民也正面临第一次宪政梦流产，政途受挫。随后，

---

① 林与舟编著：《梁思成的山河岁月：飞扬与落寞》，东方出版社，2005 年，第 19 页。
② 陈学勇编著：《林徽因寻真：林徽因生平创作丛考》，中华书局，2004 年，第 157 页。

她又离开父亲，跟母亲等人迁居到天津英租界红墙道，曾在此居住过的大人物还有民国大总统徐世昌等人。后来，又搬迁到英商自来水公司办公地所在的巴克斯道，即今天的保定道。于是，才10岁的林徽因，不仅要习惯永无止境的搬家、辗转，还因为身为长姐，要身担照顾弟弟妹妹的重任，缓解两个母亲之间的矛盾，更要代替全家和父亲通信，商讨家事。她被逼着迅速地成熟、冷静、充满责任感，但这种事事操心、大包大揽的管家心态，后来也伴随了她一生，折磨了她一生。

在她写给父亲的一封信上，她稚嫩肩上的沉痛生活可见一斑：二娘生病却不愿去医院，父亲关心二娘，于是自己不得不每天写信报告病情，天气很热，一个弟弟病刚好，其他弟弟妹妹又啼哭无常。一天半夜，病愈弟弟啼哭不止，她便抱着他在走廊上徘徊至半夜，直至弟弟熟睡。她想：家里请的乳娘太粗心，竟然放任大病初愈的弟弟哭而不管，想来真是可恨。

这些家庭的负累折磨终于在她12岁那年告一段落。1916年，袁世凯病故后，林长民终于回京。林徽因也终于暂时离开压抑的大家庭，与众姊妹进入了英国教会办的培华女中读书。培华女中创办于 1914 年，创办人是 A. G. Bowden Smith（英国圣公会，为圣道公会一脉）与 Dorothea Soothill Hosie，两人是剑桥的校友。Hosie 即肖塞尔夫人，汉名谢福芸，就读于剑桥大学纽海姆学院，父亲是教育家和作家，她有四部小说取自中国背景。这个学校仿照伊顿公学的模式——英国贵族学校模式，和很多贵族教会女子学校一样，开设的课程非常丰富，而且全部英语教学。林徽因在这里学会了一腔流利的英语和英式生活节奏。

这时候中国教会女子学校和初期的教会女子学校已经不一样了。初期的教会女子学校所有的学生都是弃女或者贫穷的孤儿，上学主要是来识字。到了 1914 年，教会学校已经变得正规起来，课程质量和师资都大幅提升，基本采用中英文并重的双语教学方式。课程内容也大大丰富，包括国文、历史、地理、哲学、工技、数学、法律、会计、医药，都可自由选择。还增加了更多陶冶情操、增加女性素养的课程，比如钢琴、篮球，甚至高尔夫球。有的学校还为学生设置了必修的家政课程，比如女工、刺绣。为此，教会女校开始收取高额的学费，慢慢地，成为了上层社会的一种时尚。这在某种程度上反映了民国初年社会对女性教育标准的转变，以及对西方文明的态度变化。传统的闺秀小姐在新兴的知识分子阶层里已显得落伍，在婚恋市场上不如受过新式教育的女子吃香，于是更多家庭开始把女儿送到教会学校，就像在投资一笔丰厚的嫁妆。但也有人希望这种平等独立的教育理念和全英文式的教育方式，可以开阔眼界，扩大格局，可以培养出将来在中国文化艺术领域有贡献的女子，这就是林长民送林徽因读培华女中的目的。林徽因当然不负父望。

在这期间，她终于也跟父亲熟悉起来，以至于1917年，张勋复辟，林家再度移居天津一段时间，唯林徽因随父亲留在北京。她终于从一个压抑大家庭的疲惫女儿，变成了父亲得力的左膀右臂。

1919年，15岁的林徽因出落成一个美丽动人、聪慧活泼的少女了，英语已经非常流利，西式教育也深切改变了她的思维方式。而林长民正好要以"国联代表"身份去欧洲远走两年，他终于有时间和最喜爱的女儿度过一段快乐时光了。林徽因的人生也将因此而发生巨大的改变。

第二章

她的战斗　女性的新旧时代

1. 女力的萌芽：辛亥到五四的新女性浪潮

在林徽因出生的时候，中国女性几千年的处境已经在悄然改变了。

早在前一年，慈禧太后 70 岁大寿前后拍了张照片。她坐在椅子上，背后挂着"大清国当今圣母皇太后万岁万岁万万岁"的条幅，慈祥大方，微微含笑。这张照片洗了 100 多张，寄给无数外国公使。这一招很有效，列国看见照片上这个操盘中国的女性并不是想象中的老巫婆，还并不像传说中的那样排斥摄像技术——尽管早年喜爱摄影的珍妃被她"赐死"。她想通过照片告诉大家：这个古老的国家开始迎接技术和制度改革了。

随后，清廷公布了《奏定学堂章程》，也称癸卯学制，其中颁布了女子小学章程，分初等小学、高等小学两级，学制各四年，凡女子小学堂学生，一律禁止缠足①。这是中国注重女子教育之始，中国女性地位自此开始有了实际性的提高。新式教育轰轰烈烈地展开了，开启了现代女子教育的道路。1904 年，林孝恂亲自见证了浙江省立女子中学在杭州创办。这一年，清政府还颁布了《大清民律草案》，这项法律后来一直被北洋政府沿用到 1925 年，其中有个重大的进步，就是让女性有了婚姻自由，规定只要双方就离婚达成合意就可以离婚，而不是《大清律例》中那样，只能被丈夫"休妻"。

后来"新政"实施，清廷又开放了报禁，短短几年间，中华大地上涌现出一千多种报刊。中国第一份女性报刊——上海《女学报》于 1898 年 7 月 24 日创刊，充满了维新色彩，可惜，很快因为"戊戌政变"的失败而停刊。到了林徽因出生的 1904 年，中国第一本女性杂志《女子世界》在上海创办，该刊物言论激烈，在知识分子群体中影响巨大，提倡女学、女权，主张"女界革命"，被秋瑾称为妇女刊物中的"巨擘"。②随后，成百

---

① 李华兴主编：《民国教育史》，上海教育出版社，1997 年，第715 页。

② 夏晓虹：《晚清女性与近代中国》，北京大学出版社，2014 年，第82 页。

上千种女性刊物陆续问世。

当然，晚清毕竟还残留着很多封建文化糟粕，清末的癸卯学制中，依然还有很多男女有别的规定：比如男女小学是分开设立的，不得混合。因为，癸卯学制支持女性读书的目的，是让她们做更好的母亲，而不是更完善的国民。

早前，堪称改革先锋的张之洞等革新名臣在筹划出台《奏定蒙养院章程及家庭教育法章程》时，就表示："中国此时情形，若设女学，其间流弊甚多，断不相宜；既不能多设女学，又不能多设幼稚园。"他认为女孩不宜抛头露面、成群上学，也不宜多读西方的书，误学外国习俗，助长自由恋爱的风气，将来蔑视父母夫婿，女子最好只读家庭私塾。① 就连林徽因未来的公公梁启超这样的改革大家，虽然积极倡导废缠足、兴女学，但早期也同样认为女子教育实际上应该是"母教"和"妇学"。1897年4月12日，梁启超在《时务报》上发表《变法通议·论女学》一文，大声疾呼，"故治天下之大本二：曰正人心，广人才。而二者之本，

---

① 蔡振生：《张之洞教育思想研究》，辽宁教育出版社，1994年，第221页。

必自蒙养始。蒙养之本，必自母教始。母教之本，必自妇学始。故妇学实天下存亡强弱之大原也"[1]。即女子教育主要目的都是提升母亲将来教育子女的质量，而不是提升女性教育本身。

但是随着国内改良和革命进程的突飞猛进，阻碍和限制女性平等发展的体制和普遍观念受到了越来越大的冲击。

1905年8月2日，华兴会与兴中会合并成立中国同盟会，当时已经有不少女会员加入，比如唐群英、秋瑾等女性精英。同盟会在横滨设有弹药制造机关，唐群英和秋瑾就曾在此学习制造弹药和使用枪械，随后参加多次针对清廷的暗杀行动。1907年，秋瑾因安庆起义失败而就义，1908年唐群英则回国继续革命。武昌起义后，唐群英回国"奔走于长江流域，尽力革命事务"，当上女子北伐队队长，与清军正面冲击，立下关键性功劳。在临时政府召开的庆功会上，她被孙中山誉为"不愧是创立民国的巾帼英雄"。但革命成功后，要进一步争取男女平等时，唐群英们才发现，更

---

① 王宇：《性别表述与现代认同：索解20世纪后半叶中国的叙事文本》，上海三联书店，2006年，第17页。

复杂艰巨的战斗这才开始。

林长民等人起草的《中华民国临时约法》公布时，唐群英发现约法草案中没有"男女平权"的条文，便以女子后援会会长名义，在南京联合筹组中华民国女子参政同盟会，"要求中央政府给还女子参政权"，竭力呼吁赋权给女性。可几个月后同盟会改组国民党大会时，新党纲中还是取消了"男女平权"的条文，不让女子参政。唐群英先后五次向孙中山和临时参议院上书，均没有被采纳，于是唐群英带领女子代表十余人，盛怒之下冲入国会，当场掌掴宋教仁，林森出面调停，也挨了一下，此事被称为"大闹参议院事件"。唐群英甚至声称要为了妇女继续革命，像曾经组织过的暗杀团、先锋队那样继续战斗。尴尬的孙中山给唐群英写信调停，劝唐群英，党纲删除男女平权是多数男人的"公意"，他也没办法。不如先通过提倡教育、普及知识的方式，先提高女性的智识与独立能力，然后再来与男子争权，而不是依靠男人来出力。或许最后一句话打动了唐群英，她很快与宋教仁取得共识，把讨袁计划放在首位，之后，她终身致力于兴办女子教育。那是中国历史上中国女性第一次争取参政权，堪称世界之先。要知道，英国妇女争取选票运动，也是在 6 年后的 1918 年。[1]

在唐群英等女界先锋的推动下，革命派和北洋政府初步接受了女性主义的洗礼。1913 年，时任教育总长的蔡元培制定了一系列教育法令规程，总称为《壬子癸丑学制》，这比当初慈禧颁布的《癸卯学制》又有了进步，尤其在女子教育上，蔡元培直接否认了过去女子教育目标："普通教育之中，女子教育亦属重要……今且勿骛高远之谈，标示育成良妻贤母主义，以挽其委琐龌龊或放任不羁之陋习。"同时，壬子学制还打破了癸卯学制里的男女双轨制：初等小学男女可同校，但初等以上，男女需分校，女校的年限与男校一致，权利上进一步实现了平等。但在一些细节上，仍保留了男女教育内容上的差异，如女性有专门的"女子适用"教材，主要内容还是培养贤妻良母[2]。比如在《教育部订定小学校教则及课程表》中就有规定："女

① 《新中国妇女参政的足迹》，中共党史出版社，1998 年，第 4 页。
② 王炳照等编：《简明中国教育史》，北京师范大学出版社，2008 年，第 211 页。

生尤须注意于贞淑之德，并使知自立之道。教授修身，宜以嘉言懿行及谚辞等指导儿童，使知戒勉，兼演习礼仪；又宜授以民国法制大意，俾具有国家观念。"女生需要修家事、园艺和缝纫课，但是比较"男性化"的课——兵式体操则免除了。

可是，辛亥革命给女性教育带来的成果，很快因为北洋政府的动荡而遭到挫折。因为政局不稳，袁世凯一心扩张权力，于是将一切新式改革视为洪水猛兽，尤其把女性参政当成是乱源。同时，袁世凯恢复尊孔、读经，使封建儒学的教育内容在学校大力恢复，直接取消了民国初年教育上反封建的改革。1914 年，汤化龙作为教育总长，发表了一段颇为"倒退"的讲话："余对于女子教育方针，则务在使其将来足为贤妻良母，可以维持家庭而已。"① 同年 12 月，教育部拟定《整理教育方案草案》，提出对已经兴办起来的女学加以限制和整顿。1915 年，袁世凯还提出"女子则勉为贤妻良母，以竞争于家政"，"至女子更舍家政而谈国政，徒事纷扰，无补治安"。甚至还颁布《国民学校

① 《妇女组织与活动》，中国人民大学书报资料中心，1988 年第 1—6 期，第 64 页。

令》，规定小学三年级以上男女不能同班。还规定女学生不准留刘海，要思想上做到女性的"四德"——妇德、妇言、妇容、妇功。不准自由结婚，不许结伴游行。整个北洋政府对女校的限制和禁锢越来越严格，女子办学陷入低潮。[1] 同时，民间也有很多反对"开女禁"的声音，认为"男女有别""礼教大防"的诘难声不绝。甚至有人污蔑"既可同板凳而坐，安可不同床而觉？什么男女同校，明明是送子娘娘庙"。从而，辛亥革命开始的女子教育改革没几年，又返回到贤妻良母式的教育。

但没过多久，随着新文化运动的开展和袁世凯帝制幻梦的破灭，欧美的妇女运动思潮随之传了进来，长达千年的"女禁"，还是无可挽回地崩溃了。到了北洋政府后期，1922 年，全国各地高校（除教会大学）共招收女学生 665 人，只占大学总人数的 2.1%，到了国民政府时期的三四十年代，女校迅速发展，到 1949 年，仅北京就有女子中学 15 所。

同时，中国的妇女运动者们不仅在政治上争取和

---

[1] 雷良波、陈阳凤、熊贤军：《中国女子教育史》，武汉出版社，1993 年，第 303 页。

男子平等的参政议政权，知识分子们也展开了对"贤妻良母"教育理念的批判。革命理论家李达呼吁："教育应该是把女子当成一个'人'看的人生观宇宙观"，要求女子做的事情不应该止于为人妻母。"叶绍钧在《女子人格》中说："良母贤妻这四个字做施教的主旨，这岂不是说，女子只应做某某的妻、某某的母？……这种人生不是同'阿黑''阿黄'一样没有价值么？"这对林徽因是有深远影响的，很多年后，林徽因在面对他人的赞誉时，也说过同样的话：女人就只配漂亮么？就只配做某人的太太么？

五四运动也让年轻女性开始广泛地涉足政治。

1919 年 5 月 4 日的学生游行队伍中，女学生是缺席的。原因正是由于尊孔复辟的大气候影响下，社会上对男女之间的防范更加严格。北京女子高等师范学校作为女子教育的最高学府，在当时"简直就是一所禁锢学生们思想和行动的监狱"。学生平时不准出校门，星期天放学回家，还得用一个小本子分别由学校、家长签署离校、到家时间。山东济南女子师范学校甚至规定到女校任教的男教师必须年满 50 岁，教员讲课时眼睛必须仰视天花板，不准看学生面孔。当时的

《每周评论》报道:"现时,北京的戏园男女分座,天桥的茶棚也不能卖茶水给女客。"

但是 1919 年 5 月 5 日晚,一切改变了。北京女子高等师范学校学生得知男学生被捕,马上召集同学集会,商量救国运动。她们冲破校方阻拦和政府禁令,自行成立了女学生组织,以"北京女学生"的名义开展行动。5 月 7 日,女高师联络北京的十几所女校,包括协和女医学校、协和女子大学、协和看护女学校、尚义师范学校……包括林徽因所在的培华女中,各女校学生代表 40 余人,在崇文门集会,宣布成立"北京女学界联合会",通过了《告全国女界书》《北京女校致巴黎和会各国专使电》等,作家冰心当时就是北京女学界联合会的一员。经过一个月的准备,15 所女校学生 1000 多名女学生,身着各校的校服,齐集在天安门,然后有秩序地去总统府请愿。①

女界认为这是"女子第一次的干政游行",五四运动过后,女学生参政运动波及全国,而且形式多了起来,除了单独或联合公众集会和游行示威之外,还有

① 中华全国妇女联合会编:《中国妇女运动史:新民主主义时期》,春秋出版社,1989 年,第 71 页。

登台演讲、走街串户，进行"抵制日货、提倡国货"的宣传。女学生们从封闭的校园走出到参加公共集会，再到露天演讲，不断挑战着性别空间的制度性隔离，以"同为国民"的诉求，用"责任平等"的理念，来实践男女平等。从此，中国女性开始了更广泛的权利运动。

逐渐地，女学校虽然名义上有男女之防，但很多女学堂的开学式和毕业式，已经有各种社会名流参与。京津地区的女学堂每年开展各种游艺会、纪念会，还有展览会展示学生的著作、功课、书法等作品。女学生还自发组织体育会，打球或者游戏。这些活动逐渐对社会开放，男女来宾皆有，打破了女性不能抛头露面的旧习。女学生的家国意识、民族意识也觉醒了，政治热情高涨。①

进入 20 世纪 20 年代，妇女运动随着国内形势的变迁，成为反军阀、反帝国主义、支持劳工运动的一支重要力量，并配合国民政府的北伐，一步步走上了巅峰。1926 年，国民党二大通过了《妇女运动决议

---

① 薛文彦：《嬗变、觉醒与反思（1898—1922）：清末民初直隶地区女子学校教育研究》，科学技术文献出版社，2018 年。

案》，规定组织妇女参加国民革命运动，注意妇女自身的解放，倡导男女平等、婚姻自由、同工同酬，倡导女子的平等财产权和继承权。北伐成功后，国民政府总结了妇女运动多年的诉求，于1930年国民党政府公布《民法》，规定男女平等，结束了旧式婚姻陋习，肯定了一夫一妻制，从法律上给予了中国妇女前所未有的自由。1931年，清朝逊帝溥仪的淑妃文绣和溥仪成功离婚，依靠的就是这部法律。但是，这部民法仍有不平等之处，比如规定妻子要冠夫姓，丈夫对妻子财产有管理和使用处分权，妻子的继承权在所有顺位之最后。

不过，林徽因是幸运的，她不仅在15岁的时候就见识了中国的妇女运动崛起，还即将和父亲一起去欧洲，见证英国女性的平权之战。

2. 伦敦洗礼： 战后女性传奇

林长民带着林徽因旅欧的最终目的地是伦敦，在这里，林徽因见到了一战后西方女性力量的崛起。

一战结束后的欧洲，处处都在残败中重建。林长民一面旅行，一面企图学习西方的宪政之路，他希望林徽因此行也能找到自己的路。欧洲之行前，林长民还写信给林徽因说："我此次远游携汝同行。第一要汝多观览诸国事物增长见识。第二要汝近我身边能领悟我的胸次怀抱……第三要汝暂时离去家庭烦琐生活，俾得扩大眼光，养成将来改良社会的见解与能力。"[①] 可见，林长民带林徽因出去见识，不仅因为喜爱这个懂事、博学、英语流利的女儿，还因为他看来，女性通过学习和增长见识，一样可以参与社会改良。

---

① 陈学勇：《林徽因寻真：林徽因生平创作丛考》，中华书局，2004年，第134页。

1920 年 4 月 1 日，林长民和林徽因从上海出发，在海上航行 36 天后，5 月中下旬抵达伦敦，先住在 Rorland 旅馆，待林长民在国联安顿下来后，住在了阿门路 27 号。

随后，他们开始了几个月的欧洲旅行。林长民代表的"国联"其实是中国国际联盟同志会。巴黎和会后，刚刚获得"国际地位"的中国，也纷纷成立各种支持团体，其中以中国国际联盟同志会最有影响力。中国国际联盟同志会由前外交部长汪大燮发起，邀蔡元培、熊希龄、林长民、王揖唐等人共同组织，最终在新文化街熊希龄的府上成立，并推定梁启超为驻法代表，林长民为驻英代表，因此林长民后来常驻伦敦。这时的林长民，似乎也忘了此行实为"避风头"，反而因为五四运动的成效而踌躇满志。在出发前的半个月，国民外交协会为他钱别时，干事张超还赞扬他，"五四国民运动发生之后，林理事不避嫌疑，益为本会尽力，国人尤深感激"。林长民也总结平生，称五四前后为一转折点，其政治主张从"偏于缓进"变为"勇往迈进"。① 这一趟旅欧之

———————

① 陈平原、夏晓虹主编：《触摸历史：五四人物与现代中国》，广州出版社，1999 年，第 261 页。

行，在这个终身致力于中国宪政之路的知识分子看来，将是新的政治生涯的开始。1921年2月，林长民辗转于瑞士、米兰，以中国国联同志会首席代表等身份四处演说。但更重要的，还是一件小事，那就是他隔空响应在国内的梁启超之邀，共同成立了讲学社。讲学社的宗旨是聘请国外著名学者来华讲学，此举对后世中国影响深远。

林徽因也跟随父亲的足迹走遍日内瓦、罗马、法兰克福、柏林、布鲁塞尔，父女俩的感情在旅行中得以升华，林长民总是称林徽因为"徽徽"或"宝宝"。整个欧洲大陆的浪漫风情在林徽因不到16岁的记忆里刻骨铭心，影响了她终生的价值观和思考方式。林长民为那些报馆、工厂、博物馆心怀激荡，希望为中国今后的改良作参考。而林徽因则为完全迥异于中国的欧洲自然和社会风貌尤其是西式建筑所倾倒。尽管那时她还不知道什么叫建筑学。

她再回到伦敦后，为了继续学业，林长民为她租了钢琴，还为她聘请了菲利普母女作为家庭老师，不仅教她英文和钢琴，还在生活上照应她和陪伴她外出散心。① 因此，林徽因的中文虽然夹杂着福建口音，可英文却是一口流利的牛津音，读起诗来充满感情和腔调。1920 年 9 月，林徽因以优异的成绩考入伦敦 St. Mary's College（圣玛丽学院）学习，由于教会学校的英文基础和家庭教师的功劳，她很快就适应了英国的人文环境。若说她什么时候开始适应西式知识分子的客厅女主人身份，那应该是从伦敦开始。

此时，英国虽然赢得了一战，并从战争中获得了新的殖民地，但是战争的巨大开销使得英国无法继续承担维系一个帝国所需要的庞大开支。战争中数百万人死亡，无数资产被毁，最后债台高筑、资本市场混乱，国际金融中心也即将从伦敦转移到美国纽约。英国再也不能像一战前那样影响世界了。

但是，英国的女性却崛起了。

1918 年 2 月，英国女性获得议会选举投票权。于是第一次世界大战刚刚结束，疲惫不堪的英国人即将选举新的政府，才发现这次选举与以前大为不同——英国 30 岁以上的妇女第一次可以像男子一样参加选

---

① 陈学勇：《莲灯微光里的梦：林徽因的一生》，人民文学出版社，2008 年，第 23 页。

举。这是英国女性经过了经年累月的游行示威、流血牺牲换来的。

离林徽因住处不远的剑桥大学女子学院就是争取女性投票权运动的热点，曾经英国女性已经可以上大学了，但毕业时没有正式学位，女博士跟罪犯和精神病患者的地位一样：无投票权。从1912年开始，妇女们就通过在摄政街抗议的方式争取权利。一战的硝烟席卷了欧洲大陆后，女权运动也受到了影响。疲于应对战争的英国政府无暇顾及女性的呼声，但是另一方面，女性的新机会也诞生了。

一战期间的英国，只要年龄在17到47岁的男子几乎都被强制征兵。这就意味着数万个职位只能由女性去填，女性不再局限于纺织女工或者家庭教师那样低薪的工作了，而是开始大规模走上职场，替代原先只能由男性掌控的工作，逐渐掌握了更多生存技能，有了经济自由。一些女性精英成为探险家、昆虫学家、船舶工程师、医生、登山家以及服装模特等等。还有一些人投身于改善贫民窟状况和饥荒救济的工作中，或者开始从事以前是男性专利的职业——像第一位女律师、第一位女枢密顾问官和内阁成员、第一批女兽医、女公务员和女建筑师等等。这彻底改变了英国女性的社会地位。

另外，一战后，由于大量的男子在战争中死亡，英国的女性比男性多出近 200 万，整整一代年轻女性失去了结婚和做母亲的机会，慢慢地成为"老处女"。根据一份英国在 1921 年人口普查资料显示，当时几乎所有出租屋的管家都是女性，而房客也多为女性。但是这些"老处女"们并不悲观，因为她们有了本领，逐渐成为现代的职业女性，而不是"多余的人"。

林徽因在伦敦的女房东，就是这样一位"老处女"。她是一位建筑师，很喜欢聪明伶俐的林徽因。林徽因在英国没有上学时，林长民给她买了一台手摇缝纫机，想提前训练她将来做主妇的能力。林徽因除了外出，就在家摇缝纫机。可是女建筑师房东觉得，女孩并不是只能做家务或者时刻准备着将来相夫教子，女性可以自己养活自己，做自己喜欢做的一切。这刷新了林徽因的认知，她开始好奇地向房东请教建筑知识。后来，据林徽因的堂弟林宣回忆道："林徽因常常替她（女房东）画图，就喜爱上了建筑。当时竟想留在英国不肯回国。林长民答应将来再送她出国学建筑，才回来的。"不过,也有人说,林徽因是受到自己在St. Mary's College(圣玛丽学院)的同学之影响。她看到同学总是花几个小时在画板上画房子,很是喜欢,于是不断地追问。同学向她描述了建筑师这个职业:一种把日常艺术创造和实际用途结合起来的事业。林徽因听后就决定要以这个为自己的终身事业。不管是哪个说法,林徽因是被战后的英国女性打开了梦想之门,并且在日后影响了梁思成的终身选择。①

因此,1921年10月,徽因随父回国时,她带回的书籍中,不仅有大量关于西方文学的书籍,还有建筑学书籍。要知道,当时中国的建筑学理论研究几乎为零。这次欧洲游历,为她的建筑人生和探索女性自强之路开启了大门。

① 庄莹:《江山半壁人离乱》,金城出版社,2012年,第209页。

3. 与宾大女性歧视的正面对决

回国后，林徽因回国继续培华女中的学业，并且考取了半官费留学，同年，跟未婚夫梁思成一同前往美国。没想到，为了这次留学，她不仅打破了中国对留学女性的限制，到了美国，她又与美国高等教育的男女不平等做了正面的抗争。

清朝末年至民国时期，女性留学的途径主要分为官费公派、自费出国、庚款留学三种。林徽因和梁思成的留学费用都来自美国退还中国的庚子赔款。庚子赔款经历了偿付、停付和部分退还三个阶段。美国退还部分庚款资助中国留学生的计划，还得从驻美公使梁诚说起。1903 年，长期致力于保护华工权益的驻美公使梁诚开始接触到溢款谈判问题，他随后调查发现，《辛丑条约》规定，清政府需要偿还八国政府白银 4.5 亿两的战争赔款，但美国的索款额远超出其出兵中国的军费，以及美国在华商人、传教士的生命财产损失①。同时，因为中国和海外华侨界以康有为、秋瑾等人为首组织的抵制美货运动，也起到了推动作用。经过不断博弈，到了1908年，美国国会最终通过法案，授权罗斯福总统退还中国"庚子赔款"中超出美方实际损失的部分，并用这笔钱帮助中国办学，其中近半数（约1160万美元）将作为资助中国学生赴美留学之用。其中，办学的计划中，就包含在北京由清政府外务部负责建立一所学生留美前的培训学校，其中设置了八年制预科班——相当于现在的初中3年＋高中3年＋大学2年。这所学校就设在内务府划拨的皇室赐园清华园里，因此学校也叫清华学堂，就是清华大学的前身。因为按照退款计划，派遣留学生计划会一直持续到在庚款用完为止，因此到了北洋政府和国民政府时期，"庚款留学生"仍在延续。所以，梁思成在清华学堂完成国内的五年教育之后，进入宾夕法尼亚大学，直接就可以进入三年级学习。

1914年，美国又实施"二次退款"，全部退还庚子

---

① 马至融、裴艳、姜清波、焦鹏：《广东留学史》，社会科学文献出版社，2018年，第90页。

赔款余额，并组成中华教育文化基金会（简称中基会）。1931 年 1 月，中华教育文化基金董事会成为管理美国退还庚子赔款的机构。梁思成和林徽因后来运营的中国营造学社，就依赖机构的退款经费，在抗战时期依然能维持考察研究。

清华官方并不排斥女学生，但要求比较严格，品行端正、贤淑、没缠小脚，没有结婚，不超过 23 岁，国文达到中学毕业程度，英文及科学水平能直接入美国大学就读。这也是林徽因和梁思成决定留学回来再完婚的主要原因。那么为什么林徽因没有考取全公费留学呢？原因是：清华学堂的全公费学生男女有别，对女学生的全公费是隔年选送的，学校及专业都要清华指定。指定专业只有五个：教育、幼稚园专科、体育、家政学、医科，将女性专业圈定在家庭和教育中，择定后还不得更改[①]。林徽因 1924 年去的宾大，这年清华没有全公费女生不说，还只能选这几个她不喜欢的专业。但是，林徽因并不会因此放弃梦想。

1924 年 6 月，梁思成和林徽因一同去往美国，作

----

① 蔡锋：民国时期女子留学的途径及留学专业领域，《中华女子学院学报》2003 年 03 期。

为宾夕法尼亚大学秋季始业的学生注册入学，但因为他们到达美国的时候，已经错过了宾大的春季招生，只好等待秋季招生的机会，但又不希望浪费近两个月的时间，因此就先到康奈尔大学补习修学分，胡适、冰心也都作为庚款留学生在康奈尔大学留学过。在康奈尔大学，林徽因选修了户外写生和高等代数，梁思成选修了水彩静物画、户外写生和三角，可以说都是为了接下来的建筑学做准备①。宾大实行的是学分制，只要学生能够修满规定课程的学分，不管学习的年限便可毕业。

很多人认为是梁思成影响了林徽因选择建筑学，其实相反，梁思成之所以会选择建筑专业，一是受了林徽因的影响，二是因为梁启超寄来了一部重刊的北宋建筑典籍《营造法式》。梁思成看了之后又震撼又焦虑——由于中国古代建筑行业的地位低下，书里全是千年前匠师们的密语，如同天书。为了解开那些古老的建筑术语密码，他开始关注中国建筑史。

9月，梁思成入学宾大美术学院建筑系。宾夕法尼

---

① 陈学勇：《莲灯微光里的梦：林徽因的一生》，人民文学出版社，2008年，第52页。

亚大学建筑系在 1924 年时是由著名的法国建筑师保罗·菲利普·克雷特（Paul Philippe Cret，1876—1945）主持。克雷特本人 1896 年进入巴黎美术学院，他沿用巴黎美术学院的绘图房训练（atelier training）的教学模式，并力求用这种古典方法适应当代美国的实际需求，后来成功设计了华盛顿的泛美联盟大厦、联邦储备局大厦和底特律美术学校。其实，20 世纪 20 年代，西方现代建筑运动已经开始蓬勃发展，除了克雷特的巴黎古典学院派，格罗皮乌斯的"包豪斯"学派也已经建立，1923 年柯布西埃发表了《走向新建筑》，1919 至 1924 年期间，密斯·凡·德·罗提出了玻璃和钢的高层建筑示意图。这些全新的建筑学派系，都让宾夕法尼亚大学培养的中国第一代建筑师们开阔了眼界。①

可是热爱建筑的林徽因却只能进入美术学院的美术系。原来，宾大美术学院当时的招生政策上明确规定：音乐与美术课程不分性别教学，但建筑学课程只允许男生入读。因为建筑学必修课中有人体写生课程，

① 王军：《城记》，生活·读书·新知三联书店，2003 年，第 131 页。

校方认为，女生和男生同在一个教室学习人体写生实在不体面。但是据梁从诫后来的说法，是"建筑系学生常需要夜间赶图，男女生晚上不宜在一起"。这当然很不公平，但是，这正是当时美国高校女生的普遍处境。①

一战后，美国经过女权运动浪潮，于1920年争得了妇女选举权，但之后便因为男性从战场回归，以及消费主义的崛起，妇女们并没有再获得进一步的权利。

女性可以进入高校学习，但是许多高校仍然是以培养合格的家庭主妇以及称职的母亲作为主要教育目标。再加上随着20世纪上半叶一战后美国经济飞跃，消费文化大发展，社会盛行一种"女性的奥秘"的女性观，认为妇女天性适合做家庭妇女，心理学家也配合劝说女性扮演好母亲和妻子的角色才能获得幸福——这和当时中国北洋政府尊孔复礼的潮流有着异曲同工之妙。在这种传教育观念下，美国女性认为自己的职责就应该是相夫教子，或者从事宗教慈善活动等"妇女的领域"。因此，在1920年为自己争取了选

---

① 王贵祥：林徽因先生在宾夕法尼亚大学，清华大学建筑学院编：《建筑师林徽因》，清华大学出版社，2004年。

举权利以后，随着女性逐渐回归家庭，美国女权运动几乎停滞不前了。到 50 年代末，美国妇女的平均结婚年龄下降到 20 岁。[①]

不过，到了第二次世界大战结束以后，美国妇女进入大学的人数激增，思想开明，再由于经济复苏和劳动力的缺乏，美国女性开始大量涌入劳动力市场，职场的性别区隔凸显出来，此时"男女同工不同酬"等不公正的待遇就亟须得到纠正，反对性别歧视的思潮才又顽强重生。到 20 世纪 60 年代末，美国整个社会倾向于改革，种族问题、贫困问题亟待解决，出现了著名的黑人民权运动。受其启发，美国妇女运动也以平权为核心，蓬勃开展。随后，美国举行了一系列关于高等教育中性别歧视的听证会，可是，高等教育管理者们依然态度保守，坚持女性需要比男性更高的分数才会被大学录取，因此惹怒很多妇女运动者，她们随后提出"平等接受教育，接受平等教育"的口号，顽强地坚持平权运动。后来，随着妇女进一步涌入劳动市场，全国大量妇女组织不断涌现，大大小小的妇

---

① 王恩铭：当代美国的妇女运动，《美国研究》1995 年第 3 期。

女运动不断进行，1972 年，美国终于颁布了《教育法第九篇修正案》，明令禁止在学院和大学的性别歧视。从此，美国女性与男性在平等地接受教育上有了法律上的保障。

但在当时，林徽因没得选，她不得不在美术系注册，同时和梁思成选修一样的课程。但她并不就此认命，1926 年，林徽因才入学两年，就凭借自己的才能，慢慢成为建筑系第一个编外女学生，并慢慢地成为第一个建筑系女性助教。当时美国学生对中国留学生的印象非常刻板，但是林徽因却不是这样，她形象姣好，幽默开朗，又不失谦逊，加上曾经在欧洲游历与生活的经历，很快就融入美国社会。她酷爱社交，却并不耽误学习，不仅成了中国留学生学生会社会委员会委员，在圣诞卡设计大赛中还获了奖。1926 年春季开始，她就被聘为建筑系的"建筑设计（教学）事务助理"，不久还升为"设计指导教师"。她学习非常刻苦，据梁从诫回忆说，虽然建筑系比较介意男女生一起夜间画图，但实际上林徽因做了建筑系助教之后，经常和同学们在晚上赶图，回家时餐馆都关门了，她饿得只能喝自来水充饥。

这样出色的林徽因在学生时代就被当地媒体注意到了，1926 年一篇题为《中国姑娘立志拯救祖国艺术》(Chinese girl dedicates self to save art of her country) 的报道曾这样报道当时在宾大学习的优秀女生林徽因，她说，"当我与父亲一同游历整个欧洲时，我开始萌发了学习建筑的念头。辉煌的西方经典建筑给我启迪，激起了我将这些理念带回祖国的愿望。我们需要学习牢固施工的理论从而使中国的建筑能屹立数百年而不倒"①。这不仅是华人女学生的荣誉，更是当时美国高等教育性别歧视下不可多得的女性榜样。

① 清华大学建筑学院编：《建筑师林徽因》，清华大学出版社，2004 年，第 198 页。

第三章

她的爱情　爱与解放的激情岁月

1. 新两性关系的探索与困惑

很难说，1920 年在伦敦，遇上建筑学和遇上徐志摩，究竟哪个对林徽因的人生来说更重要。但可以确定的是，对徐志摩来说，遇上林徽因比遇上偶像狄更生更为重要，他的人生在这里拐了一个巨大的弯。

这个秋天的 10 月 5 日，林长民赴瑞士国联总部开会，林徽因不记得这是父亲第几次将她一个人留在伦敦的房子里，这个 16 岁的少女无法排遣孤独。毕竟在中国，这个年龄的很多女孩子已经结婚生育了，可她见过了绝大部分中国女孩没见过的世面，却连一点爱情和浪漫的滋味都没尝过。再加上伦敦的秋天偏又阴雨绵绵，阴冷潮湿，让人孤苦难安、异常敏感。不说男女之思，哪怕有个人陪她说说话也好。

很多年后，她回忆当时的心境依然很有感触："我能在楼上嗅到顶下层楼下厨房里炸牛腰子同洋咸肉，到晚上又是顶大的饭厅里（点一盏顶暗的灯）独自坐着（垂着两条不着地的腿同刚刚垂肩的发辫），一个人吃饭，一面咬着手指头哭——闷到实在不能不哭！……我从不认识一个男朋友，从没有一个浪漫聪明的人走来同我玩——实际生活上所认识的人从没有一个像我所想象的浪漫人物，却还加上一大堆人事上的纠纷。"①

这个时候，徐志摩来了。林徽因在英国期间，有过两次独居生活，除了 1920 年 10 月那一次外，还有一次是 1921 年 6 月林长民再度赴欧洲大陆，后面那一次林徽因与徐志摩正处在"热恋"之时。

可是在这之前，徐志摩是先跟她父亲林长民"热恋"的。这两段离经叛道的"英伦绝恋"至今仍被人们津津乐道或者大加挞伐。

徐志摩 1897 年出生于浙江海宁硖石镇的商人世家，父亲是著名实业家、硖石商会会长徐申如，曾创办硖石第一家钱庄——裕通钱庄，后来筹建华商银行，他思想开明，支持立宪派，与张謇等立宪派领袖往来

① 林徽因：《林徽因诗文集》，万卷出版公司，2014 年，第 272 页。

亲密。徐志摩自小天赋异禀，聪慧过人，18岁即从杭州第一中学考入北京大学预科，后来又在宪政专家张君劢的介绍下拜梁启超为师，然后赴美留学。徐志摩生活优渥，天性自由浪漫，但花了很长时间才知道自己要什么样的人生和什么样的爱情。

他一开始以为自己喜欢金融学的，毕竟父亲是金融实业家，他后来在《猛虎集·序》里写道："我父亲送我出洋留学是要我将来进'金融界'的，我自己最高的野心是想做一个中国的 Hamilton（汉密尔顿）！"谁知道，他很快发现自己并不喜欢经济学、金融学，反而在梁启超的影响下，喜欢读西方文学、哲学、社会学、政治学方面的著作。具有戏剧性的是，后来被他舍弃的发妻张幼仪，却最终成了优秀的女银行家。

去美国学金融学的途中，徐志摩的天性浪漫展露无遗。徐志摩曾写道：船穿过比斯开湾时，天气骤变，"不漏一丝天光，海也整个翻了，这里一座高山，那边一个深谷，惊心动魄时"，他却兴奋地想到，这恰似"人生"。于是在浊浪排空的天气里，反而被激发了谈兴，此时恰好作家刘叔和也在船上，于是他拉着刘叔和从风起直到风定；从下午直到深夜，"在激情的论辩中遗忘了一切"①。

到美国之后，徐志摩 1918 年抵旧金山，然后进入克拉克大学历史系，第二年 9 月转入纽约哥伦比亚大学经济系攻读硕士学位，开始关注政治、劳工、民主、文明和社会主义等问题。1920 年 3 月，他以《论中国妇女的地位》这样一篇论文通过答辩，获得了硕士学位。这篇论文论述了中国妇女自古以来的文化修养，以及中国妇女解放的现状。可惜，学界认为，他这篇论文水平并不高，因为力图为中国妇女在西方人面前争自尊，而有些脱离了现实。这样也足以看出，关注女性的地位是当时整个中国知识分子界的潮流，而且也是中国的知识分子试图以此向欧美价值观靠拢的捷径，因为 1920 年左右的欧美正是女权街头运动的高潮时期。但是显然，"完成任务"的徐志摩对进一步探讨中国女性地位的兴趣不大，接下来，他放弃了在哥伦比亚大学继续深造读博士的机会，去了英国。因为这期间，他拜读了英国哲学家、剑桥大学教授罗素的

————
① 刘小波：《徐志摩画传》，现代出版社，2004 年，第 15 页。

《社会的改革原则》《政治理想》《往自由之路》《战争中的公理问题》等著作，下决心从美国转学到英国来跟随罗素求学。徐志摩的人生观、政治观、社会观的形成与被称为"中国人的知已"罗素的影响是分不开的。[1]

他在《我所知道的康桥》一文中也有一番说明："我到英国是为要从罗素。罗素来中国时，我已经在美国。他那不确的死耗传到的时候，我真的出眼泪不够，还做悼诗来了。他没有死，我自然高兴。我摆脱了哥伦比亚大学博士衔的引诱，买船票过大西洋，想跟这位二十世纪的福禄泰尔认真念一点书去。"这里面不能说没有梁启超的影响。梁启超和林长民发起讲学社，邀请西方学者来华讲学，第一个请的就是罗素。梁启超称颂罗素："这是真正学者独立不惧的态度，这是真正为人类自由而战的豪杰。"[2]

然而，当这个浪漫诗人从美洲大陆来到了欧洲大

---

① 刘介民：《类同研究的再发现：徐志摩在中西文化之间》，中国社会科学出版社，2003年，第19页。
② 李平、杨柏岭：《梁启超传》，安徽人民出版社，1997年，第236页。

陆追随罗素时，才知道，罗素恰好被讲学社邀请到中国演讲，还没回伦敦。更糟的是，罗素几年前已被剑桥大学开除了。原因很多，主要是罗素在战时主张和平，违背主流理念。于是初到英国的日子里，大约有半年，徐志摩是很郁闷的。但他并不想白来一趟，很快申请了在伦敦大学政治经济学院注册，跟知名教授赖斯基（Harold Laski）攻读博士学位，研究方向依然是政治学、经济学和社会学，但这对他来说，似乎只是留在伦敦的一个权宜之计。

此间，徐志摩听说名流林长民也在伦敦，在国内的时候他曾听过林长民的演讲，一直希望可以当面拜访一下，如今自然无论如何都要去的。1920 年 12 月，在林长民伦敦国际联盟协会的演讲上，徐志摩终于与其结识了，两人一见如故，而且林长民还介绍徐志摩认识了他的偶像——演讲会的组织者、著名作家狄更生。林长民非常欣赏徐志摩，并邀请他到自己的家里来喝茶。在这里他见到了林徽因。

大多数记载认为徐志摩是在伦敦才认识林徽因的，不过，按照蒋百里的说法，徐志摩出国之前，就在北京见过林徽因，只不过那时她还小。蒋百里说："那时的她，虽然年纪小，但已经很动人了。梁公子送徽音（因）欧游，还是两条小辫子在头上甩了甩。那时，志摩的热情、思想、文学的天才正在欧洲开花。毛头小姑娘大起来是快的，尤其是海风一吹，欧洲物质文明的环境里一住，看她像春天里的花苞，经过一阵和风，经过一阵阳光，经过一阵雨露，开了，开了!"①

然而，徐志摩却先跟林长民"热恋"起来了。

林长民和徐志摩是同一类人，他们相识的第一眼就明白了。在徐志摩的《伤双栝老人》一文中，徐志摩追忆他与林长民的交往："我从最初惊讶你清奇的相貌，惊讶你更清奇的谈吐，我便不阿附你从政的热心，曾经有多少次我讽劝你趁早回航，领导这新时期的精神，共同发现文艺的新土。"他说林长民的谈吐"满缀警句与谐趣"，对人生有着"锐利的理智的解剖与抉别"，他"豪爽、倜傥又幽默"，平生最"厌恶的是虚伪、矫情和顽老"，是一个自负于自己的禀赋，进而希望政事有成，退而求文章千古的"书生逸士"。而林长民也为徐志摩的友情所感动，对他非常信任，几乎毫

———————————

① 曹聚仁：《蒋百里评传》，东方出版社，2010 年，第 101 页。

无保留地把他在日本留学时同一个日本女孩子的恋爱经历也告诉了他。而且，林长民曾经在大学有过一场关于"恋爱"的演讲，提倡自由恋爱，被称为"恋爱大家"①。两人的纵情浪漫被彼此唤醒，于是，这两个男子来了一场交换"情书"的实验：徐志摩反串成一个已婚的女人"仲昭"，林长民则装成一个已婚的男人"苣冬子"，两人频繁写信互诉衷肠，充满离经叛道的热情和肉麻。

这场离经叛道的"精神出轨"游戏和毫无保留的自我探究，可以说是为徐志摩为满腔的情感寻找了一个宣泄口。1913 年，徐志摩还在读中学的时候，便在家族安排下稀里糊涂结了婚，那时候，他和张幼仪都不知道世界什么样。而介绍他拜师梁启超的张君劢，正是他妻子张幼仪的四兄。可游学后的徐志摩见识了最前沿的西方思潮，却发现自己被困在最传统的婚姻里。因此可以说，让徐志摩对自己这场桎梏般的婚姻产生排斥的人，第一个应该是林长民，而不是林徽因。

当然林长民也是借此"恋爱"释放了苦闷，他说

① 朱寿桐：《新月派的绅士风情》，江苏文艺出版社，1995 年，第 29 页。

自己"万种风情无地着"，其实抒发了一个接受了现代文明的传统知识分子的欲求和无奈，满腔报国情怀也无处着落的苦闷，如同《离骚》里的屈原。

而狄更生认识徐志摩之后，对其十分欣赏，将徐志摩安排进了剑桥大学皇家学院，做一名特别学生，从此，徐志摩终于找到方向，他对诗歌研究和文学写作的热情迅速超过了政治学。可是林长民万万没想到，徐志摩这种"单纯、自由而猛烈"的爱情之火燃烧到了女儿林徽因身上。

情窦初开的孤独少女和热情似火的孤独诗人的碰撞，是从文学开始的。这场恋情流传着无数个版本，不过据费慰梅在《梁思成和林徽因》一书中回忆道："多年以后，我注意到她的记忆总是和文学大师们联系在一起——雪莱、基兹、拜伦、凯塞琳·曼斯菲尔德、弗吉尼亚·沃尔夫……"与其说徐志摩像个诗人恋人，不如说他更像一位文学教师和指导者，把她导入英国诗歌和文学的世界。徐志摩在引导她的同时，也在发掘自己的潜力，自己进入新的美、新的理想、新的感受。他们共同编织着关于理想世界和文学天地的幻梦。胡适在《追悼志摩》中讲："他的人生观真是一种'单纯信仰'，这里面只有三个大字：一个是爱，一个是自由，一个是美。他设想三个理想的条件能够会合在一个人生里。"徐志摩在林徽因身上找到的，正是他梦寐以求的东西：爱，自由，美。他觉得自己找到了爱和自由的女神，假如和她生活在一起，一定能达到他创造力的顶峰。①

哪怕在很多年后，林徽因仍然认为，徐志摩认真的诗情，绝不含有任何矫伪，他那种痴、那种孩子似的天真实着实令人惊讶。当时和徐志摩一起入皇家学院的，还有林徽因的姐夫温源宁。有一天，伦敦大雨，温源宁在校舍里读书，忽然有人猛烈地敲门，一个被淋成落汤鸡的人跳了进来。他一猜便是徐志摩。徐志摩一把扯着温源宁向外跑，说"快来，我们到桥上去等着"。温源宁一头雾水，问徐志摩等什么。徐志摩孩子似的说"看雨后的虹去"。温源宁不只说自己不去，也劝徐志摩赶紧把湿衣服换下来，穿上雨衣再出去。结果徐志摩不等他说完，索性自己跑了，一个人去了桥上，痴痴地等，居然真看到了虹。后来林徽因问：为

① 杨四平：《20世纪中国新诗主流》，安徽教育出版社，2004年，第96页。

什么知道准会有虹的。他得意地笑答林徽因说："完全诗意的信仰！"①

而此刻，他远在中国的妻儿，快被他遗忘的家庭，已经在漂洋过海来的路上了。他诗意的信仰敌不过现实。可以想象，当徐志摩知道这个消息时是什么反应了。

妻子张幼仪带着孩子在 1921 年春天抵达，他们搬进离剑桥大学几公里外一所租来的房子里。徐志摩开始了一种特别的生活：一边扮演着一个丈夫和父亲的角色，一边每天坐公共汽车到学院去上课和看书，同时，还要保持着和林徽因的频繁通信，当然，信不便寄到家里，而是寄到门口的一个杂货铺里。尽管他认为自己和妻子相处得痛苦不堪，可他还是让张幼仪在这年夏天又怀孕了。徐志摩傻眼了，他觉得自己可能会被牢牢困在这个要命的婚姻囚笼里。

于是踟蹰了很久的徐志摩做了一个决定，他建议张幼仪堕胎，不知道自己做错了什么的张幼仪坚决不从，他便逃离和赌气似的，独自去了伦敦，然后捎话

---

① 韩石山：《重说文坛三剑客：悲情徐志摩》，同心出版社，2005 年，第 53 页。

来说他决定离婚。

林徽因得知他要离婚后惊住了，她毕竟才 16 岁，根本承担不了这样沉重的责任和关系，面对徐志摩正式提出离婚后和她在一起，她更是困惑了。首先，徐志摩有妇之夫的身份不断地提醒林徽因自己的童年往事：父亲的无情，母亲的哀怨，家中无休止的争吵，童年的痛苦回忆如潮水般涌来。而且在这起离婚事件中，一个怀孕的女人会因为她而被抛弃，她是无法接受的，她不想制造出又一个何雪媛。带着一颗矛盾的心，她暂时离开了伦敦，来到英国南部的海滨小城。在这里，她和父亲的朋友一家相处甚欢，并再次接触到了建筑学，或许找到了人生的方向，发现爱情根本没那么重要。

后来，她还将徐志摩的示爱信交给父亲处理。那林长民对待这场恋情的态度如何呢？看到信后的林长民是冷静的，他肯定徐志摩的才华，却也清楚他那缥缈虚无的文学没办法保护自己的女儿。他淡定地给徐志摩回信："阁下用情之烈，令人感悚，徽亦惶惑不知何以为答，并无丝毫嘲笑之意，想足下误解了。"

于是 1921 年的 10 月 14 日，林徽因与父亲踏上了归国之路，不告而别。

而且，此时的林长民也已经接到了国内的来信，踏上政途的新机会似乎来了，为了抓住这个机会，他需要立即回国。浸淫政界多年的林长民知道，比起徐志摩这个不知天高地厚的青年，他的政治盟友和未来亲家梁启超，才是最好的选择。于是他们坐上船，经过穿越苏伊士运河和印度洋的长途航行回家。

2. 徐志摩的"婚变"与民国离婚潮

　　徐志摩为了林徽因，催促张幼仪堕胎，在张幼仪刚生下孩子时，就狠心离婚，可谓是他一生中最为人诟病的举动。"多情天真"或者"追求自由"的理由，始终也无法抵消对张幼仪的伤害。但是，这件事情如果放在那个时代来看，客观上，徐志摩的离婚有着举足轻重的范例意义，而且那几年，经历了新文化运动和五四运动，中国人的传统婚恋观受到强烈冲击和质疑，告别旧式婚姻，几乎成了是那些年中国知识分子的潮流。只不过，大多数时候是男性用无情的手段来切断冰冷的桎梏，而所有代价都由女方独自承担。

　　在大部分的论述中，1922年5月，尽管张幼仪已为徐志摩诞下两个孩子，而此时林徽因还差一个月才满16岁，但24岁的徐志摩还是为了林徽因跟张幼仪离婚了。徐志摩真的是因为一个15岁天才少女的魅力而离婚吗？或许有部分原因，但更多的可能，还是因为接受了西方思潮洗礼、充满激情与叛逆的徐志摩，需要寻找一个与旧世界决裂的出口，而又恰好碰到了英国的自由空气。

在人们的印象中，最初的张幼仪是个典型的旧式妇女，她和徐志摩的婚姻相较于林长民和何雪媛的婚姻，似乎没有什么区别。但实际上，张幼仪的家庭，也堪称一个变革者之家。张幼仪父亲张润之是知县，同时是富商，她的二哥张君劢是知名宪政学家和哲学家，四哥张嘉璈是后来的中国银行总裁、国民政府交通部长。

而她本人也跟旧式妇女何雪媛不一样，3岁那年，母亲曾尝试给她缠足，到了第四天早晨，再也忍受不了她的尖叫声的二哥张君劢出面阻止。佣人说，大脚的小姐将来没人讨。二哥说，她嫁不出的话由他养好了，家中才作罢。就这样，她成了张家第一个没缠足的女子。12岁那年，就又在二哥和四哥的帮助下，就读于江苏省立第二女子师范学校，接受新式教育。然而，她的命运并不掌握在自己手中，他的家人让她接受新式教育并非指望她成才，而只是为她镀金，以便将来嫁个好人家。据说，为了和徐志摩的生肖般配，母亲甚至把张幼仪的出生日期从 1900 年改为 1898 年。[1]

她 15 岁那年，时任浙江都督府秘书的四哥张嘉璈在视察杭州一中时，看到了徐志摩考卷上的文章《论小说与社会之关系》，惊叹无比，一打听才知道是硖石商会会长徐申如的儿子，没想到小小年纪竟然模仿出了梁启超的文风，于是主动向徐家求亲[2]。而商人徐申如自然不会放过这个政商一家亲的机会，立马出银元一千元巨款作为礼金迎娶张幼仪，还把徐志摩的二妹嫁给了张家，亲上加亲。婚礼是在硖石的丝业公所里办的，按照徐志摩的要求，采用了新式礼仪，可实际上仍然是旧式的政商联姻。婚后，张幼仪虽然退学，但并没有做全职主妇，而是帮助公公徐申如理财，因天资不凡，很是得力，深受公公的喜欢。但此时的徐志摩才 18 岁，他的人生才刚刚开始就被旧式婚姻束缚起来，自然是不情愿的。

---

[1] 张耀杰：《民国红粉》，新星出版社，2014 年，第 195 页。
[2] 王一心、李伶伶：《徐志摩·新月社》，陕西人民出版社，2009 年。

这段婚姻的维系，几乎全靠张幼仪的一腔深情。她心仪徐志摩，却遭到冷漠对待。而徐志摩，则在满世界的奔跑中蜕变。婚后，徐志摩便辗转于上海、天津、北京四处求学。在北京，张君劢把徐志摩介绍给时下最知名改革家梁启超。徐志摩对于这位年少时的偶像很是崇敬，他写了封信给梁启超，措辞谦卑、崇敬，并充斥着对政治的热爱。梁启超读罢欣然收他为弟子，着力栽培。他后来又横渡太平洋奔赴美国，再后来去英国，一腔激情在随着眼界的拓宽而不断激荡。可孤守在家的张幼仪，却只能偶尔从他写给母亲的信中，小心地了解他的情况。

当徐志摩刚到英国后不久，在遇到林徽因之前，他或许也觉得孤独，需要人照顾，于是就写信回家希望张幼仪能来伦敦，夫妻团聚。他甚至还在 11 月 26 日的家书中问到过张幼仪何时能来的问题，他说："从前鈖媳（张幼仪）尚不时有短简为慰，比自发心游欧以来，竟亦不复作书。儿实可怜，大人知否？即今鈖媳出来事，虽蒙大人慨诺，犹不知何日能来？"①

---

① 韩石山：《重说文坛三剑客：悲情徐志摩》，同心出版社，2005 年，第 35 页。

可惜，还没等到张幼仪的到来，他的人生却发生了巨大的转变，他对张幼仪的期盼很快变成了担忧和抵触，因为，此时他认识了林徽因。

张幼仪来到伦敦之前，心里憧憬的都是融入新世界的情景，夫唱妇随，最好还能重拾自己中断的学业，这样，或许就能和徐志摩心灵相通。可没想到，每天的工作，依然是料理所有家务。而且，两人的日常开销都靠徐申如寄来的支票，偏偏徐志摩素日里开支巨大，只有很少一部分钱交给张幼仪作家用。徐志摩根本没有心思去了解这个旧式婚姻里的工具女人，也没有心思去和她共同成长。在他眼里，张幼仪和林徽因相比，是那样黯淡、陈旧、拘谨。不仅如此，他还顾影自怜地沉浸在失去自我的痛苦之中。张幼仪晚年回忆道，徐志摩当时还对她说，我们之间的痛苦、误解和分歧好像都荒唐地凑在了一起。①

张幼仪努力想做新式的女子，赶上徐志摩的脚步。她在中国独自苦守着寂寞的婚姻，仍然要做贤妻良母，曾经以为只要自己不犯错，不犯"七出"之规，无论

————————

① 高恒文、桑农：《徐志摩与他生命中的女性》，天津人民出版社，2000年，第56页。

怎么样，都不会被抛弃。① ——在《大清律例》中，对离婚的规定有三种：出妻、义绝、和离，所谓出妻就是丈夫单方面休妻，包括妻子不育、通奸、不事舅姑、多言、恶疾等七种状况，俗称"七出"。但她不知道，一直沿用到 1925 年的《大清民律草案》，已经让女性有了婚姻自由，只有两愿离婚和裁判离婚两种，只要双方就离婚达成合意就可以离婚。谁知道徐志摩还是提出了离婚，给出的离婚理由是："小脚与西服不搭调。"他明知道张幼仪不是小脚，这句话只是赌气报复罢了——几周前，他一个女性朋友袁昌英来家里看他，穿着西服却裹着小脚，徐志摩把袁昌英送走后，张幼仪评价说："她看起来很好，可是小脚和西服不搭调。"徐志摩竟转身狠道："我就知道，所以我才想离婚。"一周后，徐志摩就直接从家中消失了。②

张幼仪终于发现，不管自己多努力，仍然是浙江硖石镇的主妇张幼仪，而徐志摩早已不是硖石镇的单纯热血青年了。

---

① 陈新华：《百年家族：林长民·林徽因》，立绪文化，2002 年，第 10 页。
② 张耀杰：《民国红粉》，新星出版社，2014 年，第 201 页。

徐志摩的人生观里有三个"单纯的信仰":一个是爱,一个是自由,一个是美。和张幼仪的婚姻无疑像是对自由的瓦解。而张幼仪告诉他自己正怀着第二个孩子时,徐志摩竟直接建议她堕胎。

失望的张幼仪挺着大肚子去了德国,投靠在那里的二哥张君劢,因为他得知张幼仪被逼堕胎后,写信给她说"万勿打胎,兄愿收养"。没想到,徐志摩也到了柏林,住在吴经熊家,还托吴经熊给张幼仪捎去一封信,提出要"无爱之婚姻无可忍,自由之偿还自由,真生命必自奋斗自求得来"。张幼仪想不通,她何时有过"自由"的想法,明明就是成全他一个人,怎么粉饰成解放两个人了?1922年5月,张幼仪在柏林生下第二个孩子不久,徐志摩正式提议离婚,张幼仪如约出席离婚仪式。没想到离婚仪式上还有两个作证人,一个是吴经熊,一个是后来也出现在林徽因生命中的金岳霖。离婚后,徐志摩还写了一首诗给张幼仪,《笑解烦恼结——送幼仪》,鼓励她笑看这一切,不知张幼仪作何感想。

这场离婚虽说符合潮流,但对张幼仪来说极不公平。若严格按照当时《民律草案》规定,如果夫妻不和而双方同意离婚，男不满 30 岁，女不满 25 岁，须经父母的允许，那时徐、张二人都没有达到这个法定年龄，是不能自行离婚的。但远在德国，徐志摩还有吴经熊和金岳霖"壮胆"，张幼仪却是孤立无援的，她试图以自己父母尚未同意来抗拒，但徐志摩根本不管不顾。因为此时的离婚文件上，徐志摩已经签了名，证人栏的名字也填好了，就只有她签名那栏空着，她没有选择。根据张邦梅《小脚与西服》的描述，签好离婚协议后，徐志摩跟着她去医院看了二儿子小彼得，"他把脸贴在窗玻璃上，看得神魂颠倒"，可却始终没问张幼仪要怎么养他，他要怎么活下去。

她不知道，在中国，一股"离婚潮"早已随着新文化运动在新兴知识分子中蔓延开来。

就在徐、张两人结婚的那一年，新文化运动已经渐入佳境，很多中国年轻知识分子已经对传统文化习惯性地排斥，凡属传统的、古典的，必引来他们的深刻批判、激烈反抗，最直接的表现为对旧式婚姻的反抗。加上新法律的助力，离婚几乎成为一种时尚，甚至上升到与旧中国割裂、为新中国寻路的有志举动。徐志摩这种接受了大量西方文化的人则更有冲破旧牢笼的渴望。据说其实他刚刚结婚不久，就说了要做中国离婚第一人，张幼仪没当真。[①] 这种现象也引来过批评，1918 年，胡适在《美国的妇女》一文中谈道，"近来留学生吸了一点文明空气，回国后第一件事，便是离婚"。甚至当时，"帮人离婚"已成风气。以至于赵元任夫人杨步伟在《杂记赵家》中还说："大家都鼓励离婚，几个人闲着没事干，帮这个离婚，帮那个离婚。"

而且徐志摩还特地将离婚消息登上了国内的报纸《新浙江报》，在国内也引起了很大的轰动，批评声无数，包括他的恩师梁启超。1923 年，梁启超曾写了一封很恳切的信去劝他："万不容以他人之苦痛，易自己之快乐。"显然，他为徐志摩给张幼仪带来的痛苦和林徽因的困扰深感烦恼，毕竟林徽因是他未来儿媳。"况多情多感之人，其幻想起落鹘突，而得满足得宁贴也极难。所梦想之神圣境界终不可得，徒以烦恼终其身已耳。"[②]

不过，已经自由和激情加身的徐志摩并不能认同。

---

① 钟茂森：《找寻中国文化精神》，华志文化，第 140 页。
② 高恒文、桑农：《徐志摩与他生命中的女性》，天津人民出版社，2000 年，第 62 页。

回道："我之甘冒世之不韪，……实求良心之安顿，求人格之确立，求灵魂之救度耳。"虽然离婚后林徽因仍然不辞而别，他的求爱目标破灭，悲伤无比，但他坦然面对这个结果。他承认极致的爱情可遇而不可求，可他不能不去追求。可惜被梁启超言中，后来的徐志摩自由追求来的婚姻，终究还是烦恼缠身。

徐志摩还一厢情愿地认为，自从跟张幼仪离婚后，两人都获得了自由，通信都多了起来。他后来再婚后生活窘迫时，还向张幼仪借过钱。因为离婚后，徐志摩的双亲不忍张幼仪离开徐家，仍旧视她为养女，徐父还每月都给张幼仪寄 200 美金。但离婚后的张幼仪已经觉醒了，她跟随二哥在德国学习德文，并进入裴斯塔洛齐学院攻读幼儿教育。一战后德国马克贬值，200 美元能让母子三人过得相当宽裕，除了支持房租、学费、生活费外，还能余下一些钱，张幼仪可谓"富婆"。那时在欧洲的中国留学生很多，她便成了留学生们借钱的对象，如五四学生代表罗家伦，甚至徐志摩的"证离婚人"金岳霖都向张幼仪借过钱。

反而是一手撮合此段婚姻的二哥，号称"中华民国宪法之父"的张君劢，闻悉离婚时，大呼"张家失徐志摩之痛，如丧考妣"①，丝毫没有理会妹妹的委屈，只是懊恼失去了徐志摩这个优秀人才和家族资源，仿佛张幼仪只是一个工具和棋子。可惜，不久后次子彼得夭折，张幼仪悲痛无比，次年，她带着长子阿欢回到上海。回国后，她带阿欢去北京读书，直到她母亲去世后，才回到上海。随后，前公公徐申如把海格路125号的住宅送给张幼仪，使母子衣食无忧。②

受过西方教育的张幼仪终于开始发挥她的所长，1927年，她开始担任上海女子商业储蓄银行副总裁、云裳时装公司总经理。上海女子商业储蓄银行成立于1924年，在五四后女性运动的启蒙下，严淑和与谢姚稚莲等女性银行家发现了女界对于经济独立的意识很浅，于是便发起创立坤范银行，以实现"提倡女子职业、号召女子储蓄、经济独立"的目标，其职员四分之三都是女性，客户也大多是沪上精英女性。此时，她四哥张嘉璈已是中国银行副总裁，主持着上海各国银行事务，于是张幼仪借助四哥的人脉关系使女子商

---

① 张琳璋：《徐志摩婚恋传奇》，作家出版社，2003年，第69页。
② 陈明远：《洗尽铅华始见真：民国才女的个性与婚恋》，中央编译出版社，2011年。

业银行走出困境，成为一代女性金融精英。后来，在张邦梅的《小脚与西服》里面，她说，我就要为离婚而感谢徐志摩，如果不是离婚，我可能永远都没有办法找到我自己，也没有办法成长，它使我得到解脱，变成了另外一个人。

跟张幼仪离婚三年后，徐志摩在给陆小曼的信中再次提到这位"前妻"时，也赞叹道："一个有志气、有胆量的女子，这两年来进步不小，独立的步子站得稳，思想有通道。"

张幼仪和林徽因都离开后，徐志摩失落地回到了剑桥，却并没有如想象中沉浸于痛苦，而是很快为获得了真正的自由而狂喜，或者说不得不找各种事情填满自己的失落和空虚。"现在时间到了，"他写道，"我终于有机会接近真正剑桥的生活，同时我也慢慢地'发现'了剑桥。我从来不知道有这样大的快乐。""是剑桥打开了我的眼界，是剑桥激起了我对知识的渴求，是剑桥培育了我的'自我'意识。"①

他被英国诗人们唤起的激情，在他回国后，深深

---

① 刘洪涛：《徐志摩与剑桥大学》，商务印书馆，2011年，第15页。

地影响了中国的现代诗歌走向。

在这轰轰烈烈的民国离婚潮中，还有不少知名人士跟徐志摩做了一样的选择，比如五四运动最活跃的青年领袖之一傅斯年。他父亲早亡，16 岁时，在母亲的主持下，娶了当地乡绅之女。女方虽然略懂文墨，但是依然是旧式妇女，傅斯年对这段婚姻感觉非常压抑。从欧洲回国后，胸襟抱负早已今非昔比，他便决心离婚。一直到 1934 年，终于与原配丁醴萃在济南协议离婚，年底，娶了上海沪江大学毕业的俞大维之妹、曾国藩的外曾孙女俞大綵为妻。

当然更有时任粤军第二军参谋长的蒋介石。在 1921 年 6 月 2 日，蒋母病危，蒋介石在故居跟原配毛氏谈离婚，遭到长辈劝诫，不到半月后，蒋母病逝，蒋介石终于成功离婚。他决定接下来要娶一位新女性，这就是他早已同居多年的陈洁如。可到了 1926 年，他掌权了南京国民政府的时候，遇到了更新的女性——宋美龄，于是他又和陈洁如离婚，和宋美龄结婚。

民国的离婚风潮看似奔向自由，但多数时候，挣脱枷锁和责任的只是男性，而女性则成了旧式传统和新式风潮的双重受害者。

3. "解放天性"的后五四时代

五四运动后，各种各样的新思潮势如破竹，其中包括了妇女自由意识。此时的《新青年》之类的刊物，不停指出父权文化对中国妇女的控制，批判传统婚姻的不合理，为各种自由恋爱和反叛的婚恋形式大声疾呼。可以说，追求自由成了勇士，某种程度的"不道德"也能够被理解和宽容，各种西方思潮不断被引进。

徐志摩的偶像罗素在《婚姻与道德》一书的思想被引入，该书倡导试婚和离婚从简，对婚外性行为和同性恋行为都持宽容的态度，改变着很多年轻人的爱情观，林长民和徐志摩都深受其影响。1918年，《新青年》的创始者陈独秀发布了挪威剧作家易卜生的《玩偶之家》的白话全译本，这部讲述被婚姻困住的已婚女性觉醒逃离的剧，在当时大受欢迎。

1925年，著名的社会学家与美学家、中国现代性教育先驱张竞生发表了"爱情的四项定则":1、爱情是有条件的;2、爱情是可比较的;3、爱情是可以变迁的;4、夫妻为朋友之一种。这位卢梭《忏悔录》的第一位中国译者,也坚信马尔萨斯的"人口论"学说,1920年就曾向军阀陈炯明提出过计划生育的构想,却被斥责为病态。不过,他的这番言论却在文化界引起了广泛讨论,梁启超、鲁迅、许广平等60多人撰文参与讨论,而发表他文章的刊物正是当时徐志摩主编的《晨报副刊》①。1926年,张竞生出版《性史》第一集,引起舆论哗然,冲击了中国人的性观念。这个时候,城市里也开始出现不少情色文学、图像,在媒体上大肆曝光。

除了徐志摩、傅斯年、杨杏佛、蒋介石那样"身先士卒"挑战传统婚姻的人绝非少数派,借时代潮流追逐理想婚恋的人大有人在。

1922年秋冬,在美国留学获得博士学位的朱君毅回国,到南京东南大学教育系任教。不到一年,就爱上了年近17岁的女高中生。这恋情很快轰动,因为朱已经是订婚的人,他的未婚妻就是青梅竹马的表妹毛

---

① 张小清、刘晓滇:《中国百年报业掌故》,江苏人民出版社,2000年,第156页。

彦文。毛彦文是受过新式教育的新女性，从杭州女子师范学校肄业后进入北京女子高等师范学校，后来转入金陵女子大学，文笔非常了得，并且拒绝了自小被安排的婚约，誓要与朱君毅在一起。没想到在结婚指日可待时，男方却移情别恋高中生，而且还以近亲不能结婚为由拒绝了毛彦文。这段感情闹得沸沸扬扬，还牵扯进另外一个人——国学大师吴宓，成了轰动一时的四角恋。

1923 年，毛彦文收到朱的退婚信，苦苦挽回无果，她终于放弃，隔年签字解除婚约。然而，因为吴宓作为朱君毅在清华的同桌，与二人过往甚密，常常看毛彦文写给朱君毅的书信，竟不知不觉爱上了毛，甚至为了向毛彦文展示自己的决心，毅然跟自己的妻子离了婚。但此时的毛彦文非常地清醒，她知道吴宓只是爱上了一个幻想中的女子。她想：朱君毅这样的饱学海归，最看重女性的竟然不是品貌才学，而是是否年轻漂亮，想来朱君毅也只是以反传统婚姻之名行移情别恋之实。后来她终于放下戒备，和吴宓交往多年，但是就在要谈婚论嫁的关头，吴宓竟然也移情别恋了。随后，她嫁给了前北洋政府总理熊希龄。

除了传统婚姻约束力的淡化，这个时候，未婚同居或婚外恋的风潮也在大城市兴起。比如自认对恋爱中的人性非常清楚，并写出了著名爱情小说《伤逝》的鲁迅，自己也跌入了欲罢不能的婚外恋中。1925年，他在北平女子师范大学讲课，每次都有一个女生坐第一排，而且聪明、有才气，偶尔还打断他的话，这就是许广平[①]。听了一年多的课之后，她忍不住给鲁迅写了封热情洋溢的信，鲁迅竟然当天就回信了。慢慢地，两人开始恋爱，但同样鲁迅有一个旧式原配妻子朱安，他从没打算离开她，也舍不下许广平。而致力过妇女权力运动的许广平竟也不计较名分，在毕业前一年还在报上公开表达对老师鲁迅的感情，1927年两人在广州未婚同居，并为鲁迅生下独子周海婴。

可见，在20年代，告别旧式婚姻，与热情、美丽、心灵契合的女学生恋爱，是多么稀松平常的事情，可是很少有人理会那些被离弃的旧式原配的感受。

不过，一些大胆的女知识分子也不甘示弱，比如知名女作家凌叔华。她曾作为燕京大学代表欢迎泰戈

[①] 司马安编著：《名人与他们生命中的女人》，中国致公出版社，2005年，第73页。

尔来华，后来又加入新月社，和陈西滢结识并相恋、结婚，一度成为才子佳人的佳话。谁料几年后，凌叔华就发生了一段不可思议的婚外情。1935 年 10 月，英国青年诗人、弗吉尼亚·伍尔芙的外甥朱利安·贝尔（Julian Bell）受邀来到武汉大学任教，此时陈西滢正好是教务长，两人关系比较要好。据记载，朱利安经常和凌叔华一起翻译她的短篇小说和古诗，凌叔华也在朱利安的指引下阅读了很多包括弗吉尼亚著作在内的现代主义文学，受到很大启发①。于是逐渐地，尽管凌叔华已婚，朱利安有未婚妻，二人还是发生了婚外恋。随后凌叔华向朱利安疯狂逼婚，而"只想要个情妇"的朱利安却拒绝了她②。此事闹得沸沸扬扬，最终两人分手，朱利安回国。随后陈西滢要求离婚，但凌叔华要求只是分居，二人此后虽未离婚但也渐无交流，直至陈西滢去世。

这个时候，个人独立成为至高无上的追求，而独立的对立面就是大家庭，很多知识分子们甚至认为中国的

① 《跨文化对话》第 23 期，上海文化出版社，第 251 页。
② 蔡登山：《才女多情："五四"女作家的爱情历程》，秀威出版社，2011 年。

衰弱都是因为大家庭对人性的束缚，中国要发展，就要致力于推广自由恋爱的小家庭。1926年潘光旦写的《中国之家庭问题》轰动一时。在他之前就有很多刊物以家庭为主题，包括《家庭问题》《家庭新论》《中国之家庭问题》《妇女杂志之家庭问题号》等，女性道德和生育问题都在讨论中，除了少许科学知识外，很多论断都局限在性情、早年教育、个人经验和时代潮流之内。但潘光旦谈家庭问题，多了社会学训练的素养。他指出，家庭的功用主要有三方面：一是为个人发展，二是为社会秩序，三是为种族图久长保大。兼备这三种东西方优点的家庭，就是他理想中的折中小家庭，最适合中国国情①。这个时候，也正是中国城市消费文化兴起之时，大城市里商品经济发达、职业妇女人数上升、婚姻相对自由、媒体相对自由，城市小家庭应运而生。可以说，梁思成和林徽因就是这样的城市小家庭。

不过，有热衷组建家庭者，当然也有坚持不结婚者。众所周知，金岳霖终身未婚，可他并非孤例，当时西南联大有四大单身教授，除了金岳霖，另外三位

---

① 黄克武主编：《重估传统・再造文明：知识分子与五四新文化运动》，秀威资讯科技，2019年，第338页。

是外文系的吴宓（离婚后再未结婚），经济系的陈岱孙，生物系的李继侗。除此之外，著名历史学家顾颉刚，也是终身未婚。

知识分子们对婚姻忠贞的看法也开始改变，很多夫妻之间也保持着异常坦诚的沟通模式。比如，沈从文曾经写信跟林徽因探讨文学和感情，说他的妻子张兆和因为他的文字而负气出走。原来坦诚、天真的他，将自己对北京的一位年轻女作家的爱慕如实告诉了妻子。这位女作家就是高韵秀，笔名高青子，曾是熊希龄的家庭教师。沈从文竟然无法想象这和他对妻子的爱有什么冲突，本想和妻子深入探讨一番，谁知妻子非常震惊，一怒之下回了苏州娘家。林徽因知道后安慰了沈从文，表示非常能理解，她从文人创作的激情里去理解和分析他，认为他能将痛苦变换成源源不断的激情和灵感，最终酿造出不朽的作品，她还说："他（沈从文）就是可以爱这么多的人和事，他就是那样的人。"所以后来有人还推测，《边城》是沈从文在现实中受到婚外感情引诱而又逃避的结果。①

---

① ［美］费慰梅：《梁思成与林徽因：一对探索中国建筑史的伴侣》，曲莹璞、关超等译，中国文联出版社，1997年，第76页。

其实徐志摩的多情、金岳霖的不婚、沈从文的"坦诚"，在那个时代已经不算十分惊世骇俗、离经叛道了。当时甚至还有妓女登报征婚之事：1922 年 2 月 19 日上海《民国日报》载文《堕坑妓女登报征夫》，内提一位黄氏名雪花的香港妓女登报征婚，"年方廿一，才貌双全，厌弃烟花生涯，生出从良意愿"①。这些事情之大胆，没有那个年代对激荡思潮的包容和接纳，是万万不敢想象的。

可是，这些知识分子精英的示范行为，并没有给女性带来真正通往自由的答案和途径。就像徐志摩，他的毕业论文是《论中国妇女的地位》，可见他对男权传统对女性的压榨是有所认识的，却仍然享受着男权社会赋予的便利，在爱情之海中放浪形骸；他追求自由，却以自由之名伤害张幼仪。他的人生中无数的女子，包括林徽因在内，大都是他以浪漫之名制造的缪斯女神之幻影。

反而是林长民这种学贯中西的改良型知识分子为五四的激进担忧，他时常看到很多女儿对父母安排婚

① 邵雍：《中国近代妓女史》，黄艳红译，上海译文出版社，2005 年，第 12 页。

姻做出了激烈反抗的社会新闻。他觉得媒体有些夸大其词：做父母的太冤枉了，因为女儿若真强烈反对，没几个父母真能强求，反而是如果女儿为了父母去迁就，那也是女儿的错了，不能全怪父母。他对林徽因就是这样，不强加自己的意见，却小心引导。

1931 年的《民法》虽然各方面来说都空前完整，赋予了男女同等的婚姻权，给了妇女很多的自由，保障了现代的一夫一妻制，把童养媳、多妻、外遇全部纳入了法律禁止的范围，看似几千年婚姻革新的曙光降临。但是现实中真正由女性主动提出的离婚并不多，因为首先离婚女性遭到的非议远比男性多，而且孩子的抚养问题复杂，法律在这个情况上并没有完善的保障。尤其在日本侵华战争爆发后，社会混乱，婚姻家庭难以维系，各种为了相互寻依靠而未婚同居的情况竟然有燎原之势。

第四章

她的婚姻　名门联姻的冷暖苦乐

1. 宪政同道的秦晋之好

整个 20 世纪 20 年代，中国的国内时局和国际处境变化剧烈。此时，一战结束，西方又开始东顾；俄国十月革命后，共产主义思想开始影响中国；印度开始了非暴力不合作运动反抗英国殖民主义；……亚洲格局大幅调整，各种前所未有的思潮激荡着中国这片尚未安定的土地。从晚清开始培养的新兴知识分子群体开始成熟，力量壮大，同时也开始分化、裂变，为中国的未来探索不同的道路。而林长民和梁启超无疑是其中极具影响力的一支力量，他们的交集和选择，直接决定了林徽因、梁思成、徐志摩后来的人生选择和走向。

早在林徽因和父亲旅欧前，林长民和梁启超因为联合推动五四运动的经历，让他们更加惺惺相惜，并产生了中国传统知识分子巩固感情和增强派系力量的最常见想法：联姻，结为秦晋之好。联姻的对象便是林长民的长女林徽因和梁启超的大儿子梁思成。于是在林长民去往欧洲之前的那个夏天，在两位家长的刻意安排下，正在清华读书的梁思成在父亲的书房见到了15岁的林徽因。没有人知道当时的他们是否产生了情愫，因为尽管他们的父亲都赞成这门亲事，但是最后决定还得由他们自己来做。

一年后，林徽因带着建筑梦回国；徐志摩继续在反叛中追寻自由；而这几年的梁思成则成了个样样精通的优秀学生。

1913年9月，当梁启超被任命为袁世凯内阁的司法总长，梁思成跟随家人从天津搬到了北京。他在北京崇德国小及汇文中学度过了两年时光后，1915年秋季进入清华留美预备学校，他将在这里读完六年的预备学校课程后，然后去美国留学读本科。

清华留美预备学校的课程很全面，对英语、科学、艺术、音乐和体育都很注重，有些教师还是美国人，实行全英文授课，可以为学生奠定很好的西方教育基础。天生聪慧机敏的梁思成很快成了全能型优秀学生，甚至觉得清华教得太慢，觉得课程"完全可以缩短为四年"。可他并不是书呆子，他会弹奏多种乐器，体育也不错，不仅是足球队队长，还能跑能跳能攀墙爬树，仿佛那时就为后来的建筑考察培养技能①。他还学得了一手好素描，担任大学年报《清华校刊》的艺术编辑。在泰戈尔访华时，他还为话剧《吉特拉》设计了舞台布景，后来学建筑时画的建筑手稿也堪称艺术品。可是谁能料到天有不测风云，意外很快降临到他的身上。

　　1923 年，梁思成的预科学习还有最后一年。5 月 7 日，年轻气盛的梁思成和弟弟梁思永从西山来到市区，参加 5 月 9 日的"国耻日"的抗议——那是袁世凯在 1915 年跟日本人谈判破裂时设定的，从此每年这天都会有学生例行抗议示威。

　　根据费慰梅的记载：梁家大院在南长街，街的南端就通向繁华的长安街，邻近天安门。上午，梁思成骑着他大姐送他的摩托车，载着弟弟思永，出了南长街准备追赶游行的学生队伍。然而，当他们转入大道时，正被一辆飞驰的轿车从侧面撞来，梁思永当场被撞飞

---

① 〔美〕费慰梅：《梁思成与林徽因：一对探索中国建筑史的伴侣》，曲莹璞、关超等译，中国文联出版社，1997 年，第 9 页。

出去，梁思成则被压在沉重的摩托车下面，浑身是血，不省人事。车上的人是北洋政府陆军部次长金永炎，他竟然根本不在乎撞了人，吩咐司机扬长而去。

梁思永踉跄地站起来，跑回家叫来人救梁思成。然而梁思成醒来后的第一句话，却是赶紧对父亲梁启超道歉，他像所有传统知识分子理解的那样：身体发肤受之父母，自己擅自把身体毁坏了，极其不孝。他还叮嘱父亲不要告诉母亲。

梁启超都要急疯了，连忙叫来医生。医生第一时间的判断是梁思成左腿断了。然而等救护车把他和梁思永送到协和医院后，医生却出现了误诊，认为梁思成骨头没断，不需要手术，以至于耽误了治疗。直到后来梁思成一直没好转，他们才发现他其实是股骨复合性骨折，于是不到一个月动了三次手术。从此，梁思成的左腿就比右腿短一大截，一辈子只能跛足，足球踢不了不说，还必须装设背部支架——要常年穿着一个用铁架马甲支撑脊椎。所以，后来我们看到的大部分照片，梁思成始终是斜靠着建筑物或者挂着拐杖。西方现代医学体系和医院在辛亥革命后才进入中国，而北京协和医院在 1921 年才成立，成立之初常有误诊之事，为协和的进步"交学费"的人大有人在，不仅有此时的梁思成，更包括几年后的梁启超。

梁思成的母亲李蕙仙对那个肇事逃逸的金永炎恨之入骨。尽管金永炎在梁家和媒体的压力下，勉强出面道歉，并承担了两兄弟的医疗费用，但李蕙仙这个前朝京兆尹李朝仪的小女儿显然不能接受如此轻慢的态度，她跑到总统府大吵了一场，要求总统黎元洪严惩金永炎，可是黎元洪此时也焦头烂额、自身难保，因为此时的曹锟正虎视眈眈，一个月后，就将把他赶下台，他哪里管得了这种事情。最后，只把司机草草惩戒而不了了之。

但此事也直接促进了林徽因和梁思成感情的升华。梁思成在车祸前已经跟林徽因确定了恋爱关系，那时的二人很喜欢在北海快雪堂松坡图书馆约会和读书。而徐志摩恰好就在不远处的石虎胡同七号松坡图书馆外文部工作，回国后的他对林徽因依然念念不忘，时常跑去看林徽因，这让二人尴尬且为难。梁实秋曾写道："据梁思成告诉我，徐志摩时常至松坡图书馆去做不受欢迎的第三者，松坡图书馆星期日照例不开放，梁因特殊关系自备钥匙可以出入。梁不耐受到骚扰，遂于门上张贴一纸条，大书：Lovers want to be left alone（情人不愿受干扰）。徐志摩只得怏怏而去，从此退出竞逐。"①

不过，三人关系并没有如梁实秋写的那般简单地疏离开来，虽然"情人不希望被打扰"，但是，俗话说见面三分情，徐志摩老是来拜访二人，三人之间慢慢也熟络起来，偶尔还有些来往。其至，他们三人还一起办成了一件轰轰烈烈的事——筹办了一场世界级小提琴家的音乐会。

1923 年，世界著名小提琴家克莱斯勒应北京外交使团的邀请到北京，为驻华外交使团演奏。消息传到徐志摩耳朵里，他激动而又愤愤不平：著名小提琴家来到中国，怎么能只演给外国人听，如今受到西方思潮的熏陶，中国留学生和大学生中热爱西洋乐器的人可不少。于是他立马跟梁思成和林徽因商量对策。梁思成作为清华乐团的指挥，本会多种西洋乐器，对于小提琴更是着迷，自然一拍即合。于是三个人分别承担了印票、卖票、策划演出的工作，竟然共同促成了这

---

① 梁实秋：《梁实秋散文（三）（四）》，中国广播电视出版社，1989 年，第 231 页。

个小提琴家首场对华人的专场演奏。梁思成和林徽因向北平官员售票，大家总得给林长民和梁启超面子，便买了，但是多半都是派太太去听。即便如此，可是演出当天，林徽因还是看见了后排的便宜座位上坐满了主动买票来看演出的大学生，她开心极了。[①]

后来又逢印度诗人泰戈尔来华，让徐志摩和林徽因出尽了风头，也让徐志摩对林徽因的爱意复燃，但是，林徽因依然清醒和坦诚。在出国前，林徽因和徐志摩见面表明了心意，说好从此分定了方向。她从不欲拒还迎，留人念想。

其实徐志摩何尝不知道，林徽因的几个姑姑对他极为不满。虽然徐志摩才情过人，但她们都出身于闽南名门望族，自小受国学熏陶，往来多为大儒，自然对徐志摩推崇的白话诗不屑一顾。更何况，后来徐志摩为了推广白话文，还首先批判过林家的恩师林纾。不过，她们最反对的原因当然是徐志摩是有妇之夫，休妻弃子，另寻新欢，这种男人怎么靠得住呢？而且他苦恋林徽因的事情几乎搞得满城风雨，让未来婆婆

---

① 陈新华：《百年家族：林长民·林徽因》，立绪文化，2002年，第2页。

李蕙仙对林徽因颇多偏见，姑姑们自然把这笔账算在徐志摩头上。更重要的是，通过梁启超和林长民在推动宪政、五四运动和文化交流方面多次珠联璧合的合作，政治联姻是必然的，她们当然要竭力保障林徽因和梁思成的关系。而正好此时陆小曼也出现了，徐志摩终于知道了放手。

本来，林长民希望一回国就让女儿林徽因和梁思成结婚，但梁启超认为两人的学业更重要，于是让两人先订婚，等留学毕业再结婚。梁启超极其看重梁思成的学业，甚至梁思成还在住院治疗时，梁启超就搬来一堆传统经典让他读，从《论语》和《孟子》开始，到《左传》《战国策》《荀子》。此时的梁启超，已经在中华复兴运动之中慢慢回到了他的新儒学立场。

梁思成的精神恢复得很快，跟林徽因的照顾分不开。林徽因随父亲回国后，继续在北京培华女子中学上学，全家住在景山旁边的雪池胡同 2 号。之所以叫"雪池胡同"，是因为这里邻近过去清朝的冰窖，林徽因在旅欧期间爱上了吃冷食，住雪池胡同自然开心。可是从这里到协和医院单程就有近四公里，林徽因不辞辛苦每天这样跑，必然是因为跟梁思成感情更深厚了。

接受过西方文化洗礼的林徽因没有传统大家闺秀的羞涩和腼腆，她热心开朗，喜欢直接坐在病床边，跟梁思成谈天说地、开玩笑，为他读报纸，说体贴话纾解心情，甚至不顾"男女之隔"帮梁思成擦汗、翻身。有了林徽因的照顾，梁思成恢复得很快。[①] 可林徽因这番不顾男女"礼数"的行为，让本来就对她颇有偏见的未来婆婆李蕙仙愈发不满，李蕙仙认为一个未婚女子在男人（哪怕是未婚夫）面前表现太出格了，有失大家闺秀的风范，损伤梁家的体面，于是坚决反对这场婚事。还好梁思成一直坚持林徽因就是他的终身伴侣，林徽因也忍着委屈，一直照顾梁思成，直到他出院。

可是梁启超却对林徽因的表现非常满意，他在给梁思顺的一封信中说："徽因我也很爱她，我常和你妈妈说，又得一个可爱的女儿，老夫眼力不错吧。徽因

---

① 黄伟芳编：《万古人间四月天：梁思成与林徽因的情爱世界》，东方出版社，2008年，第47页。

又是我第二回的成功。"①

    因为这场车祸，梁思成错过了这一年的留美报名时间，因此，他出国的计划只能推迟一年。而林徽因正好还有一年从培华女中毕业，等她毕业，两个人正好可以一起去美国留学，共同前进了。

---

① 黄伟芳编：《万古人间四月天：梁思成与林徽因的情爱世界》，东方出版社，2008年，第49页。

2. 家国巨变后的守望相助

在林徽因美国求学的这三年间，梁家和林家都发生了巨大的变故。

首先林徽因仍然为婆家的嫌弃而不堪其扰。大姐梁思顺虽然生活在西方国家，骨子里却是个传统大家闺秀，对林徽因的态度跟母亲李蕙仙不谋而合，一有机会就不停"警告"梁思成。唯有也在美国哈佛留学念考古学的弟弟梁思永颇为理解他们。但是梁思成似乎天生有一种善于沟通的禀赋，从他不计前嫌和徐志摩做朋友就看得出来。面对母亲和姐姐对林徽因的排斥，他也并没有袖手旁观，而是不停写信给梁思顺，努力消除她对林徽因的偏见，还写信给父亲，恳求他劝说姐姐和母亲。他这道沟通桥梁很奏效，1925 年 4 月，梁思顺慢慢对林徽因的态度有所改变，甚至"感情完全恢复了"。梁启超知道后，也非常高兴。

然而，又一件坏消息传到美国。梁思成的生母李蕙仙乳腺癌到了晚期，家里已经开始为她准备后事了。梁启超发电报给梁思成，希望他回国尽一个儿子的责任与义务。但梁思成此刻刚入学不久，一切都还没有头绪，而且当时中美之间往返至少两个月，他们也不知道何时能动身，一时间，他和林徽因一筹莫展，终日愧疚、自责、烦恼纠结，十分痛苦。不过，最终梁启超放弃了让他们奔丧。但梁思成不知道，此时的梁启超也已经病痛缠身，几次在生死线上挣扎。

　　祸不单行，梁思成母亲离世后没多久的 1925 年底，又一个噩耗传来，林徽因父亲林长民去世了。他的丧生，只是当时波诡云谲的乱世中无数个诡异的意外之一。

　　1921 年，从欧洲回国的林长民则发现一切没有想象的美好，当时国内依然是军阀混战状态。曹锟在 1922 年指挥吴佩孚击溃了张作霖，解散了段祺瑞操控的安福国会，赶走了总统徐世昌。按照他总统梦想的路线规划：首先需要按照约法，恢复第一届国会，因此自然也要恢复第一届总统黎元洪的旧职，让没有实权的黎元洪担任完余下的任期，在黎元洪任期满了之后，再利用自己掌握的国会，顺理成章地选自己为下一任总统。他把此举称作法统重光。

黎元洪当然知道曹锟的目的，他不愿再做军阀的棋子，一心想利用自己有限的能量让事情向自己希望的方向发展，比如推动制宪，来限制曹锟的野心。所以，一听说林长民携女回国，他马上差人来请林长民再次出山制宪。于是，屡败屡战的林长民再次燃起了希望。他几乎根本都没来得及休息，就马上投入制宪中。这次，他要把自己在欧洲考察的所学所得——实践于中国政治。此时，研究系已分化为若干小派别，主要有王家襄和梁启超两派。在国会推动下，研究系两派合组，由林长民草拟会章，此时可看出林长民的思想又进步了许多，他还非常明确地提出了"男女平权，于宪法及其他法律中，主张应有明确之规定"①。为唐群英她们当年的诉求做了回应。

除了制宪，黎元洪还趁机提出要自己组阁，以阻止曹锟操弄国会大选。曹锟当然怒火中烧，便鼓动内阁成员辞职，又鼓动京津卫的军警索饷，因为自1913

① 李金河：《中国政党政治研究 1905—1949》，中央编译出版社，2007年，第222页。

年以来，第一届国会因为多次被解散，欠了不少军警和国会议员的薪水。黎元洪实在受不了了，带着象征大总统权力的总统印玺回了天津，结果半路被曹锟的人马截住索要印玺，逼得黎元洪差点开枪自杀，才总算把印玺交出来，史称"六·一三"政变。

可赶走了黎元洪，曹锟却发现搬起石头砸了自己的脚：他当初鼓动议员们索要欠薪，如今成了摆在他面前的首要难题。议员们威胁说，如不补发欠薪，他们就拒绝参加曹锟的总统选举。于是曹锟便自掏腰包来发薪。虽然没有明说要求议员们拿到薪水就必须选他当总统，但是这一举动，却让同为议员的林长民敏锐地意识到，这可能会背上曹锟贿选的罪名，于是严词拒绝了。

随后，他担心曹锟报复，带着全家老小到天津靠卖字度日，此时的林徽因，才刚刚回国一年多，在培华女中刚恢复了自己的学业，如今又不得不中断。林长民还自题打油诗："去年不卖票，今年来卖字。同以笔墨换金钱，遑问昨非与今是。"他说的"卖票"，正是指曹锟要以"补薪"为名买他的选票。

果然，如他所料，此时曹锟"补发薪水"，成为后世争论不已的"贿选"铁证。1923年10月5日，在一片"贿选"叫骂声中，曹锟依然被选为中华民国大总统。几天后，曹锟志得意满地宣誓就职，随后，在国会街春颐园的议会大厅里，颁布了林长民当初在黎元洪的邀请下主导制定的《中华民国宪法》。虽然此时林长民早已为了远离是非避走南下，但是这个充满林长民更广阔眼界和远见的宪法，却被后世认为是民国时期体系最完全、最严谨和务实的一部宪法。

但是，曹锟也没得意多久。孙中山、段祺瑞、张作霖早已达成"反直三角同盟"。1924年10月，第二次"直奉战争"爆发，在"东北王"张作霖的指挥下，冯玉祥武力发动政变，囚禁了曹锟，结束了其总统生涯，段祺瑞再次掌权。同时，冯玉祥还把溥仪从紫禁城赶了出去，北洋政府再也不用为晚清皇族支付每年300万的优待费用了，史称北京政变。紫禁城后来没多久变成了故宫博物院。同时，这部被认为最完整的1923年宪法，也被段祺瑞以"贿选宪法"的罪名取缔了。林长民在宪法中的主张和政治理想再次成为泡影。

不过林长民好歹属于段祺瑞第一届内阁的故交，

因此 1925 年 5 月，段祺瑞又请他再次出山，拟定新宪法。林长民主持召开了无数次会议，日夜操劳了三个月，带领制宪委员会完成了又一部宪法草案，这部草案非常务实，增加了"生计章"，有强烈的民生思想。其间，他还编了一部《草宪便览》，汇集了民初以来的各种宪法草案，不仅凝聚了他的心血，也见证了民初以来宪政之路的坎坷曲折[①]。可是国民代表会议最终并没有召开，因为段祺瑞又下令废除第一届国会，由临时参政院替代之。林长民的心血再次毁于一旦，他真的身心俱疲了。

这还不是最糟糕的，到了秋天，北平又政变了。因为第二次直奉战争后，张作霖和段祺瑞排挤冯玉祥，冯玉祥部下抓捕了段祺瑞政府的亲信幕僚。林长民眼看身边的幕僚官员在光天化日之下被抓，刚刚为段祺瑞做过事的他心惊胆战。他只是手无缚鸡之力的一介书生而已，还有一家老小要养，于是考虑称病退隐。徐志摩在《伤双栝老人》中回忆道，当时林长民对他说，他对政治生活已经相当厌倦，打算明年起回家亲

[①] 傅华伶、朱国斌编著：《宪法权利与宪政：当代中国宪法问题研究》，香港大学出版社，2011 年，第 121 页。

自教授子女，享受天伦，不问政治。①

此时林长民没有官职，只能卖字为生，经济拮据起来。可是林徽因是半官费留学，自己需要承担的费用也不少。1924年下半年林徽因刚刚到美国时，林长民就曾因为经济拮据焦头烂额。于是梁启超就写信给林徽因和梁思成，希望补助林徽因留美学费三千元华币。但林徽因比较要强，回信说，目前费用还足够，请梁启超暂勿付邮，不过费用可以留到日后两人毕业回国游历时再用。三年后，梁启超也当真按承诺给了这笔钱。②

然而，这个时候发生了一件事，改变了林长民和林徽因的命运。那就是1925年的郭松龄反奉事件。

张作霖听到北平又政变，马上进入北平，希望趁机揽权。然而，他刚一走，他的部下奉军将领郭松龄就向全国发表通电，反对张作霖。原来，郭松龄自从第二次直奉战争之后就与张作霖理念不和，而且与冯玉祥暗通款曲，心想一旦反奉战争胜利，就能与冯玉祥联手，获得苏联援助，权揽华北。如此大的雄心壮

---

① 陈新华：《百年家族：林长民·林徽因》，立绪文化，2002年。
② 陈学勇：《林徽因寻真：林徽因生平创作丛考》，中华书局，2004年，第173页。

志当然需要一个有政治才能的人的辅佐，他也支持宪政，久闻林长民的才华，于是派人游说林长民前来。而林长民正好想摆脱北平的险境，很感念郭松龄的知遇之恩。加上林长民参政的欲望始终"贼心不死"，心想，如果郭松龄反奉成功，他先在东三省推行自己的主张，如果顺利，就可以在全国推行了，目前似乎只有这条路可以实现抱负。于是，林长民加入了郭松龄的阵营。加入后，林长民确实发挥了非常大的作用，郭松龄的许多通电都出自他手，据说，张作霖看了这些通电后，都惊叹不已。

1925 年 11 月 30 日晚，他乘着郭松龄的专车秘密离京，临行前还留下一封给段祺瑞的辞信。又在走了两天之后，才传口信给梁启超，说此行是以退为进，请梁启超放心。但是，此时的张作霖已经得到日本的支援。得知消息的林长民开始不安，可是还来不及后悔，车队就在半路上遭到张作霖部下的袭击，他在和郭松龄跳下车躲避的过程中，被流弹击中，当场身亡。后来，郭松龄也被逮捕后枪杀。

林长民遇难之后，他的尸骨被当地的村民焚烧。弟弟林天民无比悲痛，从千里之外赶来将兄弟遗体收殓，取回骨灰回老家。

林长民身陷军阀的权势之争，投身素不相识亦非同道的郭松龄，招致杀身之祸的惨剧，很多人为他不值。甚至有人认为，若有人死得重于泰山，有人死得轻于鸿毛，那林长民几乎就是轻于鸿毛了。比如非常赏识他的章士钊，直接以"无过鸿毛"藐视。但知识分子见惯乱世，对种种意外似乎更豁达浪漫一些。胡适则感慨于林长民风流多才，"他那富于浪漫意味的一生，成了一部人间永不能读的逸书了"①。作为忘年之交，徐志摩更为浪漫，他在《晨报副刊》上发表了一篇情文并茂的悼文《伤双栝老人》，叹的竟然是林长民还没有来得及作为一个打磨艺术的天才，也还没有和他一起领导新时期的精神，共同发现文艺的新图。

其中最愤恨其不值的，正是林长民的恩师林白水，他非常不满郭松龄，他在自己组织的报上撰文评论，用八个字："卿本佳人，奈何做贼"②。可见其对军阀的

---

① 陈金淦：《胡适研究资料》，北京十月文艺出版社，1989年，第46页。
② 陈学勇：《莲灯微光里的梦：林徽因的一生》，人民文学出版社，2008年，第10页。

痛恨和对林长民的痛心，而他也在半年后，因在文中讥讽军阀张宗昌，而遭到杀害。

唯有梁启超百感交集。作为多年共事的知己与同道以及"准亲家"，他对林长民反而多了几分惺惺相惜的理解，写道"一朝感激意气，竟舍身饲虎为之"。他回溯林长民整个政治生涯，"十年神漏补苴，直愚公移山已耳"，将其比作愚公移山，十年努力但功业不成。① 其中的悲凉、无奈、不甘，何尝不是梁启超自己的心情写照。他道尽了林长民一生的苦衷，以及他们这一辈晚清以来的宪政改良派的孤独末路。随后，已经病重的他担负起了帮忙处理林长民后事、照顾林长民遗孀、安抚远在美国的准儿媳林徽因的重担。虽然此时的他，也已经快病入膏肓。

林长民去世后，林徽因此时才刚刚入学一年多，悲痛之余，又担心家里失去经济来源——毕竟她除了学费，家里还有母亲和姐妹兄弟们要生活，加上独立要强的个性，她打算先打工缓解经济压力再说。当时的美国，中西部物价较低，生活费勉强与北京持平，

---

① 《中外杂志》，1991 年 6 月号第 49 卷，第 287—292 期，第 100 页。

但是宾夕法尼亚州所在的东部物价却非常高昂，即使是全款补助的中国留学生，也大多会打暑假工补贴生活。因此，林徽因要打工并非难事。但梁启超知道后，当然不答应。他写信给梁思成，要他安慰林徽因，他不仅把林徽因当儿媳，更当女儿，因此"学费不成问题，只算我多一个女儿在外留学便了"。他希望林徽因鼓起勇气，发挥天赋才华，完成学问，将来和梁思成共同努力，为中国艺术界做点贡献，才能告慰林长民。林徽因的学费和生活费问题，他一直惦记着，哪怕病中住院，也不忘写信询问，生怕林徽因又生出休学打工的念头，就连在写给梁思顺等儿女的信中，都让他们劝阻林徽因别打工。当时梁启超政坛失意，经济情况大不如前，甚至准备动用股票利息，他甚至说："只好对付一天是一天……今年总可勉强支持，明年再说明年的话。"①

梁启超连林徽因母亲的去留都想好了，他写信给梁思成说，林长民的遗孀何雪媛也一并由他照料。其实，此时的梁启超知道自己重病已经时日无多了。因

---

① 丁文江、赵丰田编：《梁启超年谱长编》，上海人民出版社，2009年，第689页。

此，后来，他非常急切地给梁思成和林徽因安排工作、未来，也是思考到自己的精力和力量越来越有限。这不仅是因为梁启超对未过门的儿媳发自肺腑的疼爱，以及对挚友林长民的尊重和交代，还有对中国未来建筑人才的无比珍惜。

梁家和林家这几年接踵而至的灾难，看似飞来横祸，其实也正是晚清立宪派在新的国内国际形势下逐渐式微，再加上军阀混战、政权不稳的某种必然宿命。仿佛也从另一个方面说明了，他们探索的那条路，在当时的中国终究还是走不下去的。

不过也正是有了梁启超的慷慨解囊，林徽因才得以顺利从宾大美术学院毕业，获得学士学位。毕业后，她又进入耶鲁大学戏剧学院，在 G. P. 帕克教授工作室学习了半年舞台美术设计，成为在西方学习舞台美术的首位中国留学生。转年，林、梁完成学业，开始了结婚、蜜月之旅。

在美国求学三年，林徽因过得并不轻松，不仅家里不太平，她跟梁思成的恋爱也没那么顺利。梁思成过于沉稳、内敛，不善表达情感，也读不懂女孩的心意；又因为顾忌母亲和姐姐的偏见，对林徽因多有规范和约束，让林徽因非常压抑却又无人诉说，这种无助和孤独的状态竟让她不时想起徐志摩的满腔激情来。1927年胡适到费城演讲，她还写信对胡适说："回去时看见朋友们替我问候，请你告诉志摩我这三年来寂寞受够了，失望也遇多了，现在倒能在寂寞和失望中得着自慰和满足。告诉他我绝对的不怪他，只有盼他原谅我从前的种种的不了解。但是路远隔膜误会是所不免的，他也该原谅我。我昨天把他的旧信一一翻阅了。旧的志摩我现在真真透澈的明白了，但是过去，现在不必重提了，我只求永远纪念着。"因为她此时经历了孤独、丧父、失去支柱等各种生活磨练，她自认为"有价值的经验全是苦痛换来的，我在这三年中真是得了不少的阅历，但就也够苦了。经过了好些的变动，以环境和心理我是如你所说的老成了好些，换句话说便是会悟了。从青年的 idealistic phase 走到了成年的 realistic phase，做人便这样做罢"[①]。她理解了徐志摩和自己的处境，但是也更回不去了。因为此时徐志摩也和陆小曼结婚了。但是心情好的时候，她又很快恢

[①] 林徽因：《林徽因作品精选》，长江文艺出版社，2012年。

复开朗健谈的性格，她喜欢社交，喜欢参加社会活动，尤其喜欢参加华人知识分子的演讲。胡适到纽约演讲时，她还专程前去拜访，听演讲，一起吃饭。

1928 年 12 月中，徐志摩看完病重的梁启超，终于和回国的林徽因和梁思成见面了。他发现林徽因变了：她依然风度不改，谈锋尤健，但是，她已经开始吸烟卷、喝啤酒了。[①] 谁知道她都经历了些什么呢。

---

① 陈学勇：《林徽因寻真：林徽因生平创作丛考》，中华书局，2004 年，第 313 页。

3. 蜜月旅行： 并不美丽的战后新世界

梁思成和林徽因的婚礼，像是国民政府外交形象的一个缩影。

1927 年初，毕业以后的梁思成和林徽因到了当时的坎京——渥太华（注：渥太华旧时曾被称为坎京），当时，大姐梁思顺的丈夫周国贤正是中国驻加拿大总领事，驻扎坎京。北洋政府时期，中国与加拿大尚未建立大使级外交关系，总领事即是中国派驻加拿大的最高行政长官，这种外交关系一直持续到 1942 年 2 月，中华民国驻加拿大使馆开馆。周国贤是清末 1910 年赴美的庚款留学生，学成归国后进入外交界，先后在缅甸、菲律宾、新加坡任过总领事，1925 年 1 月开始任加拿大总领事。

林徽因和梁思成的婚礼计划于 3 月 21 日在中国驻加拿大总领事馆举行，之所以选这一天，因为这是宋代为《营造法式》作者、工部侍郎李诫立碑刻石的日期，也是关于李诚资料中唯存的具体日期。作为名门望族之后、中国总领事的亲人，而且林徽因在国内还上过一次上海《图画时报》的头版——当时她因为主演泰戈尔的《齐德拉》而成名，因此他们的婚讯也受到了当地媒体的关注。3 月 17 日，当地报纸《渥太华新闻报》就报道了林、梁二人将在渥太华的中国总领事馆举行婚礼的消息，甚至还透露了婚礼主持牧师的名字。此时的梁思顺，已经在跟梁思成和梁启超反复几年的沟通中，对林徽因的印象大为改观了。

彼时，林长民已经过世，林徽因的母亲缺乏主事能力，便由其姑父卓君庸出面商议婚事。卓君庸是早年留日归国的大学教师，曾任北平中国实业银行行长，知名书法家，妻子便是林长民的三妹林嫄民，由他来出面与梁启超协商婚礼事宜，当再合适不过了。梁启超在给梁思成的信中交代得巨细靡遗："你们在美国两个小孩子自己实张罗不来，且总觉太草率，有姊姊代你们请些客，还在中国官署内行谒祖礼（礼还是在教堂内好），才庄严像个体统。"① 还将他撰写的《告庙

---

① 丁文江、赵丰田编：《梁启超年谱长编》，上海人民出版社，2009 年，第 750 页。

文》寄给梁思成和林徽因保存，使这个在加拿大的婚礼充满了中式礼仪。

婚礼在总领事馆内举行，由来自查尔莫斯联合教会的牧师伍德赛德主持。那时的渥太华根本找不到中国传统的凤冠霞帔，于是林徽因自己缝制了一套东方特色的婚服，那件衣服和我们印象中中国传统新娘装很不一样，但又带有明显的中国元素。根据费慰梅的记载，那是她根据古代壁画图案，加上想象和大学时期舞台设计的功底，改良出来的古代宫廷袍服。不过多年以后，当她和梁思成走遍中国考察古建筑，对古典文化有了更深刻的认识之后，觉得那身设计挺幼稚的。

梁思顺也没辜负父亲信中的交代，的确请了很多贵客，办了一场体面的婚礼。婚礼当晚，新娘和新郎双方亲友约40人齐聚中国总领事馆，国会议员艾格尼丝·麦克海尔也出席了婚礼。那时梁思成的妹妹梁思庄也在加拿大蒙特利尔的麦吉尔大学读书，她特地赶来为林徽因做伴娘，后来，梁思庄成为与林徽因关系最亲密、思想脾性最接近的女性亲人，并且成为中国图书馆学的开创者。而梁思成的伴郎则是来自美国领事馆的鲍德温（Mr. Le Verne Baldwin）。

有意思的是，婚礼一年后，1928年5月，林徽因的照片再次登上上海的《图画时报》。只不过，1925年那次登上头版时，照片附注是"林徽音女士为林长民先生之女公子，明慧妙丽，誉满京国"。[1] 而三年后这一次照片附注则为"梁思成夫人林徽音女士，文思焕发，富有天才"。[2] 虽都是夸赞之词，但也不禁让人唏嘘，林徽因不是某人女儿就是某人妻子，何时才属于她自己呢？

这个婚礼，可以说是他们毕业后最为美好的异国经历了，接下来的蜜月，才向他们展示了一个真实、残酷又迷茫的战后世界。

婚礼之后，梁思成与林徽因返回纽约，随后乘坐"荷兰国土"号邮轮于3月底启程前往欧洲度蜜月。这一趟旅程，梁启超也为他们计划好了。梁启超在信中写道：俄国是不要去了，回到美国后，就到瑞典和挪威，因为斯堪的纳维亚的现代建筑很有特色，学建筑的梁、林二人正好可以去看看。在国内学习苏联的思

---

[1] 《图画时报》，第268号，1925年9月20日。
[2] 《图画时报》，第460号，1928年5月30日。

潮如此风行的时候，梁启超为什么不建议儿子去苏联呢？除了对阶级暴力革命的反感，还有认为苏俄的狼子野心不可不防，因为中俄两国当时的《解决中俄悬案大纲协定草案》中隐藏了很多对中国不利的陷阱。他主张二人去北欧，因为瑞典和挪威陆续在1905年独立，随后建筑艺术蓬勃发展，出现了国家浪漫主义建筑，代表作是哥本哈根市政厅和斯德哥尔摩市政厅（1911—1923），还有代表新古典主义建筑的斯德哥尔摩市图书馆（1920—1928）和芬兰国会大厦。

梁启超又建议他们"然后到德国去看古代城市和莱茵的堡垒，然后再到瑞士去看自然美景，然后到意大利。在意大利要待得长一些，以便彻底了解文艺复兴的妙处"。他还提议："到土耳其去看伊斯兰建筑。如果你们真的去了，要替我观察一下那里革命后的政治。"①

当时，很多中国的知识分子都关心着土耳其革命，因为那时的土耳其和中国的命运太相似了。奥斯曼帝国末期和晚清一样，都几乎在同一时期丧失了昔日帝国的光环。奥斯曼帝国于1839年开始了名为坦齐马特

① 〔美〕费慰梅：《林徽因与梁思成》，成寒译，法律出版社，2010年，第45页。

的现代化改革，这和 1898 年康有为、梁启超的戊戌变法非常相似。同时期，土耳其也和英国签订了很多清政府那样的不平等条约。一战后，中国的北洋政府在巴黎和会的羞辱处境导致了五四运动。而奥斯曼帝国首相参加了巴黎和会，会上达成的侮辱性条约《色佛尔条约》也传回了国内，引起了凯末尔组织的人民反抗斗争和接下来著名的凯末尔革命。中国知识分子和年轻人们都喜欢拿孙中山和凯末尔作对照，试图为革命的未来做出解答。

以建筑学为生的梁思成和林徽因却并不那么热衷政治。但梁启超给儿子儿媳规划的路线，确实给他们展示了一战后的世界格局。因为就在这些通信过程中，梁启超的健康状况突然恶化，他知道自己可能再也没有机会出去看世界了。

林徽因和梁思成度蜜月到了法国、英国、瑞士、意大利、西班牙和德国，几乎每个地方，都能靠梁启超的名片得到领事馆或者大使馆的照应。

不过最后回程时，梁思成和林徽因依然"违背父愿"，决定去莫斯科搭乘西伯利亚大铁道的火车，一路东行，南下回国，穿越梁启超不喜欢的"野蛮的、残破的俄国"。但是，林徽因他们这个时候看到的苏俄已经和梁启超印象中的很不一样了，现在这片土地是1922年建立起来的苏联。他们或许也想看看，梁启超所反对的无产阶级推翻资产阶级建立的社会主义究竟是什么样子。

1928年正是苏联第一个社会主义计划经济建设——五年计划开始。苏联在林徽因他们要路过的西伯利亚、远东等偏远落后地区大力进行教育投资改造，普及七年义务教育，工人农民享受免费的小学至大学教育，苏联人民的文化水平和国民素质迅速提升。在苏联大刀阔斧的改造下，几乎消灭了卖淫、赌博现象，黑帮绝迹，犯罪率骤降。但是1928年也是个分水岭，苏联农民的实际生活状况比1928年之前恶化了。因为1927年12月，联共（布）确立了农业集体化方针。为了积累资金，强迫富裕农民把多余的粮食按固定价格卖给国家，违抗者的粮食和农具会被没收，严重者会被判刑。

林徽因和梁思成从莫斯科坐火车缓缓东行，车子在途中需要加多次燃料，经过鄂姆斯克、托木斯克、伊尔库茨克、贝加尔等无数个车站，最后到达了和中国中东路的接轨站，他们换上了穿过伪满洲的火车，经过哈尔滨、沈阳，到达大连。然后从大连登上了一艘日本轮船驶往大沽口，到达天津，然后回到北京。梁思成在沈阳还停了下来，拜访了父亲的老熟人。在这次风尘仆仆的远东旅程中，他们还在车上认识了一对美国夫妇，双方谈得很是投机。回到北京后，梁、林二人带着他们四处游玩。此时南方国民政府已经基本统一全国，百废待举。他们从景山到天坛，从玉泉塔到元代土城，到香山，参观了各种饭店、戏院、街市，还在梁启超的家里举行了宴会①。此时的林徽因充满干劲，感情充沛，对什么都很好奇。她很喜欢梅兰芳，梅兰芳在场时她从来不敢坐下，这不仅因为她对舞台艺术的了解和她曾经为泰戈尔来华而表演的经验，还因为她非常欣赏梅兰芳对传统戏剧进行了适应新时代的改良。梁思成则总是充满理性的批判，他厌恶军阀混战，痛心政局不稳，因为这给现存的古建筑和民居造成了灾难性的破坏。他们燃起了勃勃雄心，拼命想为这个时代做一点什么。

---

① ［美］费慰梅：《林徽因与梁思成》，成寒译，法律出版社，2010年，第50页。

4. 婚后家庭：当"女神"被拽入尘埃

婚后回到北平两个大家庭的林徽因，新鲜感和澎湃的激情很快就遭到了打击，在美国一直不忘追捧传统文化的她，迅速就领教了传统家庭妇女的隐痛。

李蕙仙生前对林徽因的厌弃，正是中国传统社会刚刚遇上社会开放风气之初的缩影，即使林徽因拥有良好的家世、精英的教育、现代女性的品格和眼界，却仍始终受到传统社会对女性规范的困扰，这种困扰一直缠绕了她一生，将她从理想的云端拽入家庭和世事纷争的尘埃里。虽然林徽因回到北平时，李蕙仙已经去世了，但是梁启超的二夫人王桂荃对她也颇有偏见。王桂荃本叫王来喜，是李蕙仙的陪嫁丫鬟，因为聪明、勤快，深得李、梁的喜欢。后来，梁启超纳王为妾，并为她起了个新名字叫桂荃。虽然她为梁启超生了六个子女，但是梁启超身为维新派领袖，一直倡导一夫一妻制和男女平等，纳妾之事实在有违自己的体面，于是很长时间内，梁启超对她的身份都很避嫌。直到李蕙仙去世，她掌握着管理梁家大院和整个家庭的权利，才终于有了梁家女主人的气势，精明而强势的性格一下就锋芒毕露。林徽因以儿媳妇的身份才一登门，就感到了这个"娘"的气势。一年后，梁启超也去世了，他没留下多少遗产，却留给王桂荃九个儿女，最小的只有四岁半，这种当家的权利和责任让她更加强势，和林徽因水火不容。

而梁思顺也对林徽因始终不够信任，虽然她好不容易接纳了林徽因成为梁家媳妇，但林徽因婚后抛头露面的生活让她非常不满，再加上她的女儿周念慈总喜欢到梁思成家玩，她更有挫败感。她抱怨说女儿在学生政治形势紧张的时候也不跟她说就从学校跑到城里来，"她这么喜欢出来找她舅舅和舅妈，那她干吗不让他们给她出学费"等等，气得林徽因七窍生烟。后来，周念慈爱上了一个美国人，梁思顺彻底爆发了，她把所有的账都算在了林徽因头上，认为都是林徽因"带坏"的。林徽因在给费慰梅的信中说："她（梁思顺）不喜欢她的女儿从他叔叔和阿姨的朋友那里染上那种激进的恋爱婚姻观，这个朋友激进到连婚姻都不相信——指的是老金。"这么多年，林徽因一直夹在梁思顺母女之间饱受煎熬，直到1936年，周念慈一怒之下去了美国再也不回来了。①

除了梁家的问题，林徽因自己家也有一大堆麻烦，首先就是自己的母亲何雪媛。何雪媛虽然恨林长民，但林长民死后，她也骤然失去了依靠。林徽因回国第一件事，就是尽女儿的责任，把母亲接到北京养老。可因为自小的隔阂和性格的差异，母女俩总是争吵，而且在物质匮乏的时候愈发严重，尤其是后来在李庄，跟母亲的争吵完全是林徽因的一大苦恼来源，成天消耗着她本就不多的精力。"极其无能、爱管闲事、没有耐性"，林徽因曾对费慰梅历数母亲的"恶习"。梁家有个喜欢做管家的王桂荃也就算了，自家还有个喜欢争着做管家的何雪媛，总是给佣人乱下指令，让她一点不省心。

平时的磕磕碰碰也就算了，她和母亲真正的矛盾爆发，是1935年弟弟林恒的到来。林恒是妾室程桂林

① 陈新华：《百年家族：林长民・林徽因》，立绪文化，2002年，第8页。

的儿子，1935年从老家福建到北京报考清华大学机械系，便在林徽因家住。可这却惹恼了何雪媛，她想起了自己曾经失宠、受冷落，而林徽因却和程桂林及其子女关系要好，让她备受打击。如今，林长民不在了，她好不容易遗忘了那些早年的委屈，没想到林徽因竟然把"小妾生的儿子"带到家里住。很快，她便和林恒势同水火，林徽因被夹在中间，在给费慰梅的信中，她形容自己简直身处人间地狱。她童年的阴影又出现了，她赌气说："希望自己死掉或者根本没有降生在这样一个家庭。"她知道，"从生活上，她应该是一个快乐和幸福的人，但是那早年的争斗对她的伤害是太深刻太持久了"[①]。

她何尝不知道，其实何雪媛最大的心病就是：她想做事，却没有能力做任何事，但又想展示家长的权力。林长民去世了，梁启超夫妇去世了，梁思成和林徽因唯一所剩的母亲只有她。于是她想交流，想发挥作用，却什么都做不好。林徽因琐事缠身，几乎不和她交流，她似乎仅剩下一个母亲的名头。金岳霖甚至劝过林徽因和

[①] 〔美〕费慰梅：《梁思成与林徽因：一对探索中国建筑史的伴侣》，曲莹璞、关超等译，中国文联出版社，1997年，第105页。

母亲分开住，可林徽因又不忍心。这个旧式的母亲似乎成了新式的林徽因一生离不开的枷锁。

总之，从家庭关系看来，总布胡同3号并不是一个美好的"太太的客厅"，只要没有办沙龙，没有朋友来访，生活就是这样的：有两个孩子，一个怪脾气的母亲，六七个佣人，还有来到北京的弟弟，柴米油盐，鸡飞狗跳。此刻营造学社又刚刚启动，梁思成根本无力帮忙。她自小形成的管家性格也喜欢事事亲为，佣人便事无巨细地都要让林徽因来做决定，让她很容易陷入琐碎中，不仅是自己家，就连隔壁也是这样。有一次，佣人陈妈惊慌地跑进来说，隔壁有个租户人家的屋顶裂了一个大洞，可是他们无力修补。林徽因知道后马上去找了这家的房东，才知道，原来房客的先辈在二百年前就租用这房子了，每月付五十个铜板的固定租金，根据当时民国的法律，房东是不能提高房租的，但是这么低的房租还要房东修房顶，房东又不甘心。林徽因实在不忍心，于是自己给了房东一笔钱去修理房顶。① 这种为左邻右舍排忧解难的热心肠性格

---

① ［美］费慰梅：《梁思成与林徽因：一对探索中国建筑史的伴侣》，曲莹璞、关超等译，中国文联出版社，1997年，第75页。

一直伴随她一生，哪怕她在战火纷飞中逃到了西南小镇李庄的时候，哪怕她当时都已经病得下不了床，都依然常常为当地妇女的家长里短而操心。

这些都不是最重要的，最重要的是，林徽因莫大的痛苦，是这些琐碎让她白白流失了大量的时间，她的诗歌、她的浪漫、她的学术造诣和对外出考察的渴望，独立自主的事业心，都无法实现，她被淹没在生活的炼狱中，灵魂和躯体都被碾得很碎。而且这种浪费，对已经有肺结核的她来说，更是生命的浪费。更不用说，她再想远离政治，偶尔还是会被卷入乱世的旋涡。

1935 年"一二·九运动"爆发，虽然梁思成和林徽因一心远离政治，但是没想到住在他们家的小弟林恒竟然参与其中了，还遭到了毒打并失踪。林徽因得知消息后心急如焚，在家里不停地打电话，运用各种关系，四处探听弟弟的消息，梁思成更是跑遍了北平所有接收了受伤学生的医院。而母亲何雪媛不仅不理解，更是趁机变本加厉、捶胸顿足地抱怨：这个小妾生的孩子竟然还给家里惹祸。可是林徽因非常喜欢这个弟弟，费慰梅夫妇也喜欢他，总叫他"三爷"。林徽因还没打听到"三爷"的消息，就听说游行学生被赶出城，有的被打得半死，有的受伤四处逃散。直到半夜，林徽因总算接到林恒的电话，她赶紧驱车到西城一个僻静的胡同里找到精疲力尽的弟弟，一腔热血的他游行时走在最前面，于是不免遭到宪兵毒打，但是，在被关押期间，他一个字也没提及与梁家的关系[①]。但是，他从此放弃了在清华大学机械系的学习，报考了空军学院，立志亲自参军抗日。

好不容易安顿好林家的激进年轻人，梁家的年轻人又出事了。王桂荃的女儿梁思懿本来考入了燕京大学医学预备班，为了参加革命，1935年转入燕京大学历史系，一二·九运动中竟是游行队伍中燕京大学学生领袖之一，当时就有外国记者亲眼目睹她被军警用刀鞘狠狠毒打。林徽因第二天才知道此事，思懿是她最谈得来的五妹，她想尽办法偷偷把思懿送去福建。后来梁思懿加入了中国共产党，非常活跃。

很快，在渥太华给林徽因当过伴娘的梁思庄又来

---

① ［美］费慰梅：《梁思成与林徽因：一对探索中国建筑史的伴侣》，曲莹璞、关超等译，中国文联出版社，1997年，第107页。

到北京要投奔她，林徽因崩溃了，屋子已经够挤了，但还是不得不腾地方给她们。原来，1933年，梁思庄和北京大学化学系教书的吴鲁强在北平结婚，林徽因专程为她准备了新娘礼服。刚一完婚，梁思庄就和吴鲁强回广州的吴家了。然而谁知道，婚后才两年，吴鲁强便因病去世，梁思庄只能带着女儿和保姆来到北京，住到了林徽因家。在这里，梁思庄开始了在燕京大学图书馆的工作，后来慢慢成为中国图书馆学的开拓者。[①]

但是，她毕竟是林徽因，始终会把生活的苦楚提炼出诗性的成果。比如，她写过一篇散文《窗子以外》，可以说是她在总布胡同的日常生活的真实写照，充满了烟火气、琐碎事、小情调、小哀怨以及悲天悯人的观察，这才是一个更真实的林徽因。她喜欢观察窗外送煤的、送米的，还有自来水、电灯、电话公司来收账的，街上为斤两吵嚷的妇女，全是被生活逼迫出来的脸孔……生活里充满了奔波和盘算，这样费那样费，气闷了把笔一搁说，这叫作什么生活，可是一

---

① 李喜所、胡志刚：《百年家族：梁启超和他的儿女们》，立绪文化，2001年，第215页。

站起来，又被生活中最具体的柴米油盐拉扯着。然而她又不沉浸在柴米油盐里，她会质问，想到社会卫生事业如何还办不好，会回想她在野外考察途中见到的传教士和乡村的有趣相处。她很清楚，作为精英的她和世界始终隔着一扇窗子，很多文人也一样，但她却努力透过窗子看尽众生相。①

---

① 林徽因：《窗子以外》，原载于 1934 年 9 月 5 日《大公报·文艺副刊》。

第五章

她和建筑　一个建筑女杰的奋斗困境

1. 奔向"石头的史诗"

人们总以为林徽因在伦敦最美的邂逅是徐志摩，其实，是她的建筑梦。

在伦敦的家里，林徽因并不总是孤独苦闷的，她跟女房东关系很不错。建筑师出身的女房东常常带着林徽因出去写生，给她讲解建筑。她最爱去的地方是剑桥一带，那里有华丽而庄严的大圣玛丽教堂、国王学院礼拜堂等教堂建筑群，还有被认为是剑桥大学最优美建筑的"三一学院"，在这里，林徽因学会了欣赏建筑之美。[①]

同时，她还有一位也是学建筑的女友，那就是林长民的好友柏烈特医生的女儿黛丝。柏烈特医生有五个女儿，黛丝是一个非常有主见的姑娘，一直以来就

[①] 张清平：《林徽因》，百花文艺出版社，2002年，第13页。

认定自己要做工程师。他们家在英国南部的海滨小城布莱顿，林徽因和林长民前往布莱顿度假时，不仅学会了游泳，还从黛丝那里首次得知建筑在西方不仅仅是"盖房子"，而是一门集美术、工程技术和人文理念于一体的综合学科。这对林徽因产生了巨大的吸引力。无论是林徽因的女房东，还是女友黛丝，之所以都能够有条件实现建筑梦，这是和当时英国女性的教育和就业环境分不开的。首先，英国的建筑学院并不像美国大学的建筑学院那样排斥女性，随着20世纪初英国女性参政运动的兴起，教育界很快响应。比如，作为英国最老的建筑类独立学院"建筑联盟学院"，在1917年就开始公开招收女性。20世纪知名的女性建筑师中，现代主义先锋简·德鲁（Jane Drew）和扎哈·哈迪德（Zaha Hadid）都来自这座学院。因此，林徽因建筑梦的生根，与其说来自于房东和朋友，不如说来自战后英国女性对建筑学浓烈的求知氛围。

保存于宾夕法尼亚大学档案馆的一篇报纸文章里，写着林徽因曾经的心声："现代西方建筑的壮观激励了我，我想将其中的一些特长带回到祖国。我们尤其需要建造的理论，因为这能够使建筑物屹立许多个世纪。"① 很难想象这时的林徽因才 16 岁。战争会摧毁生命和建筑，但是石头却能再创史诗，几年后，她就用"石头的史诗"跟梁思成讨论建筑学，并影响了梁思成的选择。而几年后林徽因和梁思成在美国留学的经历，不仅是她系统接触建筑学领域的起点，也是中国建筑学的开端。

梁思成在宾大俯瞰卡犹嘎湖的著名建筑布局时，他一定不会忘记，是林徽因触发了他的建筑梦。林徽因从英国回国后，梁思成在这个未婚妻面前颇有些自卑：她太美了，而且见识并不在他之下。回顾他的海外游历经历，无非就是跟父亲在日本流亡时见到的那些人与事，他目睹父亲和康有为从互相尊重到开始争执。为了给父亲"出气"，在海中游泳时，他还喜欢仗着小孩子的"不懂事"，专程在水底揪康有为的胡子。②

在出国之前，他曾小心翼翼地打听林徽因对未来的想法。林徽因说，她以后准备学习建筑。梁思成很

① 清华大学建筑学院编：《建筑师林徽因》，清华大学出版社，2004 年，第 197 页。
② 林洙：《梁思成》，河北教育出版社，2002 年，第 6 页。

意外，他不了解建筑，更无法将眼前文弱、秀气的女孩和"建筑"联系起来。"建筑？"梁思成反问道，"你是说 house（房子），还是 building（建筑物）？"林徽因笑了："更准确地说，应该是 architecture（建筑学）吧！"林徽因跟梁思成谈起了她所知道的建筑，谈起了欧洲大陆那些"凝固的音乐""石头的史诗"。①

其实彼时的宾夕法尼亚大学，可以说是中国第一代建筑师的摇篮，如范文照、杨廷宝、梁思成、童寯、陈植等后来中国建筑学的奠基人，都毕业于宾夕法尼亚大学艺术学院。他们协力创立了中国最初的建筑师学术团体以及学术出版物，创建了中国自己的建筑教育体系。

美国的第一个现代建筑学专业是麻省理工学院是1865 年开设的，宾夕法尼亚大学是 1868 年开设的。早期的教学和课程设置主要受到欧洲知名大学的影响，导师普遍来自法国巴黎艺术学院，或者德国建筑学院。

宾大的建筑系本来属于科学院，直到 1926 年，由于建筑教育水平突出，建筑系才分离出来，隶属于艺

---

① 张清平：《林徽因》，百花文艺出版社，2002 年，第 34 页。

术学院。在 1910—1930 年期间，建筑系由来自法国巴黎艺术学院的保罗·克雷特（Paul Philippe Cret）引领，正处在顶峰状态，学生包揽了近 25% 的全国设计竞赛奖章。从 1918 年至 1937 年间，宾大艺术学院共招收了 26 位中国留学生，其中就包括梁思成、杨廷宝、童寯等后来中国建筑学的奠基人，巧合的是，他们留美之前都在清华担任过《清华校刊》的艺术编辑。在这些中国留学生中，只有两名是女性：林徽因与孙熙明，而且分别与同去的梁思成、赵深结为连理。①

梁思成与林徽因归国后，在东北大学短暂执教和后来在营造学社的研究工作，几乎整体延续了宾大的教学方式和研究体系。童寯自 20 世纪 30 年代初开始，即对江南园林进行大量的调查和研究。范文照于 1927 年与张光圻等人在上海共同发起成立"上海建筑师学会"，一年后更名为"中国建筑师学会"……

大家学习建筑的目的和理想很多，除了建立现代意义的中国建筑学体系，用现代建筑知识梳理中国建筑这样的历史使命，还有一些更为实际的考量：比如陈

---

① 林少宏：硕士学位论文《毕业于宾夕法尼亚大学的中国第一代建筑师》，同济大学，2000 年。

植、童寯就曾经说过"建筑因属自由职业,可以自生"。其实这也是林徽因和梁思成的部分想法:靠技术吃饭,尽量不问政治。他们见惯了父辈们在动荡时代的努力和失望,因此决定远离政治,埋头学问。

林徽因天性开明爽朗,加上旅欧时广阔交游,令她在宾大也从容自若,很快融入了异国的校园文化,并成为宾大中国留学生委员会的委员。当时的美国校园里,很多人对中国人还有一些刻板印象,比如"拳匪"一般的死硬、古板。但林徽因却打破了大家的印象,而且交了不少白人朋友。其中,她与美术系同学伊丽莎白·苏特罗(Elizabeth Sutro)关系最要好,她经常到苏特罗父母家里做客。苏特罗晚年依然清晰地记得,林徽因"是一位高雅的、可爱的姑娘,像一件精美的瓷器……而且她具有一种优雅的幽默感"。她和梁思成还有共同的白人朋友 F. Spencer Roach,他也记得林徽因曾经画的圣诞贺卡获奖的事,他还说,其实庚款留学生都很优秀,但是他们大都比较严肃,只有林徽因和陈植开朗有趣。[1]

---

[1] 清华大学建筑学院编:《建筑师林徽因》,清华大学出版社,2004年,第197页。

后来林徽因在耶鲁学舞台美术设计的时候，虽然短短几个月，但是仍然交到了很多美国朋友。多年以后，她在一份戏剧月报上，看到了当年一位耶鲁同学的身影，已经是百老汇有名的设计师，她还哈哈大笑，说那同学跟谁都合不来，就对她特别依赖。①

当然，刚20出头的林徽因也跟每一个年轻姑娘一样热衷打扮，她美而自知，喜欢引人注目，每天出门前都要对面容、发型、服装精心捯饬一番。以至于梁思成每次去女生宿舍楼下等林徽因都要等上个二三十分钟，等得心急火燎。梁思成的弟弟梁思永为此写了一副对联："林小姐千装万扮始出来，梁公子一等再等终成配。"横批是"诚心诚意"。② 不过，与其说这与林徽因爱美的性格有关，不如说是梁思成的"书呆子"性格所致。他本来就不爱社交，总是沉迷于图书馆看书画图，有一次，中国同学相约出外郊游，可梁思成仍在画图，同学们便与林徽因打赌，问她是否能请得动梁思成一起。于是林徽因特意换了身漂亮衣服来到

---

① 张清平:《林徽因》，百花文艺出版社，2002年，第68页。
② 陈新华:《百年家族:林长民·林徽因》，立绪文化，2002年，第7页。

梁思成的画室，结果梁思成根本没有注意到她苦苦施展的魅力攻势，而是兴奋地跟林徽因讲起了他正在研究的一处古建筑结构，任凭林徽因怎么暗示都无法打断。最后，她不得不告诉梁思成自己已经跟同学打赌的事情，如果他不去就太不给面子了。没想到梁思成真的"不给面子"地说：你跟他们去玩吧，我还要画图。①

但是，这些女性的天性并没有影响她一贯的理性、批判性思维和严谨的学术态度。她才华横溢，充满真知灼见。她深刻地认识到保护中国古建筑的紧迫性和建立中国系统的建筑理论的必要性。1926 年的《费城公共事务报》曾经做过对林徽因的报道，她曾提到自己对当下中国城市住宅的担忧，说："一座中国住宅，一种古典式的柱子，在这里那里钉着钉子；法国式的窗子，一个美国殖民地式的门道和大量并不必要的英国式、德国式、意大利式和西班牙式的装饰细部。现在你了解了（他们是如何）亵渎东方艺术的，这甚至使孔夫子也从他那令人荣耀的先祖们那里被惊醒了过来。"她对中国激进狂热的文化运动也很谨慎，她曾

① 时影：《民国名媛》，团结出版社，2005 年，第 101 页。

说："我们悲伤地看到，我们土生土长的和特有的本色的艺术正在被那种'与世界同步'的粗暴狂热所剥夺。"这种与世界同步，正是此刻中国的思潮——五四运动。林徽因评价道："在中国正在发生着一场运动（新文化运动）——这不是示威，也不是叛乱，而是向中国的学生和大众展示西方在艺术、文学、音乐和戏剧领域的成就，但绝不能取代中国自身的艺术。我们必须学习各类艺术的基本原理，从而将其直接运用于我们的设计作品中。我们希望所学习的构造方法是能保持长久的。"她满心希望学成回国后能在中国的建筑领域有所建树，"当我回到北京的时候，……我将要带回给国人有关东方与西方交汇的一个真信息"。她的建筑设计成绩也不逊色，总是富有创意、别出心裁的灵感和个人特色。一个叫比林斯的美国同学还写过一篇文章发表在 1926 年 1 月 17 日的《蒙塔纳报》上。"她坐在靠近窗户能够俯视校园中一条小径的椅子上，俯身向一张绘图桌。她那瘦削的身影匍匐在那巨大的建筑习题上……她的作业总是得到最高的分数或偶尔得第二。"[①]

---

① 清华大学建筑学院编：《建筑师林徽因》，清华大学出版社，2004 年，第 196 页。

当然，梁思成也并非不知道浪漫，有时候他也会"顽皮"一下。宾大常常要求学生自己设计作品，梁思成在宾大时，为林徽因设计了一面仿古铜镜，正面是云冈石窟中的飞天浮雕，图案中间还刻着"林徽因自鉴之用"一行小字。他把铜镜给东方美术史教授鉴定时，对方竟然差点被骗了，一度以为是北魏古董。①

────────────

① 林与舟：《梁思成的山河岁月》，东方出版社，2005年，第44页。

2. 东北"拓荒"：功败垂成的梦想和一触即发的战火

梁启超在人生的最后时刻，和所有慈爱的父亲一样，竭尽全力为儿子儿媳做出最好的安排，或者说最妥当的未来。就在他们还在欧洲蜜月旅行的时候，梁启超拖着病体完成了这一切。

梁思成曾告诉父亲，他想研究中国古代建筑史。但梁启超不太看好这个陌生的专业，已病重的他想借着自己最后的影响力把梁思成安排到清华大学教美术，清华大学没有建筑系，只能不太情愿地给梁思成一个教美术的位置，这对双方来说都比较勉强①。而且，此时的清华正是个是非之地：1928 年，南京国民政府大学院要求接管清华，但是外交部则坚持承袭北洋政府

①［美］费慰梅：《梁思成与林徽因：一对探索中国建筑史的伴侣》，曲莹璞、关超等译，中国文联出版社，1997 年，第 41 页。

外交部对清华的管辖权，因此吵吵嚷嚷很久，校务也陷入混乱①。梁启超也不希望儿子一进校就卷入纠纷。

幸运的是，到了四月份，梁启超发现了儿子更理想的去处，林徽因大概也没想到，在自己的父亲死于张作霖部队的流弹之下后没几年，她又要和张作霖产生联系。

张作霖是非常重视教育的，1916 年，他刚当上奉天省长时，就决心整顿教育，增加教育经费，就连 1923 年司徒雷登为创办燕京大学向张作霖募款，张都是有求必应。1918 年，在张作霖的推动下，奉天国立高等师范学校正式成立，从 1921 年起，又开始筹办东北大学。1922 年春，张作霖命奉天省长兼财政厅长王永江筹办东北大学并任校长，将原国立沈阳高等师范学校改办为东北大学理工科，原文学专门学校改办为东北大学文法科。② 学校仿德国柏林大学设计，"知行合一"为校训，校长王永江热衷于用现代方式推行教

---

① 黄延复：《梅贻琦教育思想研究》，辽宁教育出版社，1994 年，第 67 页。
② 程栋、刘树勇、张卫编著：《旧中国大博览（1900—1949）上册》，科学普及出版社，1997 年，第 531 页。

育，启迪学生，尊重学术活动。比起仍然还身担留美预备学校角色的清华来，东北大学显得年轻而有朝气，万事待举。

到了1928年，东北大学的工程学院准备成立建筑系，院长本来要宾大建筑系成绩最好的毕业生杨廷宝来当系主任。可杨廷宝已加入了知名建筑师关颂声的"基泰工程司"建筑事务所，驻地在南京，于是他向院长推荐梁思成。梁思成此时还在和林徽因旅欧，为此，杨廷宝还专门去北平和梁启超商量了一下。梁启超当然非常乐意，但也有些隐隐的担忧，毕竟此时东北时局动荡，张作霖还在和日本人做最后的博弈。最后，梁启超还是决定搏一把，希望梁思成可以在那里开创一番建筑新事业。

然而就在事情刚定下来之后，伪满洲就发生了日本人炸死张作霖的"皇姑屯事件"，为此，梁启超生怕他们担心，去信让梁思成放心，他认定，东北大学应该不会受到局势影响，而且给梁思成开出的月薪高达265元，是那里薪金最高的教职员之一。与此同时，林徽因和梁思成度蜜月到了法国、英国、瑞士、意大利、西班牙和德国，见够了世面。他们本来计划在欧洲一直待到秋天开学，可是东北大学的工作已定，他们只得赶紧回国。此时林徽因的心情可能会比较复杂，她的父亲林长民正是死于张作霖军队的枪下，如今张作霖之死，一切似乎都是乱世循环。

梁思成和林徽因在 1928 年 8 月回到北京后，住进了东四十四条的新居，还举行了庙见大礼，到北京西山拜谒了故母李蕙仙。见到儿子儿媳的梁启超很开心，他对其他儿女形容媳妇："新娘子非常大方，又非常亲热，不解作从前旧家庭虚伪的神容，又没有新时髦的讨厌习气，和我们家的孩子像同一个模型铸出来。"[①] 可才短暂团聚了 10 天，梁思成就必须赶去东北大学赴任。林徽因则回福建探亲，这是她第一次回到祖籍，憔悴的母亲让她倍感心疼和愧疚，但她在参观父亲生前创立的私立法政专科学校时受到了热烈欢迎，又让她无比欣慰。随后，她在美国的所学在这里率先得到了实践：她不仅协助叔父林天民设计东街文艺剧场，还应邀在当地两所学校作了两场题为《建筑与文学》和《园林建筑艺术》的演讲。随后，她出发

---

① 丁文江、赵丰田编：《梁启超年谱长编》，上海人民出版社，2009 年，第 764 页。

去往东北大学，和梁思成着手创建中国第一个建筑系①。此时的校长已经变成张作霖的儿子张学良。令林徽因欣慰的是，张学良校长极力倡导男女同校，各科共 50 名女生走入东北大学校门。

但此时梁启超的病已经十分严重，他知道自己是全家的支柱，所以一直隐瞒病情。更糟糕的是，他还被意外的手术事故拉近了与死神的距离——医生们判断他左肾生瘤，便为他切除了"病肾"，然而他依然继续尿血。医生们则认为是他操劳过度，唯一的治疗就是每过两三个月给他输一次血。然而，其实是因为护士和医生操作失误，把梁启超健康的右肾切掉了②。这是继 1921 年协和医院给梁思成的骨折误诊之后，在梁家人身上的又一次失误。

医疗事故之后，梁启超的学生成员徐志摩等人以"白丢腰子"说法，在媒体上对协和医院进行口诛笔伐，兴师问罪，但梁启超却拒绝状告医院。他把西医看作是科学的代表，赛先生的化身。在当时的中国，

---

① 《福州历史人物》，中共福州市委宣传部，福州市社会科学所，第 134 页。
② 林与舟：《梁思成的山河岁月》，东方出版社，2005 年，第 64 页。

人们对西医本就不信任，对"开膛破肚"的手术更加恐惧，可是梁启超当初为了支持现代医学，不顾无数亲朋好友的劝阻坚持手术，如今反正失去的肾也长不回来了，再状告医院，自己的牺牲更失去了意义。因此，无论怎样也不能因为自己的事故，让大家怀疑科学对中国未来的意义。因此他不求任何形式的赔偿，也不要任何的道歉①。他直到死亡，都在为中国走向宪政、科学、文明而鞠躬尽瘁。而给他主刀的刘瑞恒博士则很快辞去了协和医学院的职务，到国民政府卫生部去当政务次长了。

1929 年 1 月 19 日，梁启超在协和医院病逝。不过，后又有研究者认为，对梁启超来说，肾被误切，并不是他致死的唯一原因。因为手术后的梁启超病情加重，知道自己时日无多，反而加强研究、讲学和写作，与死神抢时间，"战士死于沙场，学者死于讲座"，他说。再加上此时夫人李蕙仙病故，梁启超的病情更是雪上加霜。梁思成没有想到，自己一生中所设计的第一个建筑作品，竟然是父亲的墓碑。

---

① 岳南:《陈寅恪与傅斯年》，陕西师范大学出版社，2008 年，第 100 页。

此时伪满洲的乱局也迎来拐点，12月，张作霖的儿子张学良发表通电，宣布东三省及热河省服从南京国民政府，这就是史称的"东北易帜"。

梁思成在秋季开学前先到了东北大学，不久后林徽因过来相会，一起准备建筑系开学的事宜。张学良在开学后设宴欢迎新到任的教职人员，见到如雷贯耳的林徽因，非常感兴趣，托人向她致意，并请她做家庭教师，但一心远离政客的林徽因婉辞谢绝。

如今的辽宁省政府办公厅所在地，正是当年东北大学的理工楼，当时刚刚成立的建筑系，就在这座大楼里。第一年，整个建筑学系招收的学生记录在册的不到10人，老师则只有梁思成和林徽因二人。于是梁思成集系主任、主力教师、学者、勤务员的几重身份于一身；林徽因除了当教师，又要当梁思成的助手，还要操劳家务。但在操劳和乱局中，她的诗意仍然生命力旺盛。当时张学良已经易帜有数月之久，虽然政局刚刚平稳，但匪患仍然猖獗，林徽因后来曾和林洙谈起那段东北岁月，兵荒马乱中竟不失浪漫，她说："当时东北时局不太稳定，各派势力在争夺地盘。一到晚上经常有土匪出现（当地人称'胡子'），他们多半从北部牧区下来。这种时候我们都不敢开灯，听着他们的马队在屋外奔驰而过，那气氛真是紧张。有时我们隔着窗子往外偷看，月光下胡子们骑着骏马，披着红色的斗篷，奔驰而过，倒也十分罗曼蒂克。"[1]

他们的教学在很大程度上采取了宾大模式：比如坚持以师带徒、设计课程不随年级走的兼具美学与实用的教学方式。课程也基本上与宾大的建筑系课程相同，有图案、图画、营造法、应用力学、铁石式木工等。梁思成主讲中西建筑与设计，开设"西洋建筑史"课程，还增设了建筑方面的专业英语课。林徽因则负责主讲美术与建筑设计，还经常给学生补习英语。不过她最喜欢的还是带着学生们出去写生，就像她少女时代在伦敦、大学时在宾大一样。她带领建筑系学生到沈阳昭陵和沈阳故宫写生，利用古建筑开展实地教学，沈阳故宫是当时仅次于北京故宫的完整皇宫建筑，能让学生们充分地了解中国古代建筑的结构特征。即使到了怀孕的时候，她还常与梁思成一起到北陵测绘古建筑。

林徽因觉得自己的才干有了机会施展，野心勃勃。

---

[1] 林洙：《梁思成、林徽因与我》，清华大学出版社，2004年，第45页。

当时，时任校长的张学良设奖征集东北大学的校徽图案。林徽因得到消息后立即着手设计，最终设计成具有东北特点的"白山黑水"图案，她将校徽设计成圆形，在中心圆内的花朵上书写东北大学校训"知行合一"，圆外上半部为环形半圆体，正面有八卦中艮卦符号，两侧分别书"东北大学"校名，大篆字体，是东三省博物馆委员长金梁的墨迹；圆下方嵌入白山黑水图案，图案两侧绘着虎与龙，反映了东北虎的雄姿和黑龙江的喜龙之态①。此项设计在众多作品中脱颖而出，林徽因获得 400 元大洋的奖励，比她当时一个月工资还多。

他们还不忘邀请宾大的同仁、正在南京事务所做建筑设计的杨廷宝前来演讲，1929 年 4 月 6 日，他为理工科学生讲演了"建筑工程问题"。

梁思成与林徽因在第一学期中除了日常教学外，还管理勤杂事务。不过，因为林徽因整天忙于教学，夜里还要辅导学生们到深夜，连怀孕期间都没有休息，加上东北气候干燥寒冷，她体弱多病，慢慢地肺出了

① 张清平：《林徽因》，百花文艺出版社，2002 年，第 97 页。

问题，得了肺结核。1929年8月21日，林徽因回到北平分娩，生下一个女儿，取名"再冰"，为的正是纪念1月份去世的祖父——"饮冰室主人"梁启超。

同年9月，建筑系第二学期开学，学校陆续请来梁思成的宾大同窗陈植、童寯、蔡方荫、刘乐崇、傅鹰、徐宗漱等人任教，后来梁思成还邀请北平大学学西画的丁折桂来东北大学担任讲师。在梁思成的倡导下，他们还组成了梁、陈、童、蔡"营造事务所"承接商业设计，刚成立就接了两项大活。第一项为吉林大学作了总体规划，并设计了三幢教学楼。第二项是设计交通大学在辽宁锦州的一所分校，林徽因全程参与了设计。她和梁思成还设计了沈阳郊区的一座名叫肖何园的公园，还替沈阳一些有钱的军阀设计了私宅，可谓公共建筑和私人业务都有。[①] 毕竟林长民和梁启超去世后，他们成了梁、林两个家庭的顶梁柱，经济压力很大。所以尽管他们的工资在全校都算最高的了，仍然要未雨绸缪。

梁思成对建筑系学生的学业要求十分严格，他曾

---

① 郭黛姮、高亦兰、夏路编著：《一代宗师梁思成》，中国建筑工业出版社，2006年，第36页。

发现一些学生考试时有夹带小抄现象。于是1931年4月新学期开始时，梁思成就颁布新规：作弊开除。其实学生们不知道，这次考试，已经是在和梁思成告别了，因为4月末，梁思成就辞职了。因为林徽因病倒了。

林徽因在产后不久就马不停蹄地回到了东北大学，立即投入到教学中。但产后劳累加上寒冷干燥，让她再次卧病在床。而与此同时，徐志摩因为要支付婚后陆小曼巨大的开销，同时担任了清华、北大和北京女子大学的教学任务，因此常来沈阳出差，几乎每次来沈阳都会特意来探望林徽因。冬天林徽因结核病复发，徐志摩焦头烂额，跟林徽因和梁思成商量，沈阳兵荒马乱，天气恶劣，医疗条件也有限，最好还是让林徽因回北平养病。[1]

林徽因和梁思成都同意这个建议，于是林徽因回到北平养病，可是林徽因在北平拖着病体照顾孩子实在辛苦，再没有回东北大学任教的期望。而且此时东北大学各院院长之间派系斗争激烈，学术氛围逐渐下降，校长张学良不善处理，竟扬言要枪毙他们。其实，

---

[1] 田时雨编：《一个真实的林徽因：美丽与哀愁》，东方出版社，2004年，第85页。

东北大学作为"军阀办校"似乎必然面对这样的命运：军阀派系官场氛围终究会进入学校，一是校务趋于衙门化，二是内部斗争白热化，辽宁与吉林间的省籍矛盾愈发激烈。目睹此景的梁思成心灰意冷，也萌生去意。再则，此刻的东北已经山雨欲来风满楼，张学良东北易帜后，比张作霖还不配合日本当局，于是驻扎沈阳的日本关东军不断以演习为名进行挑衅，经常闯入校园内骚扰，甚至为了强行修建沈阳铁岭的铁路，把东北大学通往沈阳城的一条大路截断，竖起路障，上面写道"随意通行者，格杀勿论"。①

而就在林徽因回北平不久，朱启钤来沈阳找梁思成，特意邀请他回北平加入其新组建的"营造学社"，这个绝好的机会，让他不得不心动。

于是，梁思成完成 1930—1931 学年的教学后，就把系里的事交给童寯，回到北平，去照顾病重的林徽因，并开始新的事业——中国营造学社。三个月后，沈阳"九一八"事变爆发。此后不久日本人就关闭了东北大学。

---

① 林杉：《一代才女林徽因》，作家出版社，2005 年，第 133 页。

3. 乱世中的孤独壮举

从国民政府形式上统一中国到抗战爆发这十年间，虽然一直处于军阀混战中，但由于知识人才被尊重，学术享有相对自由，精英知识分子容易整合资源，催生了不少举足轻重的民间学术机构，比如，中国科学社、中华民国宪法学会、营造学社、各个大学的民俗学会等，都是民国期间影响力很大的民间学术机构。

营造学社创始人朱启钤是一个传奇人物。他先后经历晚清、北洋、民国、日伪、中华人民共和国，先后出任过北洋政府五任交通总长、三任内务总长，是"交通系"的重要人物；宋教仁遇刺后，他顺位担任代理国务总理；拥护改良，却又担任过袁世凯称帝大典筹备处处长；中华人民共和国成立后，他成为第一届全国人民代表大会特约代表，全国政协第二、三届委员……一生宦海沉浮，曲折传奇，在政治上的是非功过毁誉不一。但他对中国建筑学领域颇有远见，在职期间首度规划改造北京旧城，将清朝承德避暑山庄所藏的宝物运到北京古物陈列所进行展览，后来与故宫博物院合并，成为我国第一个博物馆；还将皇家风景名胜区免费向公众开放；最重要的是，创办中国营造学社，成为中国建筑学体系的开拓者。近代学者普遍认识到"建筑是民族文化的结晶，民族文化的象征"，自朱启钤始。[①]

朱在建设北京城的博物馆和公园期间，已经认识到建筑学对一个民族的重要性。他发现，中国历来将建筑视为"匠作之事"，不认为是门学问，因此著述极少，如清工部的《工程做法则例》这样的操作性文献，已是研究中国营造的珍贵资料。1918 年底，护法战争后，他作为"南北和谈"北方总代表途经南京时，在江南图书馆发现了手抄本的宋代《营造法式》，便委托商务印书馆石印发行。书印好后，朱启钤送了一套给梁启超，后来梁启超把它寄给了在宾大读书的梁思成。可以说这本书是朱启钤和梁思成、林徽因最早的结缘。

[①] 梁思成等摄，林洙编：《中国古建筑图典（第 4 卷）》，北京出版社，1999 年，第 918 页。

1925 年，朱启钤与陶湘、孟锡钰成立了"营造学会"，起初以研究建筑文献和中国传统建筑样式为宗旨。1930 年 2 月，营造学会改名中国营造学社，朱启钤亲任社长，主持编印《中国营造学社汇刊》。此时的朱启钤急需具有中国典籍知识和西方建筑学理论的现代建筑师，恰好这时梁思成和林徽因在东北大学因为战乱，正处于进退两难之际。朱启钤是梁启超的旧识，跟梁启超谈了之后，又委托学社成员、清华老校长周诒春专程前往沈阳邀请梁思成和林徽因加入学社，双方一拍即合。1931 年秋，梁思成夫妇正式加盟营造学社，梁思成任法式部主任，主要从事中国古建筑实证研究，重在实地考察；来自中央大学建筑系的教授刘敦桢担任营造学社文献部主任，负责搜集、校勘和编辑中国历代建筑史籍，偏重于文献研究。林徽因任校理，综合辅助两种工作。营造学社的人才框架算是完成了。

营造学社的人员分职员和社员，梁思成、林徽因等人就是职员，从学社拿工资。而社员一般只是挂名，主要有学界、财界和政界人士，学术文化界人士如史学家陈垣、考古学家李济、地质学家李四光等时下优秀的学者，建筑界人士比如著名建筑师杨廷宝、赵深，政界和财界人士包括朱启钤所在的老交通系成员和社会名流，营造学社从此声名远播，运营经费主要来自这些社员交的社费，以及中美和中英的庚款。①

这十几年，营造学社先后出版了《中国营造学社汇刊》《工段营造录》《元大都宫苑图考》等古建筑书刊、专著30多种，对中国古建筑各方面进行了深入的理论研究。朱启钤早年主持出版的《营造法式》，后来刘敦桢和梁思成在抗战期间分别主编、撰写的《中国建筑史纲》《中国建筑史》，成为中国建筑史学的奠基之作。

也是从梁思成开始，中国的建筑学创始者们开始了中国传统建筑的田野调查。虽然梁思成和林徽因的野外建筑考察实际上从在东北大学任教期间就开始了，但是系统的田野考察，还是在他们加入营造学社后。首先是应县木塔，1934年，梁思成在北平一次摄影展上看到应县木塔的照片后，便亲自前往调查了这个辽代木塔，考察成果让他心潮澎湃。到了八月，费正清

① 梁思成等摄，林洙编：《中国古建筑图典（第4卷）》，北京出版社，1999年，第929页。

夫妇邀请林徽因和梁思成随他们到山西的汾阳城外峪道河去消夏。因为汾阳离赵城不远，赵城的调查本来也列入了他们的计划，因而林徽因和梁思成便放弃了北戴河避暑的行程，欣然同往，这便是后来被誉为"中美山西联合考察"的田野调查。①

林徽因、梁思成与费氏夫妇一行，以峪道河为根据地，向邻近的太原、文水、汾阳、孝义、介休、灵石、霍县、赵城等县进发，做了多次考察，发现很多有价值的古建筑。他们一路住过旅馆、磨坊，也认识了沿路的传教士、底层百姓、知识分子和阎锡山治下的山西。

林徽因开朗活泼，不管是跟伦敦的政要、北平的知识分子，还是考察路上的乡民小吏，她都能相处愉快。在费慰梅的《梁思成和林徽因》中，多次记载她如何调节气氛，跟爱喝酒的小吏聊得火热；骑着毛驴考察寺庙。林徽因和梁思成很快教会了费正清夫妇使用丈量工具，并帮助他们测绘，梁思成拍照和做记录，林徽因从各种石刻上抄录重要的碑文。后来，费慰梅

① 林洙：《梁思成、林徽因与我》，清华大学出版社，2004 年，第 93 页。

的人生很长一段时间，都花在研究中国建筑上。

林徽因作为一个古建筑学家，又有历史学的哲思，同时又具备文学的激情、高度的概括能力和逻辑思维，写的报告像文学作品，但又不失理性和思辨。她受的教育里不仅有国学传统，还有西方科学实证精神。比如，在山西广胜寺的龙天庙，她发现了古代戏楼和寺庙的关系。中国戏曲在元代有很大的发展，许多公共建筑的正对大殿建造戏台，这种寺庙和戏台的结合，让她看到了中国古老民间宗教和生活的相互嵌套表现出来的丰富韧性[1]。这样写出来的报告非常丰富耐读。而且她思维跳跃极快，她单薄的身躯拿着笨重的相机，总是坚持不惜任何代价把有趣的东西照下来：各地工艺品、边远地区的传统戏剧表演、奇怪的风俗、五彩缤纷的集市，她什么都想拍，拍得梁思成心疼胶卷。而如果相机在梁思成手里的话，情况就相反了，他很喜欢拍林徽因，他让她木然地站在很多建筑前面，目的竟然是拿她做人肉标尺，这样根据照片就可以计算建

---

[1] 梁思成等摄，林洙编：《中国古建筑图典（第4卷）》，北京出版社，1999年，第944页。

筑的高度，这让爱美的林徽因在几十年后都很气恼。①

考察过程并不都是美丽的，他们的考察，经常辗转于天堂和地狱之间。有时候，她们收获极其丰富，却满城找不到住处；有时候，他们搜集材料时看到疑似现存古代建筑的信息，于是满怀希望跑了几百公里，却只见一堆废墟。考察中常常有毛骨悚然或者心灰意懒的时候，但他们总是在发现精美奇特的构造时欣喜若狂。比如，在广胜寺，林徽因发现，如此珍贵的现存古建筑竟刚刚进行过"毁灭式"的粉刷。原来，早在几年前，僧人们就把大殿两边墙上的壁画卖给文物贩子了。林徽因听罢气得发抖。在美国时，她就知道，在美国和加拿大一些著名博物馆和知名的展览上，有一些来自山西庙宇的壁画，大都是无知的国民卖给了贪婪的贩子。幸运的是，随后他们在广胜寺发现了宋版藏经，在学术界引发了不小的轰动，这意味着寺庙本身也很可能是宋代的，如果还能够找到更早的建筑，那就可以打破日本学术界对中国现存古建筑的论断了，

---

① 林洙：《梁思成、林徽因与我》，清华大学出版社，2004年，第43页。

这很激动人心。①

但是，此时任何壮举都逃不脱整个中国瞬息万变的残酷大环境。

这时候，国民政府与军阀的混战已经席卷山西，到处都在修筑工事。阎锡山为了抗击蒋介石北上的南京政府军，粗暴地把铁路改为窄轨，让蒋介石中央军的火车无法行进，也让林徽因他们的通行障碍重重。他们汽车走不了就改驴车，驴车都没辙了就步行。还总是找不到地方住，寺庙、旅馆甚至门楼，里面都住满了吵嚷的士兵②。但这些苦，都被考察的收获消解了。

他们一边考察一边写报告，发表之后，营造学社的壮举引起了国内外的关注。各地政府开始纷纷邀请他们来对本地的古建筑进行研究，首先就是浙江省建设厅厅长曾养甫邀请他们到杭州商讨六和塔重修计划。于是1934年，考察了晋八县的古建筑和撰写了大量报告后的林徽因虽然十分劳累，但一听是考察自己出生

---

① ［美］费慰梅：《梁思成与林徽因：一对探索中国建筑史的伴侣》，曲莹璞、关超等译，中国文联出版社，1997年，第99页。
② 张清平：《林徽因》，百花文艺出版社，2002年，第221页。

的地方杭州，便又整装出发了。他们从调查西湖边的灵隐寺开始，开启了对浙江一系列古建筑的考察，刘致平亦同行，并负责测绘灵隐寺双石塔及闸口白塔。1937年，林徽因和梁思成又应西安行营主任兼第一集团军总司令顾祝同之邀，去西安做小雁塔的维修计划。同时，梁思成还为西安碑林工程做了设计。随后，他们又一同调查了西安的古建筑。这期间梁思成、林徽因还出长安县，到耀县调查了药王庙。①

但是长时间不间断的跋涉和营养不足，也加剧了林徽因的病情，梁思成的瘸腿也受到了极大考验。

再后来，梁思成、林徽因一同到开封调查宋代的繁塔、铁塔及龙亭等处，然后从开封直抵济南，与麦俨曾会合。后继续往东，到历城、临淄、益都、潍县又回到济南，再南下到长清、泰安、滋阳、济宁、邹县、滕县。1936年他们第三次赴山西调查晋汾建筑。自从1934年8月梁思成、林徽因对晋汾地区做了初步调查之后，原计划在秋季再去做详细的测绘，直延至1936年的10月中旬才得以成行。结束了山西的工作，

---

① 陈学勇：《林徽因寻真：林徽因生平创作丛考》，中华书局，2004年，第217页。

梁思成又率莫宗江、麦俨曾继续行赴西安。11月下旬，天气奇冷，途中又逢寒流，他们在不很严密的铁皮车厢中冻得上下牙直打战，只好把报纸夹在毛毯中裹在身上，冻得话都说不出。[①]

但营造学社的每一个人都知道，他们不能松懈，1936年以后，随着日本侵华的脚步越来越迫近，时局日益动荡紧张。他们马不停蹄地不断外出调查，想要赶在日本入侵以前把华北、中原地区的古建筑全部调查完毕，不然，一旦战争爆发，这些珍贵的古建筑必将在战火中化为灰烬。即使不遇战火，也可能毁于贩卖、自然灾害、人为破坏，甚至所谓的"现代化"。他们是在与时间赛跑。

但是军阀当政对他们来说也并非全无好处，营造学社每次在派出小组之前，都会先把计划和目的通知省政府，让他们先告诉当地的官员。在到达的时候，他们一般先拜访政府官员，要求在当地学校里拨给一

---

① 林洙：《梁思成、林徽因与我》，清华大学出版社，2004年，第103页。

间房子。① 他们在山西寻找住宿时，甚至还被一个钦佩梁家的军官大肆款待。但军阀更多时候是个障碍。1937年，梁思成和林徽因在西安考察时，原想继续西行至兰州到敦煌，但国民党当局为了防止间谍活动，在陕甘一带到处设卡，出行必须有军事部门的通行证，因此此行未能实现。

1937年6月，日军已从东、西、北三面包围了北平，并连续举行挑衅性的军事演习。梁思成、林徽因刚从西安返北平后，却来不及思考退路，立刻又与莫宗江、纪玉堂一起奔赴五台山，寻找佛光寺去了。因为他们早在北平图书馆查阅了《清凉山志》和《佛祖统纪》等相关志书，在这些史料中有不少关于佛光寺的记载。佛光寺几乎是梁思成的一个执念，他第一次阅读伯希和的《敦煌石窟图录》时，就注意到其中"五台山图"中的大佛光之寺，他相信在国内肯定还有唐代的木构建筑存在。如果考察下来，能证明佛光寺

---

① 林与舟：《梁思成的山河岁月：飞扬与落寞》，东方出版社，2005年，第100页。

是唐代建筑,便可打破日本对中国没有唐代建筑的断言。①

他们历尽艰辛来到佛光寺,这里没让他们失望,大殿魁伟,深远的出檐,硕大的斗栱,柱头的卷刹,门窗的形式,处处可以证明是唐代建筑,但基于学术的严谨,他们必须取得确凿的证据。于是,他们爬到天花板上面寻找文字,因为殿宇建造年代多写在脊檩上。他们打着电筒,驱赶着千百成群的蝙蝠,终于看见梁架上都有古法的"叉手"的做法。这是他们从未见过的实物,是国内的孤例,使他们惊喜得如获至宝,更有干劲了。工作了几天以后,他们又发现大殿梁下隐约有墨迹,于是梁思成和林徽因赶紧吩咐村里的村民搭脚手架,刚刚搭好脚手架,早已急不可待的林徽因第一个爬了上去,工人将被单撕开沾水递给上面的林徽因用来擦洗,她擦洗后,很快看见了"女弟子宁公遇"的名字。他们又详细检查阶前经幢上的姓名,果然幢上除官职外也有女弟子宁公遇,称为"佛殿

---

① 林洙:《梁思成、林徽因与我》,清华大学出版社,2004 年,第 112 页。

主"。三天后，他们读完了四条梁下的题字全文，果然，大殿建于唐大中十一年（公元857年），他们找到现存的唐代建筑了！这是自从他们开始野外调查以来最高兴的一天。夕阳西下，佛光寺殿前及整个庭院一片红光，他们将带去的应急食品全部打开：沙丁鱼、饼干、牛奶、罐头等，大大庆祝了一番。[①]

梁思成和林徽因在佛光寺工作了一星期后，宣告考察结束，随后走访了周围的静灵寺、金阁寺、镇海寺、南山寺等庙宇，但没有获得突破性的成果，他们抵达古城代县后，决定暂住几日恢复体力之后再继续前进。辛苦忙碌了一天之后，7月12日傍晚，梁思成收到了一捆报纸，这是他专门拜托一位当地朋友从太原带过来的，看完之后，他脸色一变，对外面正在休息的林徽因和两位助手大声高呼：不好了，不好了，北平打起来了！此时"七七事变"——卢沟桥事变已经爆发五天了。[②]

---

① 梁思成等摄，林洙编：《中国古建筑图典（第4卷）》，北京出版社，1999年，第946页。
② 岳南：《李庄往事：抗战时期中国文化中心纪实》，浙江人民出版社，2005年，第1916页。

4. 理想漫途上，和时局赛跑

林徽因加入营造学社的这七年，也是中国逐渐陷入战争深渊的七年，他们一直被瞬息万变的时局追赶和阻拦，毫无喘息。

1931年"九一八事变"之后，中国丧失东三省。1932年，溥仪在日本的扶持下成为"伪满洲国"傀儡皇帝，接下来，日本的野心是整个中华大地。1932年1月28日，日本海军特别陆战队登陆进犯上海，蒋介石却妥协，中日双方签订了《淞沪停战协定》让日本可以在上海市内驻防。又过了没过多久，5月，日本时任首相，也是林徽因父亲曾经在日本的老朋友、孙中山的革命密友——犬养毅，因为始终反对日本对外战争，被军国主义分子枪杀。他的逝世终结了日本战前的政党内阁历史，从此日本在侵华的路上变本加厉，一路狂奔。

1933 年 3 月，刚生完第二个孩子梁从诚没多久，林徽因就恢复工作，她和梁思成、莫宗江进行了对河北正定县的调查，但此时日本已经进占热河，侵扰长城，但因为中日双方签订了《塘沽停战协定》，从此日本进逼华北。由于滦东形势的紧张，他们的调查只持续了两次。

但他们的努力没白费，在 1934 年年底，梁思成出版了《清式营造则例》，由林徽因作序，这部书的出版确立了他作为中国著名建筑史学家的地位。

1935 年五六月间，日本关东军在冀察地区屡屡制造事端，利用"河北事件""察北事件"胁迫国民政府签订《何梅协定》和《秦土协定》，迫使国民党撤出冀察平津，从晚清就被日本觊觎的山东，如今更在其窥探之下。而在此危急的形势中，梁思成却正在山东曲阜，完成了对孔庙的勘察，并作出修葺计划。

所以，虽然学术取得了进步，可是梁思成和林徽因并不感到开心。那时候很多老百姓还并没有感到危险将至，林徽因在考察中建立起的民族自豪感，却多次因为自己同胞的"不争气"而受到挫败。他们的每一天，都是在这种学术的成就感与目睹家国不幸之中度过。

1935 年，华北沦陷，北平的气氛很紧张。日军占领了北京和天津之间的重要铁路枢纽丰台，先是进行"军事演习"，后来又把满载兵士的两辆军车开往保定府进行"试验"。林徽因在北总布胡同的时候，每次目睹日本人的军车出现，就唤醒了她的焦虑和痛苦的回忆——她想起在沈阳的时候，日本人每年都要进行"攻占城市"的挑衅性演习。如今，眼看华北又一次面临被拱手让给日本人的局面，她愤怒而痛苦。她此刻怀念起了徐志摩：他的天真和勇敢是多么的难得，而现在大多数知识分子目睹时局，最缺乏的就是天真的热情和莽撞的勇气。

而这个时候，费正清夫妇也即将离开中国。费慰梅能够想到的安慰林徽因的方式，就是带她骑马散心。林徽因以前在山西考察时爱上了骑驴，更何况考察中练就了一身攀岩走壁的绝活，骑马根本就不在话下。在马背上的她轻松自由，就连寒风料峭的时候，她都会坚持去迎风骑马，跑得两颊潮红、眼睛闪亮。她的身体好了些，精神也在大自然中得到陶冶。她甚至为了骑马而买了一双马靴、一套暖和的衫裤以及一顶舒服的皮帽子，像个英姿飒爽的女骑士①。这一身打扮，在她生命的最后时刻，还曾拿出来穿过，可见这是她多美的回忆。

比起除了怨恨和焦虑外别无他法的梁氏夫妇，热血的北京青年学生们倒是行动了起来。1935 年 12 月 9 日，燕京大学和梁思成母校清华大学的学生，以及更多来自伪满洲的学生，在北平组织了声势浩大的抗日游行。这也是中国共产党领导下的第一次大规模的学生运动，史称"一二·九"学生运动。在"一二·九"运动的刺激下，全国都举行了示威，就连林徽因的弟弟林恒和梁思成的妹妹梁思懿都成为运动的活跃分子。日本在巨大的压力下，否认了对华北的侵略意图。因此从这时起，到 1937 年"七七事变"爆发之前的一年半，北平似乎回到了表面的平静，林徽因他们则在这期间快马加鞭地进行了野外考察。

这个一年半的"喘息期"，林徽因先在河北考察了龙门石窟，随后又在山东考察。但考察并不顺利，她还看见很多古建筑被刷上了假大空的口号，心情恶劣。

① 田时雨编：《一个真实的林徽因：美丽与哀愁》，东方出版社，2004 年，第 168 页。

但还好在学社里还有很多工作可以做，梁思成还参与了上海的中国建筑展览会，并在会上发表了演讲。林徽因在北平的时候，金岳霖一有时间就陪她到颐和园散心。她还见到了来访问的美国建筑学家和城市规划学家克拉伦斯·斯坦因及其夫人——著名女演员爱琳娜·麦克马洪，她和老金陪他们逛了颐和园[1]，这位斯坦因在很多年后会对他们的事业产生很大的影响。

时间越来越紧迫，局势也越来越险峻了，到了1937年，除了客观条件的艰难外，野外考察还要办护照及通行证、介绍信，以应对无处不在的盘查询问。刘敦桢行至宝鸡至虢镇途中，就曾因为遗失了护照与通行证，被视为可疑分子拘留了两天。即使所有证件带齐，出西安城外考察时，警察厅还派了巡官，以"导游"为名监视他们的行动。[2] 另一方面，由于他们经常考察最偏僻的山村，接触最基层的劳苦大众，使他们对国民政府的腐败、军阀的混战、帝国主义的危

---

① 陈学勇：《林徽因寻真：林徽因生平创作丛考》，中华书局，2004年，第228页。
② 梁思成等摄，林洙编：《中国古建筑图典（第4卷）》，北京出版社，1999年，第947页。

害，有更深切的体会。如 1937 年，河南水旱灾害迭现，兵燹匪患频仍，刘敦桢等到达登封时，看到农民饿得吃树皮、观音土，导致腹胀难忍，奄奄一息。梁思成和莫宗江等到雁北调查时，也是亲眼看到一家人只有一条裤子的惨状。

10 月，蒋介石亲赴西安促张学良、杨虎城剿共，结果张、杨实行兵谏，逼蒋抗日，史称西安事变。经过各方努力后，蒋介石与张、杨和解，信守承诺，开始准备抗日。而这个时候，林徽因和梁思成正在山东考察。"七七事变"爆发，北平沦陷时，林徽因正在五台山的佛光寺，发生了最激动人心的那次考察。北平家里的沙龙聚会生活戛然而止，知识分子们侃侃而谈的盛景从此成为历史，林徽因全家不得不踏上逃亡之路。

他们在匆忙中回北平，可是道路险阻。那时候，她听说到北平的火车，平汉路与同蒲路已然不通，好在平绥铁路没有断，他们就慌慌张张绕到大同由平绥路回北平。可是她的孩子还同大姑、姐姐哥哥们在北戴河。她后来写信给再冰，把这些情况一条条告诉了她，甚至还画了张"山西逃亡地图"给女儿，尽管女儿还小，但是林徽因觉得，孩子有必要知道发生在父母身上和祖国的所有事。她在信中郑重地告诉女儿："现在我要告诉你这一次日本人同我们闹什么。你知道他们老要我们的'华北'地方，这一次又是为了点小事就大出兵来打我们！现在两边兵都停住，一边在开会商量'和平解决'，以后还打不打谁也不知道呢。……我们希望不打仗事情就可以完；但是如果日本人要来占北平，我们都愿意打仗，那时候你就跟着大姑姑那边，我们就守在北平，等到打胜了仗再说。我觉得现在我们做中国人应该要顶勇敢，什么都不怕，什么都顶有决心才好。……你知道你妈妈同爹爹都顶平安的在北平，不怕打仗，更不怕日本。过几天如果事情完全平下来，我再来北戴河看你，如果还不平定，只好等着。大哥三姑过两天就也来北戴河，你们那里一定很热闹。"[1]

她心中的民族正义感让她充满了力量，深信自己宁愿守在北平，为自己的家园而战斗，她对打仗很有信心。是什么让她如此有信心呢？因为她在考察途中

---

[1] 张清平：《林徽因》，百花文艺出版社，2002年，第247页。

得到了很多的支持和帮助，见到了那么多苍凉山河和劳苦众生，也通过古建筑的兴衰，见到了中国人数千年来在无数次历史浩劫中的坚强韧性，她知道，这个国家经历过无数的战乱苦痛，也经历过无数次重建繁荣，只要团结起来，一切苦难都是暂时的。

第六章

她的写作 女性写作与新文化运动的叠合

1. 女性写作狂潮的来临

林徽因在文学上的成就，除了自身的努力和天赋，不得不说，跟晚清以来女性写作潮流的崛起有莫大的关系。

民国女性作家的崛起，和近代文学的崛起和白话文运动是密不可分的。纵观整个 20 世纪早期，女性文学的创作主体，最早的一批女作家被称为"闺秀型才女"，她们主要受旧式家庭教育，几乎都读过《列女传》《女诫》《女训》《女论语》。到了 1920 年代第一代新知识女性，因为受癸卯学制和壬子学制的助推，还有留学热以及新式教育的影响，她们的知识结构已经完全不同，自然科学、社会科学、人文科学、女权观念，都已经深入人心。写作主题、思想、风格和诉求都有了很大的变化，这和中国近代文学整体进程是分不开的。

中国的近代文学是从引入西方文学即翻译文学开始的。但是最早的翻译，并非为白话文，而是由英文转译为文言文，社科类论文以严复的《天演论》为代表，小说则以林纾的《茶花女》系列小说为代表。他们并非排斥白话，只是晚清的时候，他们希望自己的翻译能为儒家士大夫所接受。严复的翻译，为翻译树立了信达雅的标准。而林纾则迷恋太史公笔法，因为早期喜欢《左传》。他除了翻译之外，诗歌、戏曲、小说方面都颇有成就。他并不守旧，实际上他多次指出安徽桐城派为首的旧派的不足。《茶花女》不仅带给大家耳目一新的体验，还第一次让大家看到了个性解放、大胆的性爱意识、平等意识，这对当时女性的冲击可谓不小，影响了一批后来的民国女作家，比如冰心、庐隐，当然还有他亲手教过的林徽因。钱锺书甚至说，看梁启超翻译的外国侦探文学，觉得沉闷乏味，看了林纾的，才知道西方小说如此迷人。①

不知道是否受林纾的影响，中国第一位女翻译家薛绍徽也诞生于福建福州。她是《八十日环游记》的

---

① 乐黛云、王向远：《比较文学研究》，福建人民出版社，2006年，第91页。

首译者，这本书 1900 年出版，语言虽然还是文言文，但和林纾比起来，又清晰浅显很多，适合大众阅读。受她的影响，晚清末期崛起了一大波女性译者，包括留学归来的汤红绂、陈信芳，以及后来林徽因的至交——沈性仁，还有没有留过学但是受过新式教育的陈鸿璧、张昭汉等。她们通过文学为女性打开了新世界的大门，后来的薛琪瑛、章士钊的夫人吴弱男等女翻译家则推广了戏剧翻译，宣传了革命和女权观点。

白话文运动起点早，但推广晚。尽管黄遵宪等改革派在 1868 年就提出"我手写我口"，1898 年，无锡维新派人士裘廷梁提出"崇白话而废文言"，还撰写了《论白话为维新之本》，但直到 19 世纪末 20 世纪初，才有大量白话文书籍和白话小说出版。当时全国各地都有白话报，1908 年，上海还出了《白话小说》月刊。从维新派的白话文运动到五四白话文运动，从梁启超的"诗界革命""文界革命""小说界革命"到胡适的"八不主义"和陈独秀的"三大主义"，无不立足于文学大众化视角和文化启蒙立场。[①]

①　周平远：《从苏区文艺到延安文艺：马克思主义文论中国化历史进程》，社会科学文献出版社，2014 年，第 55 页。

白话文运动席卷着革命意识，天生具有反传统色彩，因此，尽管新文化运动的领袖比如鲁迅、郭沫若、周作人、冰心最初都受林纾的影响极大，而白话文运动中，林纾却首先成为众矢之的。因为晚年的他正逢五四运动，他对新道德的反感，对白话文的反感，让他被新文化运动的知识分子口诛笔伐，包括徐志摩。徐志摩等人认为林纾的选材不够有思想性，翻译出来依旧是文言文，以及随意删改添加的归化译法，都是不合时宜的①。徐志摩从 1921 年翻译第一首诗歌起就用白话文，1925 年他在《现代评论》上发表了《一个译诗的问题》一文，认为：翻译难不过译诗，因为诗的难处不单是它的形式，也不单是它的神韵。他积极主张用五四以来的白话文来认真翻译外国诗歌，新月社最大的成就之一也是推动了白话文运动②，这个观点也影响了林徽因，并促成她正式开启写作生涯。她写出了她最早的一批诗歌、短篇小说和散文，第一次发表的作品也是一篇译文：翻译奥斯卡·王尔德的浪漫派散文诗——《夜莺与玫瑰》。

---

① 高伟：《翻译家徐志摩研究》，东南大学出版社，2009 年。
② 陈秀：《浙江省译家研究》，浙江大学出版社，2007 年。

女性觉醒和语言维新是相互推动相互成就的，上海的《女学报》《北京女报》等最初的系列女性刊物，都受白话文的影响而创刊。陈天桥、秋瑾等革命家，都写过很多白话文。梁启超为了配合维新运动，还翻译过日本小说《佳人奇遇》，他主持的《时务报》也发表过珂兰道尔的侦探小说。

1903 年，马君武对西方女权主义的介绍和《中国女报》的创办，使中国妇女运动进入新阶段。大家提倡天足，兴办女学，批判盲婚，批判贤妻良母，做女国民，争取参政权，都是按照西方女权主义来的。因为宣传妇女解放需要政论，于是政论作家群体形成了。政论作家的先锋分两部分，一部分就是秋瑾、唐群英、吕碧城等女权运动先锋，一部分就是女性报刊的编辑、记者，如陈撷芬、燕斌。还有部分学校肄业的女学生。女权运动者同时兼有很多身份，思想激进、敏捷，社会活动活跃，其中不乏同盟会、光复会的成员。孙济扶还以"潜诸"之名在《女子世界》第十期上发表了题为《读〈世界十女杰〉》的文章，把美国的批茶、英国的南丁格尔、法国的贞德都视为中国女子的偶像，并号召中国女子"步诸女杰之后尘，逐群胡，雪国耻，为我汉族竞胜于二十世纪之大舞台"①。基于大部分女性文化水平低的现实，女政论文章都采用了浅显易懂的白话文，与当时的白话文运动紧密结合。

女性作家开始成批出现，她们的主题天然贴近女性的命运。近代可查到的中国第一部女性小说是晚清的满族女词人顾太清的《红楼梦影》。中国文学史上第一个女性小说家群出现在 20 世纪初期，包括王妙如、黄翠凝、邵振华……王妙如的《女狱花》主角沙雪梅就极端倡导女权，把男人通称为男贼，一拳打死丈夫而入狱。也有平和派的女子，名字就叫许平权，知道要有独立的本钱，才有独立的资格，于是开办女学，自食其力，说明了杀尽天下男人的路是走不通的。在早期的女性小说中，由于受传统小说影响，女性们主要向往独立、尚武。受兴办女学的影响，女主职业选择通常是记者、编辑、教师。梁启超也有很多女性小说，比如《近世第一女杰罗兰夫人传》和《东欧女豪杰》，里面的女性才辩双绝，学识渊博，在中国开创了

---

① 《中国现代文学研究丛刊（第三辑）》，北京出版社，1983 年，第 99 页。

西方女英雄传记文学创作的先河①。

1907年，秋瑾殉国。1909年，陈去病、高旭、柳亚子在苏州成立了革命文学群体"南社"。南社十分关注女权运动。南社一成立，就有很多诗歌和文章纪念秋瑾。南社的"南"字还有浓厚的辛亥革命色彩，就是反北廷、驱除鞑虏的思想。因此，南社迎来很多革命党女性成员，包括唐群英、吕碧城、张昭汉、徐自华……也有一些开明的男性成员，包括宋教仁。

到了1920年代，南方革命党控制的地方，妇女运动逐渐趋于激进，女性作家的写作也非常大胆。中国文坛涌现出一批优秀的女作家，有一些身上保留了中国传统女性端庄、婉约的特点，但又接受了现代女性个性解放、思想活跃的特征，她们被称为"淑女派"作家，冰心和凌叔华正是其代表。随后，又涌现了庐隐、冯沅君、石评梅等人为代表的"叛女"作家，一起构筑了中国现当代女性文学的第一次高潮。此后，经过丁玲、萧红、张爱玲等人形态各异的探索和实践，

① 李羿璇：硕士论文《梁启超与中国女权小说思潮的兴起》，长春师范大学，2016年。

中国女性文学逐渐成气候。其中，丁玲作为左联的代表性作家，萧红非左联但是鲁迅推崇的左翼作家。

当时中国左派青年们推崇过一个激进的女作家，就是苏联时期的作家亚历珊德拉·柯伦泰。她是列宁时代的女权主义共产主义者，她的作品被认为是自传，但大部分内容被忽略，唯有大胆开放的女性自由恋爱观被放大，好像男女之性就像喝一杯水那么简单，于是中国当时的激进左派年轻人中诞生了"一杯水主义"的爱情观。女作家丁玲恰好算是一杯水主义的践行者，她大胆、自由，信奉爱情自由，她 1928 年的《莎菲女士的日记》用大胆而细腻的笔法刻画了一位在三角恋中纠结的女性，轰动文坛。

而反观林徽因的写作生涯，幼时得到林纾的翻译文学教导，在教会学校受到西方文学熏陶，在伦敦的一年半时间，则在英国这个文学殿堂初探了同时代优秀的英国文学，而且遇到徐志摩这个文学路上的引路人，她获得的文学素养不能不说是出类拔萃的，但是又始终清醒、克制而敏锐。

总的来说，在民国的女作家里，林徽因的作品不少，但算不上量产，也没有举世无双、轰动一时的杰作，但是她妙手偶得的文字极具风格，并且通过新月社、文学杂志、《大公报》等平台促进了女性在文学方面的发展，是非常重要的。

2. 女作家中的"异类"

　　作为一个建筑学者兼作家，在同辈的女作家中，林徽因像一个异类。尽管她作品不如冰心、凌叔华、张爱玲等专职作家那样量产和众所周知，但傅斯年说她"今之女学士，才学至少在冰心辈之上"①。但是她的主业是建筑学，并没有全心经营文学，因此尽管质量上乘，知晓度却主要在作家圈，被广阔的读者知晓得不多。

　　林徽因的创作大多数时候属于"灵感一至，妙手偶得"，从不刻意酝酿惊世之作，很多散文和诗是在考察中甚至逃亡中创作的。而在学术上，她具有诗意和美学的思维做出来的学术报告，是理科和文学的极佳融合。比如在山西，在艰苦的考察中，千万年风沙造

----

① 陈学勇：《林徽因寻真：林徽因生平创作丛考》，中华书局，2004年，第256页。

就黄土高坡上的窑洞激发了她的诗意，她不仅写了散文，还写了考察报告发表在会刊中。报告将考察结论结合自然风光和神话传说，融合波澜壮阔、惊心动魄的历史感，显得既有理性说服力又不失动人的美学。

从她发表的文字来看，徐志摩的去世是个分水岭，可能是再也没有徐志摩那样的人给她灵性的启发，也可能是 1932 年她开始田野考察，自然心思审慎严谨，多了些理性和逻辑性。在留学回国最初的几年，家事繁琐、建筑学事业起步，她的创作非常零星。但她在香山养病之后，创作多了起来。文学是需要苦痛的，她在香山有孤独与苦痛和徐志摩的鼓励，所以创作不少。1934 年初，她和叶公超、闻一多、沈从文等人组成了"学文社"，有了创作氛围和多个文学组织的支持，她又迎来一个集中创作的小巅峰期，涵盖诗歌、散文、小说、戏剧，才华毕现，令人惊叹。在抗战流亡后，更大的苦痛降临，她坠入尘埃，希望和尊严丧尽，文学成为她唯一的出口，但创作稳定性不足。

20 世纪 30 年代的文坛，以新月派为首的新诗，多数表现为对西方诗派的学习模仿，忽略、淡化了传统，而林徽因却不一样，她并没有抛弃早年旧学的熏陶，体现在她的新诗中，形成了不一样的韵律和美感。

梁从诫在《我的母亲林徽因》中回忆道：母亲开始写作时，已是新月派活动的晚期，除了徐志摩外，她同新月派其他人士的交往并不深。虽然她在风格上同新月派有不少相同的地方，但她却从不认为自己就是新月派，也不喜欢人家称她为新月派诗人。徐志摩遇难后，她与其他人的来往更少了，不久，这个文学派别也就星散了。但对于中文新诗歌，她有着深刻而清醒的认识。[①]

1936 年 8 月 30 日《大公报·文艺副刊》，她发表了《究竟怎么一回事》，讨论的是写诗。"写诗，或可说是要抓紧一种一时闪动的力量，一面跟着潜意识浮沉，摸索自己内心所萦回，所着重的情感——喜悦、哀思、幽怨、恋情，或深、或浅、或缠绵、或热烈；又一方面顺着直觉，认识，辨味，在眼前或记忆里观感所触遇的意象——颜色、形体、声音、动静，或细致、或亲切、或雄伟、或诡异；再一方面又追着理智探讨，剖析，理会这些不同的性质，不同分量，流转

---

① 梁从诫：《不重合的圈：梁从诫文化随笔》，百花文艺出版社，2003 年，第 47 页。

不定的情感意象所互相融会，交错策动而发生的感念；然后以语言文字（运用其声音意义）经营、描画、表达这内心意象、情绪，理解在同时间或不同时间里，适应或矛盾的所共起的波澜。"

在文学创作上，她倾尽对自己生活意义的怀疑和探索。但这并不似当时某些脱离生活而又无所归依的文学青年的那种贫乏的彷徨，她的探求是诚实的。她的小说《九十九度中》和散文《窗子以外》，都是这种力求真实的代表作。梁从诚后来说：在远未受到革命意识熏染之前，能够这样明确地提出知识分子与劳动人民的关系问题，渴望越出那扇阻隔于两者之间的"窗子"，对于像她这样出身和经历的人来说，是很不容易的。①

北平的沙龙时期，文学社很多，除了徐志摩的新月社，还有闻一多家的诗歌朗诵会；朱光潜家的"读诗会"；后来周作人因为办了《骆驼》杂志，又形成一个以周作人为中心的圈子。朱光潜家每月一次沙龙，主要是纯文学的朗诵诗歌、散文，林徽因也常来。后

---

① 《薪火四代：梁启超·梁思成·林徽因·梁从诚·梁帆的家族文学聚会》，天下远见出版公司，2002 年，第 220 页。

来再知名的沙龙当然就是林徽因的家了，严格来说是梁家和金岳霖家。金岳霖将自己的聚会称为"湖南饭店"，因为他是湖南人的缘故，他家里英文书多，院子里有花，很适合做沙龙。林徽因在这里也不只是读诗，她学识渊博、才思敏捷，机锋不断，从不模棱两可。朱光潜后来说："林徽因家的那个沙龙，更容易使我们想到'布卢姆斯伯里'知识分子的聚会。"① 很多影响后世的刊物从林徽因家的聚会中诞生，比如 1933 年，《大公报·文艺副刊》沈从文接替吴宓成为主编，沈从文第一个想到的就是林徽因，林徽因写了《唯其是脆嫩》，阐明了立场，她鼓励所有热衷创作的人都在这个时代努力发声，"惟其是脆嫩，我们大家才更要来爱护它。这时代是我们特有的，结果我们单有情感而没有表现这情绪的艺术，眼看着后代人笑我们是黑暗时代的哑子，没有艺术，没有文章，乃至于怀疑到我们有没有情感！"表达和创作，对她来说不仅是一种欲望，更是一种责任和时代使命，这超越了门户之见和帮派之分，足见她的胸怀与远见。创刊于 1902 年的《大公

---

① 高恒文：《京派文人：学院派的风采》，上海教育出版社，2000 年，第 67 页。

报》最辉煌的时期是 1926 年至 1949 年，该报奉行
"四不主义"：不党、不卖、不私、不盲，是当时中国新
闻界的翘楚，难怪林徽因和《大公报》气味相投。

但 1933 年底，沈从文在《大公报》的"文艺"副
刊上发表《文学者的态度》，批评上海一群半职业性作
家，"玩票白相""附庸风雅"，挑起了京派与海派之
争，促成京派形成自己的刊物，于是 1937 年起，胡
适、杨振声牵头办《文学杂志》，朱光潜任主编，编委
会多是当年他家谈诗会的成员，包括林徽因，杂志宣
称自由发声，自由讨论。林徽因不分派系，她长期既
为沈从文的《大公报》也为《文学杂志》供稿，她虽
然和徐志摩关系如此密切，但也从不认为自己是新
月派。

尤其是，比起做诗人，她更爱做伯乐，她只要一
有机会，就为中国文坛发掘人才。

林徽因看了萧乾的处女作《蚕》，特地写信给沈从
文，请他来家里做客。而那时候萧乾只是默默无闻的
学生，多少年后才名满天下，这和他当时在林徽因家
里得到的鼓励欣赏不无关系。

沈从文曾经在清华教书，1934 年，他被任命为

《大公报·文艺副刊》的主编，林徽因欣赏他的小说，也在大公报文艺副刊上面发表过不少诗作。虽然他们岁数差不多，但是林徽因就像对待晚辈一样关怀着沈从文。沈从文婚前孤身寄居北京，经济相当拮据。林徽因想接济他，又怕男子汉爱面子不肯接受。恰好这时，她的堂弟林宣从南方到了北平，她便让林宣向沈从文借阅文学作品，林宣归还作品时，她便悄悄夹进一些钱①。沈从文受宠若惊，一生感激林徽因的知遇之恩，对她无比信任，就连婚恋问题都经常找她倾诉。

她始终对自己很诚实，深知什么是好文学。她知道自己无法真正与底层共鸣，因此小说都取材自自己身边的众生相，笔下人物多是出身较好、养尊处优、留洋归来的少爷小姐，热衷思考，追求自由，很多如同她自己的缩影②。她理解他们的处境、彷徨和困苦，她笔下的新派旧派或者中间派，她都因为过于熟悉、观察通透，因此写得直率鄙薄、活灵活现。

---

① 陈学勇：《林徽因寻真：林徽因生平创作丛考》，中华书局，2004 年，第 91 页。
② 《中国现代、当代文学研究》，中国人民大学书报资料社，第179 页。

自从 20 年代南方的工人运动蓬勃开展，很多作家为了迎合市场和支持劳工潮的风向，特别喜欢写劳工、乡村和底层，很多写得脱离现实。1936 年，《大公报·文艺副刊》就之前发表过的小说评选文学奖，林徽因被聘为评委。她写了《〈文艺丛刊小说选〉题记》，一针见血地点出眼下的流行问题：不了解底层，却为了媚众而写底层和劳工的问题，无论怎么写，都显得悬浮而虚假。她的这些见解通透、冷静、睿智，而深具格局，即使用来讨论现在中国的文学创作，也毫不过时：

　　"在这些作品中，在题材的选择上似乎有个很偏的倾向：那就是趋向农村或少受教育分子或劳力者的生活描写。……尤其是在我们这时代，青年作家都很难过自己在物质上享用，优越于一般少受教育的民众，便很自然地要认识乡村的穷苦，对偏僻的内地发生兴趣，反倒撇开自己所熟识的生活不写。拿单篇来讲，许多都写得好，还有些写得特别精彩的。但从创造界全盘试验来看，这种偏向表示贫弱，缺乏创造力量。并且为良心的动机而写作，那作品的艺术成分便会产生疑问。……作品最主要处是诚实。诚实的重要还在题材的新鲜，结构的完整，文字的流丽之上。即作品需诚实于作者客观所明了，主观所体验的生活。小说的情景即使整个是虚构的，内容的情感却全得藉力于迫真的，体验过的情感，毫不能用空洞虚假来支持着伤感的'情节'!"①

尽管外出考察的她比很多人更了解乡村，但她讨厌盲从和虚假，始终保持着真诚、正直、敏锐、自省。对自己诚实，才是她文学创作的本心。

文学也是她从家庭和时局的痛苦中获得喘息的良药。1934年2月底，刚刚过完年的她再次陷入家庭旋涡中（主要是自己的家庭和梁家的亲戚），而梁思成又经常不在，她的负面情绪经常只能独自消化，从她除夕写的《年关》就可以看出："一年，又是一年辛苦，一盘子算珠的艰和难。"但是她并不沉溺于负面情绪，4月初，她就发表了《你是人间的四月天》，惊动了整个文坛，这首诗深具新诗的美学原则，词语跳跃、词律和谐，被认为是中国新诗史上的经典代表作。10月，她又主导考察浙江古建筑，还给梁思成的《清式营造则例》一书写了《绪论》。

---

① 林徽因：《林徽因诗文集》，万卷出版公司，2014年，第253页。

可以说，苦痛成了她写作灵感的源泉，她甚至羡慕沈从文的"痛苦"比她的痛苦更有效力，"我虽然同情你所告诉我你的苦痛（情绪的紧张），在情感上我却很羡慕你那么积极那么热烈，那么丰富的情绪，至少此刻同我的比，我的显然萧条颓废消极无用。你的是在情感的尖锐上奔进！"① 1935 年，梁思成忙于修缮山东曲阜孔庙的工作，林徽因的肺结核病又犯了，协和医院医生要求她卧床休息三年。她却说只能休息六个月，因为还有太多事情要做，只请了一个护士到家，一起到香山疗养②。到夏天，林徽因和儿女在北戴河度假和养病期间，又完成了她著名的小说《九十九度中》。

她的很多诗歌都发表在《大公报·文艺副刊》上。然而，历史是不会放过诗人的。就在诗歌《城楼上》发表后不到半个月，《大公报》被日本人下令无限期停刊。林徽因感到很吃惊，但是在民族大义面前，她绝

---

① 林徽因：《林徽因诗文集》，万卷出版公司，2014 年，第 271 页。
② 陈学勇：《林徽因寻真：林徽因生平创作丛考》，中华书局，2004 年，第 282 页。

不因为对文学的欲望而低头。日本人关停《大公报》后，还组建了《联合亚洲先驱报》来代替《大公报》，随后邀请林徽因给该报的文艺副刊写稿。林徽因满腔怒火，而且还发现竟然还有 50 位中国人在这份新报纸工作，她怒斥道："难道他们不知道他们在做什么？"梁思成则直接把这报纸扔进了火炉："难道他们不知道他们在做些什么？"①

还好 1936 年，在"喘息期"，《大公报》复刊，营造学社的考察工作也取得了很好的进展，林徽因继续写诗，此时她心情比较好，诗歌里仍然是灵动的山河日月与欢声笑语。她在野外考察中依然诗性不减，比如《黄昏过泰山》，心如一条长河，又如同青山，豪迈而不失轻柔。除了大公报，她还给《新诗》《文学杂志》写诗，她 1936 年被聘为《大公报》文学奖评委会委员。抗战爆发后，辗转流亡，她的诗歌产量便急剧下降。

不过抗战期间，《大公报》虽然颠沛流离，损失严重，但由于经营得法，报馆依旧运行得不错，甚至一

① 陈学勇：《林徽因寻真：林徽因生平创作丛考》，中华书局，2004 年，第 222 页。

度同时发行渝版、港版、桂版，其规模和舆论影响力仍然在国内遥遥领先。于是 1939 年，还可以看到林徽因在港版大公报上发表的诗歌，这时的诗歌已经不再浪漫，而是充满了对时代的追问，比如《除夕看花》：

> "月色已冻住，指着各处山头，河水更零乱，
> 关心的是马蹄平原上辛苦，无响在刻画，
> 除夕的花已不是花，仅一句言语梗在这里，
> 抖战着千万人的忧患，每个心头上牵挂。"

林徽因的写作之路，既是她的人生之路，也是那个时代知识分子的命运写照。

3. 与诗人的告别

　　1931 年对林徽因是个刻骨铭心的年份。这一年，林徽因正式成为一名女性建筑学者，而发掘她成为女诗人的徐志摩却意外丧生。尽管林徽因自己也痛苦不堪，但直到现在，仍然有大多数人误以为，若不是为了去观看林徽因的演讲，徐志摩也不会飞机失事。林徽因一生都笼罩在这个饱含责难的阴影里。

　　从沈阳回到北京后，林徽因最初住在梁思顺的宅子里，在协和医院被诊断为肺结核。这时，徐志摩提议她住到香山去静养，这样也方便把她母亲从福建接过来照顾她，以减轻梁思成的负担。林徽因住在香山的双清别墅，这原本是熊希龄在 1918 年左右修建的私人别墅，景色非常别致，住在这里的林徽因虽然喜欢这里的优美环境，但是因为无法工作，她孤苦、焦虑、没有价值感，于是这时，徐志摩经常来看她。当然，林徽因这样和徐志摩的密切接触，陆小曼难免吃醋，徐志摩还写信解释：相见不过三次，等天气好时跟老金、奚若去看，我不会伺候病人，你何必取笑我。即使没有前两位，后来每次前往也一定都有林徽因堂弟林宣陪同①。两人依然天马行空地谈诗论艺术，仿佛回到伦敦。同时，徐志摩将《新月》诗刊给她看，看着诗歌同仁们的作品，她久违的诗性被激发了出来，病重静养的状态反而成了她创作的好时机。在香山养病之前，她写出了《仍然》《那一晚》《谁爱这不不息的变幻》，发在了新月社第二期的《诗刊》上。到了香山，她住在双清别墅，集中写了一批诗。后来。在徐志摩去世后，她仍然坚持写作，陆续发表在《新月》《诗刊》《北斗》《大公报·文艺副刊》上，可以发现，她的诗歌关注点，从个人的丰富情感慢慢到悲天悯人的普世情怀，从见自己到见众生。这期间，整个中国社会风云变幻步履不停。

这段时间二人最重要的两首诗，当属林徽因写完《那一晚》，几个月后，徐志摩回赠了一首《你去》，被

①　曾庆瑞、赵遐秋：《徐志摩　陆小曼》，中国青年出版社，1995年，第137页。

金岳霖认为是徐志摩最好的诗歌。诗歌里两人正视了各奔东西的现实，决心沿着各自的路向前走，曾经的一切也早已看开了。

但是诗歌可不单是她和徐志摩两个人的事。中国现代诗的浪潮和白话文运动、新文化运动相关。大家普遍认为 1917 年胡适在《新青年》发表的《白话诗八首》，代表着中国现代诗歌的诞生。随后，慢慢地，1922 年，催生出了最早的现代诗歌流派，应修人、汪静之、潘漠华、冯雪峰四人在杭州西湖畔结成湖畔诗派。

几年后，"五四"以后大批"自由诗人"忽视诗艺的作风又让以复兴中华文化为追求的徐志摩等人不满，他认为，即使是新诗，也需要格律，需要以"理性节制情感"作为美学原则。比如，在客观抒情诗的创作上，首先要"直抒胸臆"，他们主张要将主观情愫演化为客观对象，然后再用想象力来达成意象轮廓，总的来说，就是需要想象力、技巧和诚挚而又克制的情感，反对滥情主义和诗的散文化倾向。这种现代诗的标准在今天仍然非常实用。

1923 年，随着泰戈尔来华，胡适、徐志摩、闻一多、梁实秋等人成立了新月社，提倡现代格律诗，在徐志摩担任《晨报》副刊主编时，刊登了大量新月社诗人的诗歌，后来他又担任《新月》主编。然而，时运不济。1926年秋天，北伐战争进入高潮，"新月社"成员四处分散，有的南下，有的出国，俱乐部活动也逐渐终止，但是诗歌发表却没间断过。1927年，"新月社"主要成员胡适、徐志摩、余上沅等人重新聚集上海，创办了新月书店，作为出版"新月派"成员作品的一个基地，"新月派"活动正式南移和重振，活跃者还有梁实秋、潘光旦、罗隆基、储安平、闻一多等人。①

但是在新月诗人中，林徽因的诗歌又别有一番自己的风格。她受欧洲浪漫主义诗歌影响很大，善用隐喻，热情而含蓄；她喜欢使用倒装句，在结构上力求新颖；喜欢运用许多层递，丰富了诗的节奏和情感波澜；同一首诗，常常气氛柳暗花明，具有转折效果；总是有神来之笔，暗藏机锋。

写作唤醒了林徽因内心澎湃的灵性，但是在香山

---

① 姚春树、袁勇麟：《二十世纪中国杂文史（上册）》，福建教育出版社，1998，第261页。

的她终究还是忧愁的。她愁的不仅是病，还有做不了专业的工作，沦为家庭的附庸，当然，还担心仍在东北乱局中治学的梁思成的安危。她一直警惕着自己成为一个美丽而无用的物体。不过随着梁思成辞职回北平之后也来照顾她，她的身体很快转好。梁思成也拿到了营造学社的职位，林徽因也被聘为营造学社的校理，他们才开始找房子，并搬到北京北总布胡同 3 号，在这里长居下来，生活总算稳定了下来。写诗，伴她走过病痛加动荡的时期。

而另一边，徐志摩与陆小曼结婚后，经济压力陡然增大。因为陆小曼习惯了巨大的开销，因此，他一边在北平三所大学教书，一边要招呼上海新月图书公司的生意，于是他总是在北京和上海两头跑。而且当时他家人因为他抛弃张幼仪娶了陆小曼，而断绝了经济支援，徐志摩不仅在北京教书，还写稿赚外快，北大月薪 300 元、女师大月薪 250 元，加上稿酬，他每月给小曼 500 元，自己只剩下 30 块钱的花销，还是不够她开支①。他不得不疲于奔命，不仅必须挣钱，还必

①《徐志摩研究（第二辑）》，海宁市文化名人研究室，海宁市徐志摩研究会，2014 年，第 123 页。

须省钱，为此每次在林徽因家吃晚饭，喝完茶，就匆匆告辞，因为他此时寄住在胡适家，晚回不方便。

不过在林徽因家时，他无比自在，林徽因也无比自在。他总是充满激情和活力，高谈阔论。林徽因也雄辩滔滔、机锋暗藏。梁思成更豁达，不仅热情好客，也经常仔细聆听他们的讨论，甚至自己也开始琢磨文学。

1931年秋天，林徽因的身体好了很多，在营造学社，她开始以校理的身份开始做一些辅助性研究工作，并且不时代表营造学社做演讲。11月19日，她即将在协和小礼堂给外国使节们讲《中国的宫室建筑艺术》，这是一次以建筑学者身份被中外认可的机会，林徽因非常重视，她希望自己的朋友都能来，尤其是徐志摩。徐志摩当然满口答应，19日当天，无论如何也要赶过来。

其实在徐志摩支持林徽因的同时，林徽因也在支持徐志摩的事业。就在徐志摩回上海前几天，林徽因还写信给胡适，为经营困难的新月社图书总店积极地想办法、筹款。徐志摩离开北平时，还叮嘱林徽因帮他购绣货，托胡适赠朋友。此时的林徽因和徐志摩虽然交往甚密，但更像知心朋友一般。

徐志摩离开北平的前一晚，还和林徽因一起参加了柏雷博士的茶会。柏雷博士是徐志摩生平最爱慕的新西兰女作家凯瑟琳·曼斯菲尔德的姊夫，为了更了解凯瑟琳·曼斯菲尔德，他把回南京的机票改签了几次。茶会结束，林徽因被徐志摩送回家后，又和梁思成一起去赴了另一个聚会，回来时很晚，听佣人说中间徐志摩又来过，见他们不在，自己喝了一壶茶，留了个字条便走了。林徽因一看："定明早六时飞行，此去存亡不卜……"她看着徐志摩这样随意的丧气话，生气地给徐志摩一个电话。结果电话里徐志摩像个孩子似的说，"很稳当的，我还要留着生命看更伟大的事迹呢，哪能便死？"谁知一语成谶。①

林徽因很理解徐志摩这段时间并不开心，不仅经济压力大，夫妻也不睦。11月11日，他搭张学良专机南下南京，登机前还到燕京大学看望冰心，说自己对生活很失望，"说什么以往，骷髅的磷光"。根据王映霞转述郁达夫的话，11月12日徐志摩到家就跟陆小曼

---

① 陈学勇：《林徽因寻真：林徽因生平创作丛考》，中华书局，2004年，第198页。

吵架，因为他要陆小曼戒鸦片，陆小曼大发雷霆。随后几天，他在刘海粟家躲清静，再后来，忍无可忍，走了。又见了几个朋友，聊无奈的人生和爱情。①

19日，是林徽因要演讲的日子，徐志摩准备从南京赶回北平。不过，他此行也并非全为了林徽因的演讲，还因为当天北大教员有活动，要在一起聚会表示抗日的精神——这时"九一八事变"已经两个月，东北形势愈发严峻，北平各大学的师生频繁集会，要求国民政府抗日，就在19日当天，日本人还攻陷了齐齐哈尔。徐志摩在南北往返，大多数时候是搭乘张学良的专机。因为当时张学良正驻扎在北平，而徐志摩的好友顾维钧在帮张学良办外交，因此经常和顾维钧一起坐专机。他之所以那几天要回南京，一是因为陆小曼一直不乐意他去北平，他待太久了总得回去看看。二是为了挣钱，徐志摩还兼着做中介卖房子的活儿，这次回南京就是帮蒋百里卖上海愚园路的房子。于是在上海便多留了几天。房子交易成功，徐志摩拿到了一笔款，第一时间也给了陆小曼，随后希望尽快返回

---

① 陈新华：《百年家族：林长民·林徽因》，立绪文化，2002年，第10页。

北平。然而，这次从南京返回北平时，顾维钧却因为一时有事回不去。而徐志摩手里有去年航空公司财务科长给他的免费机票——只不过是邮政专机的，于是他第二天一早便搭乘邮政飞机赶回北平。[1]

19 日一早，徐志摩收拾好出了门，路过邮局给林徽因发了封电报，说他即将搭乘"济南号"飞机到北平，一定能赶上她的演讲，请梁思成下午三点派车去接他。当时的飞机计划会降落在南苑机场，那是一个小小的军用机场，1917 年，张勋复辟时，段祺瑞就是从南苑机场派了训练机开到紫禁城投下几枚小炸弹，逼得张勋投降的。这趟飞机除了运载 40 余磅邮件外，就只有徐志摩一个乘客。飞机抵达徐州时，徐志摩还在机场发电给陆小曼，说头痛得不行，不想再走。但是最终还是走了。没想到，这一走即是永诀。[2]

林徽因左等右等，没见到徐志摩的身影，只能开讲。梁思成也开着自己的白色雪佛兰去了南苑机场，

---

① 岳南：《南渡北归：南渡·第一部》，时报文化出版公司，2011 年，第 495 页。
② 田时雨编：《一个真实的林徽因：美丽与哀愁》，东方出版社，2004 年，第 99 页。

却等到四点半也不见飞机降落。林徽因虽然忐忑不安，但是一开讲，便滔滔不绝、旁征博引，演讲很成功，可是直到演讲完，也没有看到徐志摩。直到第二天，她在《晨报》上看到一条爆炸性消息：京平北上机肇祸，昨在济南坠落！机身全焚，机上乘客一人，司机二人，乘客司机均烧死，天雨雾大误触开山。林徽因和梁思成赶紧赶往胡适住处，多么希望他此刻正在胡适家里！可是，他们见到的是同样仓惶不堪、声音嘶哑、正准备去航空公司打听消息的胡适。随后，孙大雨、钱端升等人也来了。许久，胡适带着沉重的消息回来了，那个罹难唯一的乘客，就是徐志摩。这是一个莫大的晴天霹雳。林徽因的感受是"像一根针刺触到许多朋友的心上，顿使那一早的天墨一般地昏黑，哀恸的咽哽锁住每一个人的嗓子"①。

梁思成和金岳霖去济南为徐志摩搬运遗体，因为此时徐志摩的合法妻子陆小曼无力操持他的后事，竟然还是张幼仪出面冷静果断处理了一切：让八弟禹九带领13岁的徐志摩长子阿欢前往济南认领遗体，之后，

---

① 田时雨编：《一个真实的林徽因：美丽与哀愁》，东方出版社，2004年，第101页。

把遗体从山东运回上海，在徐父的授意下，丧事主要由张幼仪筹办——张幼仪之前还未徐母操办过葬礼①。上海的公祭仪式上，陆小曼来了，想把徐志摩的衣服和棺材都换成西式的，被张幼仪坚决拒绝，可见整个葬礼唯一操持人就是张幼仪。没有谋生能力的陆小曼，在徐志摩去世之后，竟然有很长一段时间内，由张幼仪接济生活费。

而林徽因则留在北京主持公祭。她公布悼词《悼志摩》时，已经是两周后了，难以想象她经历了怎样的痛苦和挣扎，但是这篇悼词却可以被看作是极度诚恳、透彻、公允、精辟地总结了徐志摩的一生，并且有力地回击了社会和文化界对徐志摩的争议。

她了解徐志摩承受的争议和包容："归根说，我们能够懂得几个人，了解几桩事，几种情感？哪一桩事，哪一个人没有多面的看法！……他自己在他一生的过程中却是很少得着同情的。不止如是，他还曾为他的一点理想的愚诚几次几乎不见容于社会。但是他却未曾为这个鄙吝他给他人的同情心，他的性情，不曾为

----

① 丁言昭：《徐志摩的元配夫人张幼仪：在现代与传统中挣扎的女人》，上海人民出版社，2006年，第154页。

受了刺激而转变刻薄暴戾过，谁能不承认他几有超人的宽量。"她知道徐志摩的天真与禀赋，以及对万物的热爱："志摩的最动人的特点，是他那不可信的纯净的天真，对他的理想的愚诚，对艺术欣赏的认真，体会情感的切实，全是难能可贵到极点。他站在雨中等虹，他甘冒社会的大不韪争他的恋爱自由；他坐曲折的火车到乡间去拜哈岱……这几年新诗尝试的运命并不太令人踊跃，冷嘲热骂只是家常便饭……他真的是个怪人么？朋友们，不，一点都不是，他只是比我们近情，比我们热诚，比我们天真，比我们对万物都更有信仰，对神，对人，对灵，对自然，对艺术！"①

以后他们每年 11 月 19 日都举行集会来纪念他。在他逝世四周年忌日，徽因发表一篇悼词。它最后说："我们的作品会不会再长存下去，就看它们会不会活在那些我们从来不认识的人，我们作品的读者，散在各时、各处互相不认识的孤单的人心里……"

梁思成从济南回来，带给林徽因一片飞机的残骸，林徽因用黄绫扎着，把它挂在墙上。直到 1937 年他们

① 林徽因：《林徽因诗文集》，万卷出版公司，2014 年，第 73 页。

逃离北京南下逃亡，她仍然随身带着①。徐志摩遇难后不久，《新月》杂志停刊，新月社解散，新月书店也难以维持，只得转让给商务印书馆。但新月派诗歌却影响了一代中国人，在中国现代诗的发展过程中，起到了不可忽视的作用。

---

① 岳南：《南渡北归：南渡·第一部》，时报文化出版公司，2011年，第504页。

第七章

她的荣耀与困惑　无处可躲的左右之争

1. 诗歌乌托邦中的美丽"点缀"

新月社的出现，是那个时代的必然，它和中国的白话文运动互相推动和促进。新月社成立初期，林徽因是最惹人注目的"点缀"，之后，随着徐志摩在文坛坚持不懈的"战斗"而发展壮大，但最终也随时局变迁而卷入了不同思潮和不同流派之争的旋涡。

在 1920 年代初，北平由于政商圈云集，留学归来的精英知识分子也越来越多，开始出现许多以聚餐会、消寒会、消暑会为名义的沙龙和聚会，大家或在酒楼吃喝，或者郊游踏青、野餐，一边吃喝，一边畅谈国是、政治、教育、文学。新月社也一样，最初也来自不定期聚餐。起初徐志摩因故跟郭沫若等左派结怨，遂与胡适等人越走越近，形成了一个小团体，然后徐志摩经常发起聚餐会，地点就在他的工作和寓所——松坡图书馆，并聚集了更多理念相近的人。比如叶公超，最初加入新月社，也是因为抵制苏联文学势力和上海左派力量。但徐志摩最初想搞的既不是政治也不是诗歌，而是戏剧。

在五四运动期间，戏剧一直被认为是有效的宣传工具，日本留学生在日本也组织过"春柳社"，茅盾、郑振铎组织过"民众剧社"。于是，新月社最早也是最重要的一次活动，就是排演泰戈尔的《齐德拉》，主演正是林徽因。这还要从梁启超和林长民的讲学社说起。

梁启超 1919 年在赴欧考察时，不仅以中国在野名人的身份和政治家、外交家进行了交流，也和文学家及其他学者进行了广泛的接触，回国后，他还写了《欧游心影录》记录这一趟旅行观感。梁启超一向喜欢和重视法国作家的著作，法国作家的作品进入中国是以《社会契约论》这样的哲学著作作为先声的，对知识分子影响很大。在巴黎，他不仅拜会了著名哲学家柏格森，相谈甚欢，还参观了卢梭写作《社会契约论》的故居。

梁启超和林长民主持的讲学社就是从引进法国文化开始的。在新文化运动的热潮中，梁启超、林长民、张东荪起初创办了尚志学会，并于 1918 年在商务印书馆出版了介绍法国文化的《尚志学会丛书》。1920年初归来后，梁启超与商务印书馆负责人张元济会面，4月又在北京发起了共学社。此时梁启超雄心勃勃，要办报办刊办大学，推动留学，组织学术社团，还要办贸易公司、轮船公司①，这是他在旅欧时就设想好了的"中国文艺复兴"计划，加上通观了一遍一战后萧条混乱的欧洲，梁启超的思想发生了转变，他不再科学至上，反对物质主义，并转身向东方文化寻求答案，这一切都在他的《欧游心影录》里有所呈现。为了增强与国际的文化交流，同年9月，梁启超联合蔡元培、林长民、张元济又组织成立了讲学社，隶属于共学社，都是"中国文艺复兴"计划的一部分，其基本计划是从每年董事会基金中拨出2000元请西方学者来华讲演。

在讲学社成立之后，徐志摩就积极主张邀请印度著名诗人泰戈尔。人们总记得那张图片，林徽因和徐志摩优雅站在泰戈尔的身边，20岁的林徽因笑靥如花，淡定自若，徐志摩一脸书生气，浑身散发着掩不住的

---

① 傅国涌：《民国年间那人这事：看历史中的历史 听故事里的故事》，珠海出版社，2007年，第44页。

激情。那是 1924 年，虽然北洋政府依然混战不休，南方的孙中山励精图治寻求北上，但文化却在百花齐放、生气勃勃。中国第一次迎来西方四大哲人，为这片古老的土地带来了最强烈的思辨，和新文化运动相互激荡。

1924 年 4 月，泰戈尔成功应邀来华访问，徐志摩负责全程接待，并担任翻译。泰戈尔于 1924 年 4 月 12 日抵达上海，次日应上海各学术团体邀请发表演说，然后访问杭州、南京、济南、北京、太原、武汉等地。两位诗人立即成为好朋友，泰戈尔还给徐志摩起了一个印度名叫作 SooSim，某天晚上，徐志摩和张君劢还一起在杭州西湖的小船上和泰戈尔讨论诗歌一直到天明。泰戈尔乘火车抵达北京时，梁启超、蔡元培、胡适、梁漱溟、辜鸿铭、熊希龄、蒋梦麟等都前往前门车站，迎接这个印度百科全书式的哲人，以及 1913 年诺贝尔文学奖获得者[1]。随后，大家在日坛公园草坪举行了欢迎泰戈尔的仪式，梁思成和林徽因也在。此时的林徽因已经被徐志摩委托为泰戈尔在北京的随身助

---

[1] 左芙蓉：《北京对外文化交流史》，巴蜀书社，2008 年，第 236 页。

理翻译，因为徐志摩知道，作为泰戈尔的翻译，不仅需要翻译水平，更需要对诗性的把握，这点他对林徽因有十足的信心。当天，林徽因搀扶泰戈尔上台，泰戈尔发表了他准备好的讲稿，表达了希望中国也珍惜东方文化的愿望。徐志摩全程在为泰戈尔翻译的过程中尽展诗人天分，处处用最美的修辞，有时还夹杂硖石官话说①。一时间，徐、林仿佛珠联璧合，被传为佳话，当然也引起了人们对林徽因不小的讨论。随后泰戈尔还参观了松坡图书馆、法源寺，还和一众北京文人在凌叔华家茶会，而凌叔华也是在这个时候认识了后来的未婚夫陈西滢。就连紫禁城里的溥仪，也在"小朝廷"里接见了泰戈尔，泰戈尔还在徐志摩的陪同下参观了内廷。中国著名京剧艺术家梅兰芳，还在刚刚落成的开明戏院为泰戈尔演出了一场《洛神》。

此时的梁启超和泰戈尔对东方文化的态度十分相近，他还给泰戈尔起中文名为"竺震旦"，说：希望印度人和中国人的旧爱借竺震旦复活转来。泰戈尔访问北京的高潮是 5 月 8 日庆祝他六十三岁生日，寿筵由

---

① 林杉：《一代才女林徽因》，作家出版社，2005 年，第 56 页。

新月社主办，出席者达 400 人。在演说和赠礼结束之后，新月社为客人们上演了泰戈尔用英文写的剧《齐德拉》。这是新月社成功举行的第一场戏剧，也是中国第一场全英文戏剧。林徽因扮演女主角公主齐德拉，而徐志摩则扮演爱神玛达那，林长民扮演春神代森塔①。《齐德拉》是泰戈尔从印度史诗摩诃德婆罗多演绎出来的。女主角齐德拉是个非常反叛的女性：她是女儿，却从小被当成男孩子养，成为女杰，被封为储君。她爱上了邻国的王子，却为自己的相貌平平而烦恼，祈求爱神给自己美貌。两人结婚后，没想到王子爱的是相貌平平却英武智慧的女杰齐德拉，而不是美人齐德拉，于是齐德拉求爱神还她原本的相貌。这是一个女性找回自己、拒绝被物化的故事，在那个时代，算非常先锋的女性价值观了，这也和刚旅欧回来的林徽因的气质与见识非常接近。

果然，林徽因一出场就惊艳四座，当时吴咏在《天坛史话》有这样的记载："林小姐人艳如花，和老诗人挟臂而行；加上长袍白面、郊寒岛瘦的徐志摩，

① 宋益乔：《新月才子》，山东画报出版社，1998 年，第 38 页。

有如苍松竹梅一幅三友图。徐氏翻译泰戈尔的演说，用了中国语汇中最美的修辞，以硖石官话出之，便是一首首小诗，飞瀑流泉，琮琮可听。"①

但是在这场热闹的生日派对之外，却充满了对泰戈尔的讨伐之声。因为五四后的左派知识分子和年轻人的主要思潮就是反传统，梁启超的"东方文艺复兴"在大家看来本就不受欢迎，现在来了个泰戈尔，在登台演说中竟也高呼珍惜东方传统文化，在此刻的中国左派知识分子和年轻人眼里显得如此的水土不服。除了新月社和讲学社的主要人物以及胡适等自由主义者，其他左派如郭沫若、陈独秀等人，都在不遗余力地痛斥泰戈尔，借题发挥。五四之后的左右理念之争升到了台面上，只有被当作花瓶凝视的林徽因是这场访华中唯一的美丽风景。

于是泰戈尔身心都很疲劳，到西山休养去了，这样度过了他在中国的最后一周的大部分日子。但是临走时，泰戈尔专门为林徽因作了一首诗：

---

① 孙宜学：《泰戈尔：中国之旅》，中央编译出版社，2013年。

天空的蔚蓝，

爱上了大地的碧绿，

他们之间的微风叹了声"哎！"

这仿佛是帮助徐志摩表白，因为徐志摩私下对泰戈尔说他仍然爱着徽因。这也不是泰戈尔第一次代这个忧伤的年轻人表白了，都没有使清醒的林徽因动心。因为送走泰戈尔一个月后，她就要和梁思成去美国留学了。因为此时的林徽因，已经知道了自己选择什么人，走什么路。她写着诗，心中却满是冷静的理想之光。

而徐志摩大概也没料到，在此前泰戈尔的演讲中，其实已经出现了一个更重要的人——前来北京看热闹的陆小曼。只是徐志摩当时还不知道林徽因走后，他会和陆小曼发生什么。随后，徐志摩陪着泰戈尔到了日本。

泰戈尔离开后，新月社也终于有了正式挂牌的地方，在松树胡同 7 号一栋花园平房，这里成了新月俱乐部的活动场所，除了偶尔的聚餐，还有灯会、年会、古琴会、书画会、读书会，像一个北平知识青年乌托邦。徐志摩还写过诗歌《石虎胡同七号》，把这里称为"我们的小园庭"。但是，这个小园庭后来日渐沦为只是吃喝消遣的地方。但吃喝要钱，钱从哪里来？徐志摩既没有走金融之路，还背弃了家庭安排的婚姻，这让父亲很失望。但是父亲徐申如毕竟是个交游广阔的商人，他并没有反对徐志摩运营新月社，反而支持儿子结交名流，因此经济上很支持，总帮徐志摩垫资，名义上是用新月社社员的会费来偿还。有了可以持续运转的资金，加入新月社者也就越来越多，除了知识分子，还有政客、银行家、社会活动家。银行家铁哥们儿黄子美也经常赞助徐志摩和新月社。但由于徐志摩不熟悉管理，没有财政计划，经费经常入不敷出①。于是，1927年国民革命军北伐、时局变化时，胡适南下，新月社摘牌。

如同一场繁华落幕，讲学社也没有坚持多久。原因很多，自从成立伊始，尽管梁启超等人四处筹措，但民间资金难以募集和按时到位，讲学社始终处于经费紧张的窘境；另外，在这些学者的访问过程中，尤

---

① 王一心、李伶伶：《徐志摩·新月社》，陕西人民出版社，2009年。

其是泰戈尔那次，国内的指责和非难严重挫伤了梁启
超的热情。除了陈独秀等不同思潮流派的冷嘲热讽，
有人还攻击梁启超借助国际名人扩大自己的影响，嘲
讽他不合时宜；梁启超又因为各种琐事东奔西走，难
以兼顾，使得讲学社名存实亡。

2. 泰戈尔访华背后的中印命运共振

泰戈尔中国之行受到的青睐和排斥，都有着极复杂的时代背景。此刻的中国和印度两大文明古国的处境非常相似，都是落魄的文明古国在帝国主义的枪炮和陌生的制度面前无所适从；但两国处境又不完全相仿，印度已是英国数十年的殖民地，一战后，民族意识已经觉醒，对英国排斥已久，非暴力不合作运动正在进行，但刚刚摆脱几千年帝制的中国却还在急着摆脱传统文化制度的沉疴，向西方文明（尤其是美苏）苦寻方向，反对帝国主义的运动还没有形成盛大声势。

泰戈尔比梁启超更早关注到印度和中国的关系。1858 年，就在中国鸦片战争之后不久，印度也以宗教问题为导火索，发生了积怨已久的军队起义，可是很快被英国镇压了下来，从此英国在这片古老的土地上开始了正式的殖民统治。英国人在印度大量种植鸦片，修马路，修运河，印度政府变为英帝国主义的傀儡，印度成了英国的原料供应地和庞大的倾销市场。在印度本土，英国资本家用庞大的财力和物力训练了很多本土印度人，成为帮助英国统治印度的代理人。偶尔还会成为英国侵略别国的帮凶：比如英国在中国开埠以后，很多从英国往中国输鸦片的中间商就是印度人；1900年，攻入北京的八国联军中，英国军队里有很多来自英属印度的锡克族士兵，他们缠着标志性的锡克族头巾，坐在紫禁城的宫殿前，自信地合影；在上海的公共租界里，也随处可见巡捕房的印度警察招摇过市。

1881年，刚20岁的泰戈尔就发表过著名论文《在中国的死亡贸易》，文中，他强烈谴责英国殖民者"用大炮把鸦片填进中国人口中的强盗行为"是"制造死亡的卑鄙勾当"[①]，可中国似乎浑然不觉，老百姓照样吸，朝廷官员赚得面不改色，偏偏泰戈尔的祖父还是运输鸦片到中国而发家的印度富商，若不是出生在富

[①]《孙中山研究论文集（第12期）》，中山大学学报编辑部，第168页。

商家庭，他也没机会获得上层社会的教育，这让他非常矛盾。泰戈尔路过英属香港的时候，还亲眼目睹印度警察当街殴打中国工人，他心里充满悲哀。这种复杂的情绪让泰戈尔对中国充满同情与急迫感，他非常清楚，英国想把中国变成另一个印度。

可早期的梁启超从不相信中国会成为印度，直到中国被日本打败以后，他才猛然惊醒。就在甲午战争刚结束的 1895 年，梁启超和康有为从广东坐船到北京参加科举考试，尽管沿路经过的都是中国的领海，却被日本人随意扣下，上船搜查。这场经历让他们亲身体会了国家的孱弱。到了北京后，梁启超读到许多西方大哲的书，这才认识到中国在世界上多么落后，中国原来和印度、土耳其没什么两样，都活在自给自足、唯我独尊的幻象里。几年后，他和康有为等人发起了维新变法，失败之后，他成了通缉犯，能够逃亡的地方竟然只能是"敌人"日本，而他在被清兵追捕的时候，帮他成功逃亡的竟然也是日本友人。流亡日本后，他反而在那里接触到了来自亚洲各国包括印度、土耳其、菲律宾的精英，梁启超眼界终于放宽到全亚洲，开始接近跟中国一样被帝国主义和殖民主义伤害的同盟。[1]

而在日本同时还有另一群中国人，那就是孙中山为首的革命党人。同盟会训练革命党人，买武器，搞暗杀，但第一次广州起义失败后，孙中山也被迫流亡日本，在这里认识了来自印度、埃及、爱尔兰的各种革命者同道。两个流亡日本的变革者，曾一度试图合作，甚至一起办过一本叫《中国秘史》的杂志，最后终就因为政见分歧而反目[2]。后来，梁启超又和越来越保守的康有为分道扬镳，渐渐地，梁启超变得务实起来，他在日本办报纸，办学校，闯出自己的天下，文章逐渐超出派系的藩篱。

那时的日本对亚洲各国志士还是友好的。20世纪初，日本知识分子之间一度流行泛亚洲主义，比如知名美术教育家冈仓天心，1901年在印度待了一年后，就在1903年的《东洋的理想》里写过"亚洲是一体的。喜马拉雅山脉把孔子的中国和吠陀的印度隔开，

---

[1] 潘卡吉·米什拉：《从帝国废墟中崛起：从梁启超到泰戈尔，唤醒亚洲与改变世界》，黄中宪译，联经出版社，2013年。

[2] 胡太春：《中国近代新闻思想史》，山西教育出版社，1996年，第112页。

却更突显这两大文明"。全篇都在讲亚洲和平。[1]

但和中国不同，首先，印度自古就有丰富的本土哲学体系，19 世纪初，随着印度成为英国殖民地和英语成为印度官方语言，印度大多数知识分子就开始接触西方的哲学，包括卢梭、休谟、边沁、康德、黑格尔，而那时候大多中国人还不知道这些国家的存在。泰戈尔家族是英国东印度公司的既得利益者，属于印度上层社会，他年轻时就接触到西方思想，也见识了很多印度本土知识分子的改革运动，比如被誉为"近代印度之父"的拉姆·莫汉·拉伊（Ram Mohan Roy，1772 年 5 月 22 日—1833 年 9 月 27 日），他的反对偶像崇拜、种姓制度、寡妇自焚殉节等封建陋习等改革运动，对泰戈尔影响很大。[2] 1913 年，泰戈尔获得诺贝尔奖，被视为所有亚洲人的骄傲，在那个通讯不发达的时代，各国知识分子想尽办法倾听他的声音。从日本到阿根廷，全世界的演讲场地座无虚席。1916 年，

---

[1] 刘晓路：《日本美术史话》，人民美术出版社，2004 年，第 119 页。

[2] 赵遐秋：《徐志摩传》，中国人民大学出版社，1999 年，第 123 页。

泰戈尔第一次去日本，他老早就仰慕这个国家，当年日俄战争胜利时，他还写诗颂扬日本：曾经佛教从印度传到日本，日本是学生，但是现在日本在科技和政治上却是印度的老师了。他觉得亚洲人太需要克服在西方人面前的自卑了。1930年他访美的时候，得到总统胡佛的接见。他毫不客气地对采访他的《纽约时报》说：西方现代文明建立在对金钱、权力的崇拜上，天生具有破坏性，需要靠东方的精神智慧予以调和①。这个观点和梁启超可谓不谋而合。戏剧性的是，西方人对他的批评并不反感，反而是在中国，他提出对西方文明的批评和忧虑，劝亚洲人千万别放弃自己的传统文化时，却遭到了激烈反对。

梁启超是理解他的。一战期间，梁启超正在美国募款，当时美国盛行威尔逊主义，其描绘了一个理想的世界：自由贸易、民选政府、自由航行、裁剪军备、小国权利、成立国际和平机构。这让梁启超等人看到了希望，逐渐亲美。当时印度、土耳其的民族主义者也闻之信心大增，希望美国的威尔逊主义能够挑战欧

① 潘卡吉·米什拉：《从帝国废墟中崛起：从梁启超到泰戈尔，唤醒亚洲与改变世界》，黄中宪译，联经出版社，2013年。

洲旧秩序。谁知道 1919 年的一战后谈判中，老牌帝国主义自私自利，威尔逊名声扫地，共产主义笼罩亚洲。印度人依旧没有得到自治，而且还开始了镇压政策。中国也没有作为战胜国而得到尊重，反而被重新瓜分。中国年轻人也对国内外的政治环境大失所望，大家的怒火在五四运动中被点燃。

日本也变了，当 1910 年又吞并朝鲜之后，尤其是西方陷入一战后，日本疯狂膨胀，从泛亚洲主义的团结亚洲抵抗西方侵袭，慢慢转变为东亚门罗主义为代表的帝国主义强权，代表人物就是大川周明。泰戈尔访问日本时，他还断章取义地引用了泰戈尔的某些措辞，来支持他"统一领导亚洲是日本的使命"的主张，让泰戈尔非常生气。[①]

而辛亥革命后回到中国的梁启超，本想大展拳脚，谁知道中国很快陷入军阀混战，政局不稳，梁启超为了推行自己的宪政理念，不得不与军阀打交道，到后来越来越背离自己的理念，也逐渐被边缘化。再后来，他终于走下历史舞台，不再积极参政，而是转向做学

---

① 艾瑞克·贾菲：《逃离东京审判：甲级战犯大川周明的疯狂人生》，梁东屏译，远足文化，2018 年。

问。梁启超开始怀疑起自己，是否如泰戈尔所说：欧洲文明的火炬，本就不是要照亮亚洲，而是要在东方纵火①。对西方失望，是梁启超和泰戈尔此时共同的感受，而对于新文化运动越来越推崇的德先生和赛先生，梁启超开始警惕起来，害怕他们因为天真和盲目而陷入狂热。他认为，东方的学问在精神，西方在物质，要救济精神饥荒，还是要靠中国和印度的传统文化。张君劢也非常支持梁启超的理念，他后来在清华大学主讲《人生观》，严厉批评盲目相信科学之风，引来地质学家丁文江的反驳，于是，科学与玄学的激辩开始了。一边是梁启超等旧派立宪知识分子，一边是新文化运动激进知识分子，或者胡适这种自由主义者，以及后来加入的陈独秀等马克思主义者。

泰戈尔虽然作为东方人获得了诺贝尔奖，但是他也非常担忧。因为种姓制度，在印度只有懂梵文的人才看得懂印度哲学和文学，新的知识分子还要靠翻译成英文的典籍，才能理解自己的文化。因此，他对西方清醒又警惕。他在孟加拉乡下生活很久，对底层生

① 徐国琦：《亚洲与一战：一部共有的历史》，尤卫群译，四川人民出版社，2020 年。

活深有了解，他认为前工业文明的文明优于现代文明。印度后来的领导者甘地曾写过《印度自治》，阐述了很多反西方论点。甘地承认很多西方现代文明的好处：公民自由、妇女解放、法治，但是他认为如果没有精神自由和社会和谐，这些都不够。泰戈尔和甘地反对英国人把自己看成唯一文明。

同样，对威尔逊主义和共产主义都失望的梁启超转向儒家寻求答案，他迫切需要国际上的认同者，在这样的氛围中，1924年4月12日，受他邀请的泰戈尔抵达上海。孤独的泰戈尔，与孤独的梁启超惺惺相惜，而林徽因则是那理想主义时代唯一的一抹彩色。泰戈尔一直坚持排斥西洋穿着来宣示立场，在中国的时候，泰戈尔还戴着道士帽，更显出格格不入的孤独和不合时宜。

可是1924年的中国，正遭受着内战和军阀的痛苦，而且共产主义已经成为国共两党的合作基础——就在泰戈尔来华的前几个月，孙中山为了重整北伐，宣布了"联俄容共"。泰戈尔在这样氛围下的中国高举亚洲精神传统，大谈西方的问题和亚洲的优点，显得迂腐又乡愿，过时且自私。

陈独秀在新文化运动中，是最早将泰戈尔介绍到中国来的人，但是如今他是共产党的领导人之一，看了泰戈尔的演讲，直说：可谓迷恋骸骨，与中国现在一般国粹派，毫无二致。这种思想若传播开来，适足以助长今日中国守旧派的气焰，而是中国青年思想上的大敌[①]。他们当然也反对帝国主义，但是他们觉得早已找到对抗帝国主义的武器了，那就是法国、俄国革命那种平等主义和科学精神。他们崇尚罗素、杜威的科学民主理念，认为比落后、僵化的中国传统文化好多了。陈独秀写了《泰戈尔与东方文化》一文发表在《中国青年》第27期上，把泰戈尔和梁启超一起骂：泰戈尔要复活的东洋思想、亚洲文化不仅没有死，而且还支配着绝大多数中国人的生活，而这正是阻碍中国进步的祸根。"得过诺贝尔赏金的泰戈尔和做过财政总长的梁启超，现在北京携着手大倡其心灵生活与精神文明，他们都得到了饱暖以上的饱暖，却忘了普天下众人的饥寒，好个没有良心的东方文化代表者！"[②]

[①] 孙宜学：《泰戈尔：中国之旅》，中央编译出版社，2013年。
[②] 郑大华：《民国思想史论》，社会科学文献出版社，2006年，第218页。

陈独秀的讨伐有了效果，很多文人跟随讨伐。

李大钊、鲁迅也发文谴责"国粹家"的历史倒退行为；小说家茅盾，认为泰戈尔会带坏中国年轻人，沉溺于陈腐的传统文化中不能自拔；林语堂认为泰戈尔是个被殖民者身份，没资格谈救国；郭沫若说"无原则的非暴力的宣传是现时代的最大毒物"；就连瞿秋白都讽刺道："泰戈尔先生，谢谢你，我们的孔孟多着呢。"①

这种排斥还蔓延到了现实中，在汉口，泰戈尔还听到不断有人挥拳喊口号："滚回去，亡国奴！我们不要哲学，我们要物质主义！"幸亏有人阻拦起哄者，他才没有受到人身攻击。在北京，虽然没有受到人身攻击，但是却感受到有组织的敌视，每场演讲都有人挑衅、嘘声。在某场演讲中，他再次抨击现代民主，声称那只是让伪装民主的寡头统治者受益。于是有人散发传单批他：我们已经受够了中国的古老文化。②

---

① 曾小逸主编：《走向世界文学：中国现代作家与外国文学》，湖南文艺出版社，1985年，第335页。
② 张君劢著，薛化元编：《一九四九年以后张君劢言论集 2 政论——中国大陆部分》，稻乡出版社，1989年，第5页。

活动组织者梁启超更是受到各种年轻知识分子的猛烈抨击，被批评为"用泰戈尔的才干和名声来宣扬他们的保守和反动思想"。还有本来就备受争议的徐志摩，一个以自由和现代文明为借口抛妻弃子另寻新欢的"浪漫"诗人，在泰戈尔身边做翻译，竟歌颂传统文明，真是虚伪和做作至极。林徽因则被认为就是个花瓶。

徐志摩和胡适为泰戈尔作了辩解，徐志摩指责那些写文章批评泰戈尔的人："肮脏是在我们的政客与暴徒的心里，与我们的诗人又有什么关连？昏乱是在我们冒名的学者与文人的脑里，与我们的诗人又有什么亲属？"可是，众口难敌。[1]

泰戈尔的中国之行，看似热闹一场，其实更像是一群孤独失落者的抱团取暖，在滚滚时代浪潮中的不合时宜。

或许泰戈尔此行，是因为没有接触到中国广大的底层，他无法体会到陈独秀一样的愤怒。他只是在上海和杭州跟学生们讲话；跟徐志摩在西湖上喝酒，听

---

[1] 杨联芬等：《二十世纪中国文学期刊与思潮（一八九七——一九四九）·文学卷》，百花洲文艺出版社，2006年，第161页。

他跟林徽因的故事；参加梁启超和张君劢举行的花园派对和音乐会；在南京，他甚至还见到了军阀中的一股清流——江苏督军齐燮元，他劝齐燮元不要打仗。齐燮元说他完全同意泰戈尔，毕竟作为直系冯国璋的人，他曾经和冯一样主张"和平统一"。然而一切由不得他，几个月后，他就出兵攻打了皖系军阀浙江督军卢永祥。再后来局势转变，他无数次上任、下野，最终，这个"渴望和平"的军阀因为跟随了汪精卫，被蒋介石以汉奸罪枪决。[1]

泰戈尔或许在之后才会知道，自己误判了中日的大环境，他以为中日的大环境都比不上印度的灾难深重。可事实上恰好相反。

当然他并不排斥科学和文明，在 1930 年纽约的一场晚宴上，泰戈尔说：你们的科学，属于西方的，时代与人类必须感谢你们。在场的富兰克林、罗斯福都很开心。但他接着说：但是你们剥削了无助的人，羞辱了不幸有此天赋的人。他对西方的好坏分得很清晰，可是当时的人们没有看懂他和梁启超。

---

① 方慧：《百年家族：徐志摩》，河北教育出版社，2003 年。

在泰戈尔访华数年以后，鲁迅才在文中承认：以前我没看清楚，现在我知道泰戈尔也是反对帝国主义的爱国者。因为此刻的泰戈尔1930年访问并称赞了苏联。而且周作人也批判当年那些批判泰戈尔的人：认为他们是科学思想家和西化派，但他们缺乏怀疑和容忍精神。

但是一切都晚了，1924年那场访华，泰戈尔最终因为受不了来自四方的攻击，而取消了接下来的演讲行程。1941年，泰戈尔去世，他比梁启超和康有为都去世得晚，亲眼见证了自己对日本的预测是对的。

3. "太太客厅"里的民国"黄金十年"

其实,众所周知的"太太的客厅"自始至终是个误解,这种误解不仅来自人们对林徽因的误解,更是来自对那个时代知识分子文化生活的过度猜想。

梁思成和林徽因从沈阳回北平后,全家先搬到米粮胡同二号居住了一段时间。当时这个胡同里住了大批清华北大的名流,如陈桓、傅斯年就住在米粮胡同一号,胡适住在四号。后来梁思成、林徽因觉得米粮胡同过于狭窄,便在1932年搬到了北总布胡同三号居住,并在这里度过了七年的时光,后来,金岳霖也住了进来,这七年中,他们聚会、读诗、做研究,成为北平知识分子生活的一个缩影。①

北总布胡同是知识分子的聚集地。林徽因家隔壁就

---

① 岳南:《南渡北归:南渡·第一部》,时报文化出版公司,2011年,第469页。

是洛克菲勒基金会董事长小约翰·戴维森·洛克菲勒父母的住宅，抗战结束后，该院宅成为军调部国民政府代表驻地；中华人民共和国成立后，爱国将领龙云、中宣部部长陆定一等，先后在此居住。而200米开外，就是五四中被火烧过的赵家楼。往南就是东西总布胡同，是时任财政总长周自齐捐资修建的北京第一条马路。这里住过作家赵树理、著名诗人和文艺评论家张光年、著名作家刘白羽，以及被林徽因发掘出来的著名作家萧乾等。东总布胡同穿过朝阳门外南小街，就是西总布胡同，这条胡同先后住过马寅初、董希文、李宗仁，以及林徽因人生中最重要的朋友之一——费正清夫妇。

费正清原名 John King Fairbank，他在北京进行四年的研究生学习时，和夫人威尔玛认识了刚刚搬到北总布胡同的林徽因夫妇。两对年轻人很快就互相吸引了，梁、林夫妇学贯中西，而费正清夫妇正在研究中国文化，梁思成和费正清夫妇都在哈佛大学念过书，而费正清又在牛津大学读研究生后来到了北平，大家有说不完的共同语言①。而在日常琐碎和困扰中喘不过

---

① 陈学勇：《林徽因寻真：林徽因生平创作丛考》，中华书局，2004 年，第 206 页。

气的林徽因，终于找到了机会，可以用她的伦敦腔英语来和他们倾诉交流，恍惚间如同回到那些诗性的青春岁月，每当这个时候，她还会跟这个知心朋友谈起过世一年的徐志摩，后来，他们之间的友谊长达 20年。费正清、费慰梅这两个名字都是林徽因起的。后来费正清成为研究中国问题的权威，不得不说与他当时和林徽因等中国文化名人的交流很有关系，他历任美国远东协会副主席，亚洲协会主席历史学会主席，东亚研究理事会主席等重要职务，对美国乃至整个西方的中国学界都产生了重大影响，并在一定程度上影响了美国的对华政策。

1932 年 8 月，徽因和思成的儿子出生了，是一件大喜的事情，他们给新生的孩子取名从诫，意思是"跟从（李）诫"（李诫，是我国建筑学巨著《营造法式》的作者）。儿子的出生让林徽因欣喜万分，喜悦激发了她的诗情，写下至今脍炙人口的诗歌《你是人间的四月天》

——一句爱的赞颂

我说你是人间的四月天；

笑响点亮了四面风；轻灵

在春的光艳中交舞着变。

你是四月早天里的云烟，

黄昏吹着风的软，星子在

无意中闪，细雨点洒在花前。

那轻，那娉婷，你是，鲜妍

百花的冠冕你戴着，你是

天真，庄严，你是夜夜的月圆。

雪化后那片鹅黄，你像；新鲜

初放芽的绿，你是；柔嫩喜悦，

水光浮动着你梦期待中白莲。

你是一树一树的花开，是燕

在梁间呢喃，——你是爱，是暖，

是希望，你是人间的四月天！

这首诗一年后发表在 1934 年 4 月的《学文》上，

因为林徽因从未说过这首诗为谁而作，因此后世诸多人认为这是林徽因写给徐志摩的，并以《人间四月天》比拟林徽因的感情世界。可是，当时徐志摩已经去世三年，一想到徐志摩就悲伤不已的林徽因，不太可能以如此热情、欢快的感情写诗给徐志摩。而且，后来梁从诫在《倏忽人间四月天》中说："父亲曾告诉我，《你是人间的四月天》是母亲在我出生后的喜悦中为我而作的。"这首诗在梁从诫出生后一年多发表出来，时间上也比较合理。

徐志摩和梁家在北京往来的那段时间里，为梁家介绍了很多文化名人，其中就包括他婚姻之路的重要见证者金岳霖，当时已是清华大学哲学系教授。金岳霖的到来，引发了历史上人们津津乐道的两个八卦：一是"太太的客厅"，一是林徽因与金岳霖的"爱情"。

住在北总布胡同的林徽因过着多重的生活，有时跟大部分传统大家庭的媳妇一样，在婆媳、妯娌关系中左支右绌、琐事缠身；有时又保持着一个名门女学士的风范，在家中的沙龙里她滔滔雄辩，引经据典，见识广博，逻辑清晰，令人心悦诚服。但无论怎样，她都绝不是一个供人观赏的花瓶，更不是一个依附于丈夫的"太太"。可就当他们在北总布胡同 3 号院子内生活了一年多时，天津《大公报·文艺副刊》1933 年第 2 期至第 10 期的一部连载小说闹出了一场不小的风波，那就是冰心写的《我们太太的客厅》。

小说写的是北平一座独立小院中的客厅，佣人们将之炫耀为"我们太太的客厅"，他们的"太太"总在里面举行沙龙聚会。这个"太太"是一个受男人环绕、爱出风头，工于心计的女人。作品用传神的语言、红楼梦式的描述方式，把"我们的太太"，以及环绕其中的诗人、哲学家、画家、科学家、外国交际花，都已添上一层明显的虚伪、虚荣、勾心斗角的色彩。这小说高超的艺术手法引起文化界的高度关注，她对知识界的暗讽也让人浮想联翩。于是，于是有好事者将林徽因、梁思成、徐志摩、金岳霖一一对号入座，以"太太的客厅"来看林徽因院子里的沙龙聚会，不自觉为其镀上了一层"虚伪、风流"的色彩，而林徽因则自然对应了那个挖空心思惹男人注目的"太太"，直到如今，很多人依然用"太太的客厅"来指代林徽因的院子。

但也有很多人认为，这就是女人之间的妒忌故事，因为无论才貌，冰心都敌不过林徽因。甚至还有人找出后来李健吾的回忆，尚在山西做文物调查的林徽因不知怎么得知了消息，有了她的得意之作：送给冰心一坛山西老陈醋，你调侃太太客厅，我让你"醋上"加醋①。这个传说更加剧了后人眼中的"女人宫斗"的戏码。没错，冰心的确一向有着传统而严格的两性观念，还有贤妻良母价值观，虽然欣赏徐志摩的才华，但对徐志摩的"多情"一向反感。这种评判也并非空穴来风，冰心的保守和敏感性格是众所周知的，1921年，因为"《寄冰心》事件"，鲁迅就觉得冰心过于小题大做，说"殊可笑，与女人因被调戏而上吊正无异"②。但是，冰心真的就因此故意写小说挖苦、讽刺林徽因和徐志摩一众人吗？

　　当时，大公报副刊的编辑是沈从文，沈从文肯定是更尊重他的伯乐林徽因的，如果他感到了强烈的讽刺信号，这篇小说肯定不会发出来。再从时间上来说，林徽因搬进北总布胡同后没多久，徐志摩便飞机失事

----

① 《人民文学（第1—6期）》，人民文学出版社，第101页。
② 上海鲁迅纪念馆编：《上海鲁迅研究1》，学林出版社，1988年，第54页。

了，也就是说，他可能没有出席过太多林徽因客厅里的聚会。又怎么可能跟小说中的关键人物对得上号呢？而李健吾的"山西醋事件"只有李健吾一人提起过，是不是真有其事，无从考察。

再说，北总布胡同三号很多聚会其实是金岳霖家举行的，而不是梁家举行的。当时梁氏夫妇的起居室有一扇小门，经由"老金"的小院子通向他的房子[①]。因此，但凡谁有朋友来拜访，都会成为两家人的聚会。总的来说，金岳霖因为单身又爱喝咖啡，家里聚会多一点，几乎每周六，都会有朋友来看望他，比如张奚若、钱端升、陈岱孙、陶孟和，他们都致力于用现代科学方法研究中国，便常来老金家里喝茶、吃冰激凌、吃西餐，高谈阔论。金岳霖曾写道："因为我是单身汉，我那时吃洋菜。除了请了一个拉东洋车的外，还请了一个西式厨师。星期六碰头会吃的冰激凌和喝的咖啡都是我的厨师按我要求的浓度做出来的。"[②] 结果

---

① 林与舟：《梁思成的山河岁月：飞扬与落寞》，东方出版社，2005 年，第 84 页。
② 金岳霖：《金岳霖全集（第 4 卷）》，人民出版社，2013 年，第 728 页。

因为林徽因的加入，却给了后人一种她被众星捧月的印象。

其实，"太太的客厅"所上演的文人聚会，在那个时代并不是罕见之事，因为那个时代，正是从 1928 年北伐胜利到 1937 年"七七事变"之间的民国文化"黄金十年"。对民国的高校师生而言，这是一段相对平静、适合埋头做学问的黄金时期。那时，军阀混战已基本告一段落，虽然也有内忧外患，大大小小的事变不断，但是中国的经济总体来说连年增长，国民政府联合各界精英，千方百计地推动工业、农业、财政、法制和教育各方面进行改革，国家经济开始取得持续性的发展，直到日本全面侵华打断这一切。

这一时期，自 1928 年南京国民政府形式上统一全国以来，相继颁布了《大学组织法》《大学规程》《中学法》《中学规程》《小学法》《小学规程》等法律法规，从法制上保障了各级教育有序进行。当时大学教授、学者、作家、艺术家等人文社科类知识分子作为公认的精英被广泛尊重，有着稳定而丰厚的经济收入，大学教员薪俸普遍分为 4 等 12 级，薪资从 100 元到 500 元不等。之前，毛泽东在北大担任图书馆管理员时，月俸是 8 元。据毛泽东回忆，当时的 8 元月薪已经足够养活自己。①

收入丰厚，闲暇时多，文人们自然养成了舒服有品质的生活习惯，或在茶馆、饭馆或者家庭里聚会、沙龙，或逛书店、听戏，甚至棋牌消遣，都有足够的资本和时间。当时的北平，虽然已不再是首都，但由于高校聚集，使馆多，中西合璧的消遣场所很多，据 1940 年统计，北京城内就有各级别的饭馆、饭庄、饭铺 600 多家，西餐厅 27 家，茶饭铺 133 家，茶楼庄 31 家，咖啡馆 17 家，还有不少舞场、冷食店②。茶馆里、咖啡馆里、餐厅里，穿西装的和穿长衫的，毫不冲突，人头攒动。而此时模仿西方的家庭聚会与互赠礼物，成了日常社交。金岳霖、林徽因喜欢在家里办沙龙，座上宾全是一流的学者与作家；鲁迅喜欢逛旧书店，经常淘一堆旧书回来。作家宗璞则在小说里细致地描写了"七七事变"前清华的教授生活："清晨，随着夏

---

① 王学珍等主编：《北京大学纪事（1898—1997）》，北京大学出版社，2008 年，第 52 页。
② 曹子西主编：《北京通史（第 9 卷）》，中国书店，1994 年，第 193 页。

日的朝阳最先来到的，是送冰人。冰块取自冬天的河湖，在冰窖里贮存到夏，再一块块送到用户家中。冰车是驴拉的，用油布和棉被捂得严严实实，可还从缝里直冒水气，小驴就这么腾云驾雾似的走了一家又一家。送冰人用铁夹子和草绳把冰从车上搬到室外，最后抱到冰箱里。接踵而来的是送牛奶的。再往下是一家名叫如意馆菜店的伙计。"[1]

上海当然也不差，只是比起北京来，寸土寸金，更多的是各国商人、买办阶级与资本家的乐园。伴随着外来人口的大量涌入，房租与日常开销不断加大。上海的商业经济成熟，媒体业繁荣，知识分子靠日常写稿、卖文以及四处兼课便可为生。——这也是当时徐志摩为什么有了上海的出版公司还要来北京谋差事的原因。而北京不再是政治中心后，物价与生活成本也放缓，使得京派知识分子能够过上高收入、低消费、高幸福感的生活，而不必像他们的海派同行那样，怀揣理想，却总是在为稻粱谋中

---

① 宗璞：《宗璞文集（第三卷）》，华艺出版社，1996年，第17页。

辛苦打转。①

当然，"黄金十年"还有一个基本条件，就是晚清新政以及庚子赔款培养出来的那一批知识分子，正好在这个时候成熟了，开始发光发热，大家百家争鸣，百花齐放，也渴望同道抱团，寻求共识。

那时，在金岳霖和梁思成家的聚会，没有主题、随意、即兴、散漫、宽松之至，朋友间的私人情谊和共同志趣都可以尽情发酵，来客也不限于作家。经济学教授陈岱荪、政治学教授钱端升、考古学教授李济、艺术学教授邓叔存、艺术家常书鸿，都是常客。而张奚若、周培源、陶孟和则喜欢偕夫人双双而至。根据梁再冰后来的回忆，当时，梁思成的妹妹梁思懿、侄女周念慈也时常带着女同学们来做客，一睹大师们的风采。这些女孩里便有几年后加入共产党的龚澎、二十多年后名扬四海的作家韩素音。陈岱荪还在这里遇见过费慰梅的父亲、哈佛校长坎南（Walter B. Cannon）。

---

① 胡悦晗：《生活的逻辑：城市日常世界中的民国知识人（1927—1937）》，社会科学文献出版社，2018年。

在梁家的聚会上，大家什么都聊，时而充满深情，时而充满批判，十足的书生意气。而往往林徽因总会滔滔不绝地垄断了整个谈话，她幽默诙谐、健谈善辩、机锋不断，既有理工科学者的理性明智，又有文学爱好者的深情甚至狂热。当她侃侃而谈的时候，的确会有不少男性为之吸引，哪怕内向、口讷的卞之琳，也说："当时我在她的座上客中是稀客，是最年轻者之一，自不免有些拘束，虽然她作为女主人，热情、直率、谈吐爽快、脱俗（有时锋利），总有叫人不感到隔阂的大方风度。""她年龄比我只大六岁，因为师辈关系，一直被我尊为敬佩的长者，但也是我感到亲切的知己。"[1] 大概正因如此，尽管主人家是金岳霖，但大家会产生她是客厅女主人的印象。

其实林徽因不仅在自家客厅会如此惹人注目，在别人家的聚会也如此。朱光潜家的读诗会，要求来者必须高雅地读诗，严肃地探讨，梁宗岱、李健吾会读法文，冯至读德文，林徽因除了朗读英文诗歌，还会

---

① 卞之琳：《地图在动：世纪的回响》，珠海出版社，1999 年，第 279 页。

用老家福州腔诵读中国古诗。梁宗岱总喜欢发奇谈怪论，因此常遭林徽因反驳，双方争得面红耳赤，而林徽因的口若悬河、气势逼人，梁宗岱总是败下阵来①。怪不得后来萧乾感叹："每逢我聆听她对文学、对艺术、对社会生活的细腻观察和精辟见解时，我心里就常想：倘若这位述而不作的小姐能像十八世纪英国的约翰逊博士那样，身边也有一位博斯韦尔，把她那些充满机智、饶有风趣的话一一记载下来，那该是多么精彩的一部书啊！"②

---

① 田时雨编：《一个真实的林徽因：美丽与哀愁》，东方出版社，2004年，第171页。
② 萧乾：《萧乾文集（第4卷）》，浙江文艺出版社，1998年，第339页。

第八章

她的劫难

在家国浩劫中『废』而弥坚

1. 再颠沛流亡也不做"废人"

七七事变后，中国大地开始如倒下的骨牌般逐次沦陷，逃亡就是这个时刻的主题，在战争的国难面前众生平等。不同的是，知识界参与的是国民政府组织下的逃亡。

时在庐山的蒋介石除了接二连三地向守军派发固守勿退的电令，同时召集学界的要人，包括北大、清华、南开几大校长，文学院长胡适、中央研究院史语所所长傅斯年等，商量将北大、清华和南开三校的师生撤出平津，到战火暂时还波及不到的云南昆明避难。由于路途遥远，中途会在长沙组建一个临时大学，再慢慢迁往昆明，然后，建立一个联合大学。中国现代历史上最悲壮的一次知识分子大撤退开始了。

但在当时，营造学社只是一家民办学术机构，无法享受到中央政府的照顾，也没有足够的经费远距离搬迁，但是又不得不马上离开。因为日本人在抓紧扶植自己的傀儡伪临时政府，希望邀请朱启钤这样的北洋时期要人出来捧场。朱启钤断然拒绝，于是他和梁思成都被日本人长期威胁和监视。梁思成早在沈阳期间就被日本盯上了，何况他刚发表的学术论文冲击了日本建筑界的论断。如今，梁思成不仅严词拒绝参加日本人邀请出席的"东亚共荣协会"，还和刘敦桢都在坚决要求政府抗日的呼吁书上签过名，即使他们暂时向日本人妥协，未来也难逃秋后算账。因此，走为上策。

其实营造学社从1935年秋天就开始整理行装，却一直没成行。因为那么多图画、底片和照片、模型、研究笔记、档案和图书很难全部带走，也一直找不到存储的方案。于是梁思成和同事们把学社最重要的资料打包，还把他写的几篇英文论文寄给费慰梅以供发表。学社发给每人三个月工资后，暂时解散。后来，梁思成想到，梁家刚从日本回中国时，曾住在天津的意大利租界，与租界的关系很好，他便把营造学社的底片和其他贵重物品锁在了天津英资麦加利银行的保险库里。①

这样一来，家里的整理任务便落到林徽因一个头上，她一边忙于家务，一边搜寻和整理家当，烧的烧，卖的卖，送的送，精简得不能再精简，但那块徐志摩的飞机残骸她却带在了身上。尽管她当时还病着，却没有告诉家人，临走去医院检查了一遍，医生给予了非常严重的警告——切忌操劳。可是没有用，逃亡路上注定以命相搏，"我的寿命是由天的了"，林徽因想。东西弃下倒无所谓，她最难过的还是舍不得许多朋友，钱端升太太、叶公超太太都住在她家，沈从文妻子张兆和住在很近的北城，所以临别她非常自责，感觉是自己狠心把朋友们抛弃了。安排好之后，他们将启程去长沙。梁思成当时想得比较天真："到那时候战争就打赢了，对我们来说永远结束了。"② 谁知道这一打就打了八年。

这条逃亡之路，儿子梁从诫在几十年后依然记忆

① 林与舟：《梁思成的山河岁月：飞扬与落寞》，东方出版社，2005 年，第 160 页。
② ［美］费慰梅：《梁思成与林徽因：一对探索中国建筑史的伴侣》，曲莹璞、关超等译，中国文联出版社，1997 年，第 124 页。

犹新。他记得那一天，在去天津的火车上坐满了全副武装的日本兵，他们一家竟然和他们挤在一节车厢里。父亲梁思成闭着眼假寐，5岁的梁从诚却兴致勃勃观察日本兵的真枪，一个日本兵冲他笑着，还对他招招手，让他过去摸摸他的枪。就在梁从诚十分兴奋地过去的时候，只听见背后一声怒吼："小弟回来！"他一回头，父亲梁思成正在怒不可遏地瞪着他。他不知道自己做错了什么，吓个半死，不敢再看那个日本兵。①

他们一路辗转，经青岛、济南、徐州、郑州、武汉到达长沙。林徽因带着行李，小孩奉着外婆，一边逃亡一边给沈从文写信"唠叨"：一路的颠沛流离，她的急性子又犯了，一会儿操心国家的战事，一会儿着急津浦线上情形，后来又急"晋北"的情形，因为在山西考察过的，她极不相信阎锡山的防御。她对政治保持距离，对时局的掌握却从未松懈。而且，理科生的毛病也犯了，一路上竟也清楚记得，由天津到长沙共计上下舟车十六次，进出旅店十二次。②

---

① 岳南：《南渡北归：南渡·第一部》，时报文化出版社，2011年，第52页。
② 林徽因：《林徽因散文精选》，长江文艺出版社，2017年。

然而因为劳累，林徽因刚抵达长沙便患病发烧。约十几天后的一个傍晚，两位从南京来的史语所学者主动找上门来，林徽因一看大喜，一个是中国人类学奠基人李济，一个是梁思成的弟弟、考古学家梁思永，当时李济和梁思永正在进行中国人第一次正式的现代科学考古发掘尝试——发掘殷墟。其实这黄金十年，不只营造学社，很多学术机构都做了中国的开拓之举，包括大规模的现代考古行动。李济愤怒地告诉林徽因，他和梁思永呕心沥血发掘、保护的殷墟，被随军而至的日本学者发现，他们开始大肆盗掘文物。李济他们抢救出的文物不多。林徽因他们的资料能找到保存之法，已经算幸运。此时，双方都没有想到，随着这个机缘的重新聚合，梁思成一家与李济将开始千里逃亡与长达九年的密切交往。①

　　四月上旬，梁思成、林徽因一家在长沙安定下来，他们住在长沙韭菜园教厂坪 134 刘宅内，之后，梁思永组织运输的文物也抵达长沙，梁思成、梁思永兄弟团聚很兴奋，两家人和其他到访的朋友们经常一起高

① 岳南：《李庄往事：抗战时期中国文化中心纪实》，浙江人民出版社，2005 年，第 1922 页。

声同唱救亡歌曲。林徽因这几个月在长沙的小房子里，生平第一次开始学习洗衣做饭，她终于可以照顾大家了，虽然吃得粗糙，但大家又可以在林徽因家聚会了，仿佛回到北平的沙龙时光。而且他们还接了建筑设计的工作：为临时大学设计了和平楼、民主楼作为校舍，但楼顶在1938年日军轰炸中被炸坏①。大家在长沙的驻留里充满了悲哀，重要的原因其实并不是死亡威胁，而是"浪费"。林徽因很丧气，她在给沈从文的信中说，觉得自己是这个国家的"累赘"，学者们不能当兵保卫国家，也无法做学问、发挥价值，只能依靠政府的资金维持苟活，这让她充满苦恼、负罪感和愤怒。

可是长沙注定太平不久。这里位于粤汉铁路、湘桂铁路以及浙赣铁路枢纽位置，当时是整个大后方中工厂数量仅次于陪都重庆的地区，如今是机关、学校、医院等重要机构内迁的主要城市。日本人当然也知道这一点。所以，上海沦陷后，日军一路势如破竹，一旦占领长沙，国民党军队的物资运输路线将会被切断。

---

① 陈新华：《百年家族：林长民·林徽因》，立绪文化，2002年。

因此，自从林徽因他们一到长沙起，就经常和全城进行空袭演习，空袭警报一响，大家就要急急忙忙钻到防空洞里去。11 月 24 日，日本飞机第一次空袭长沙，然而偏偏这一天由于疏忽，城中反而没有拉警报。日本的飞机抵达时，人们还不知道自己已经成为了目标。当时，梁思成突然听到一阵轰鸣，只见几个亮晶晶的家伙从飞机的肚子里喷射而出，"嗖嗖"地往自己的住处飞来。他大喊炸弹来了，他家住宅差不多是直接被一颗炸弹命中，炸弹落在离住宅大门十五码的地方。当时两个孩子都有病躺在床上，梁思成和林徽因两人一人抓起一个孩子就奔向楼梯，刚冲下楼梯时，他们的房子就垮了。还没有到达地面，近处那颗炸弹就响了。林徽因抱着小儿子被炸飞了又摔到地上，好在神奇地没有受伤。他们向联大的防空洞跑去的时候，另一架轰炸机正在下降。林徽因心想这次跑不掉了，她无数次写过被生活折磨得想去死，没想到如今却离死这么近，她心想：倒不如大家要死死在一起，省得孤零零地活着受罪。不过幸好空袭过去了，他们把所剩无几的东西都从废墟里挖出来，去朋友家暂住。经此一惊吓，他们决定，虽然营造学社未来的经费和一家老小的生活费都没着落，但保命重要，他们决定马上去昆明。①

长沙溃败得比想象中快。大批的机关单位，知识分子、工人、商人、难民、乞丐、流氓无产者等各色人物潮水般纷纷涌入长沙。十月中旬，如林徽因担心的那样，日军突破阎锡山部晋北的长城防线，林徽因他们取得重大学术发现的佛光寺，迎来了端着刺刀的日本人。他们离开长沙后，空袭更加频繁了。而在艰难的路途中，很多人失去了联络，比如金岳霖。他一个星期以后才得到长沙被炸的消息，而当梁家都启程前往昆明五个星期了，他都还留在湖南。他写信给费慰梅说，"我离开了梁家，就跟丢了魂一样"②。

但和沮丧的逃难者们不同的是，林徽因不会放过旅途中的任何美景，珍惜自己生命剩下的每一秒。从湖南往贵州，一路上都是沈从文笔下的美景，湖南的冬天又湿又冷，搂着小儿子的林徽因很陶醉，却也在

---

① ［美］费慰梅：《梁思成与林徽因：一对探索中国建筑史的伴侣》，曲莹璞、关超等译，中国文联出版社，1997年，第125页。
② 郭黛姮、高亦兰、夏路：《一代宗师梁思成》，中国建筑工业出版社，2006年，第110页。

湿冷的天气里得了严重的支气管炎，并迅速发展为肺炎。他们必须休息，却处处被爆满的旅馆拒绝，历尽艰辛，才听见附近的一家小旅馆里传出有人拉提琴的声音。梁思成心想，这演奏者一定来自大城市，和他们是一类人。他敲开了门，里面一屋子空军学院的八位学员，他们也在等车去到昆明。一听梁思成说妻子得了重病没处去，这些年轻人们便马上腾出地方来。更幸运的是，这群滞留在这里的难民中，还有一位在日本的美国教会受过培训的女医生，同时又研究过中草药，她用中西医结合的方式给林徽因吃了一些当地能找到的中药。林徽因住的屋子里，不仅有这些空军学员，还有当地的妓女、赌徒、各地的军官和司机。林徽因一下被打入到真实生活最残酷的一面去了，但仍然保持着敏锐的观察和巨大的好奇心。两周后，林徽因的烧退了，大家终于坐上了一辆汽车开往昆明，途中还经历了半夜汽车没油，大家只能徒步前进的窘境。还好最终都逢凶化吉。①

---

① ［美］费慰梅：《梁思成与林徽因：一对探索中国建筑史的伴侣》，曲莹璞、关超等译，中国文联出版社，1997年，第127页。

但她始终乐观，在湖南意外还见到沈从文的三弟。她后来还给沈从文写信说："我们中国国家进步了，弄得好一点，争出一种新的局面，不再是低着头的被压迫着，我们根据事实时有时很难乐观，但是往大处看，抓紧信心，我相信我们大家根本还是乐观的。"

在这种悲欢交集中，他们历尽艰辛，终于在 1938 年 1 月中到达了昆明。他们在长沙上汽车时准备迎接的"十天艰难的旅行"，因为林徽因的生病和各种意外，实际用了差不多一个半月。林徽因很喜欢昆明，阳光明媚、温和湿润的气候和美丽的湖光山色，对她的健康和心情都很好，她后来还对金岳霖说：觉得这里像意大利①。八个年轻的飞行学员和他们一起到的昆明，此时大家关系已经很好了。学员们在进行最后训练和作战期间，一直把梁家当成自己的家。林徽因通过与这些年轻人相处，终于理解了参加学生运动的弟弟妹妹们。

---

① 张清平：《林徽因传》，百花文艺出版社，2007 年，第 269 页。

2. 知识分子们的普遍浩劫与坚持

此时昆明的现实也并不乐观。1937 年 12 月，国立西南联合大学在这里组建，本以为昆明是个安全的大后方。但是，此时沦陷区各色人等汇聚在此，比之前的长沙还多。云南当地人对这群远道而来的难民非常冷漠，他们不知道日本入侵是什么状况，西南地区几千年来都远离政权中心，如今的日本人对他们来说只是传说，他们只觉得生活被扰乱了。他们不知道，仅仅在不到一年后的 1938 年 9 月 28 日，日本就会往这座城市投下炸弹。偌大的中华大地，无处幸免。而本地人这种态度，势必又引起抗日军队和逃难知识分子们的不满。

梁思成和林徽因也从刚刚抵达昆明时的新鲜和轻松陷入了一筹莫展，联大在教育部的支持下始终是不必担心经费的，可是营造学社只是一个私人学术机构，什么都没有。她在写给沈从文的信中说：虽然二人整天对政府和机构表示他们愿意效力，但人家实在没有"正经的事"给他们。而昆明的房价又非常高昂，他们被迫想破头皮赚钱。于是梁思成和林徽因为了生活和营造学社的运转，只好靠自己的专业给云南本地的富人和商人，为那些林徽因厌恶的"发了国难财的暴发户"们设计房子。而这些人心中，建筑学就等于泥水工匠，不仅不够尊重他们，连报酬都很少按时结清。林徽因沮丧地告诉沈从文，"到如今我还不大明白我们来到昆明是做生意，是'走江湖'还是做'社会性的骗子'"。因为梁家老太爷的名分，大家倒是颇给他们面子，代价是，他们常常得去一些阔绰场合应酬，可是，梁思成不会喝酒，她不会打牌，应酬得非常痛苦。[1]

梁思成的身体也出现了巨大问题，由于旧伤和长途跋涉，他患了严重的脊椎关节炎和肌肉痉挛，经医生诊断是扁桃体发炎引起的，于是切除扁桃体，切完之后又引起牙周炎，索性再把满口的牙齿拔掉，关节疼痛也让他在床上不能起来。大约半年之后在各种正

---

[1] 林徽因：《林徽因诗文集》，万卷出版公司，2014年。

方偏方、中医西医的结合理疗下，才慢慢好转。可梁思成因为没法下床，竟然也学会了一项技巧：坐床上补袜子，技术还越来越精湛。可这样一来，生活的重担就落在了本来就生病的林徽因身上。为了付高价房租和生活费，林徽因又开始教书，一星期来回爬四次山坡走老远的路，到云大去教六点钟的英文补习班，一个月净得四十余元。可因为梁思成在搬迁中把研究用的皮尺搞丢了，林徽因刚拿到工资第二天便去黑市新买了一把，花了二十三元。林徽因唯一的宣泄方式，就是把这些都写在信里向沈从文倾诉，一封封开口"二哥"的信，勾勒了她整个逃亡生活的轮廓①。

幸好天无绝人之路，就在这个时候，刘致平、陈明达、莫宗江陆续从长沙到来。正巧庚款基金会代理董事长周诒春又正好有一小笔款子可供研究使用，他告诉梁思成，只要他们在西南继续开展工作，这笔原本批复的庚款就还可以用。除此之外，梅贻琦还登门看望了他们，表示如果能试验用本地材料建造廉价的大学校舍，也可以有一笔报酬。中国营造学社西南分

---

① 林与舟：《梁思成的山河岁月：飞扬与落寞》，东方出版社，2005 年，第 167 页。

队就这样摇摇晃晃地在云南起步了，地址在昆明循津街"止园"昆明市市长府的前院。

可林徽因和梁思成没想到的是，给联大设计房子竟然比野外考察更难。他们半个月就拿出了第一套方案：一个中国一流的现代化校舍。这个方案很快被否定，原因很简单：没钱。因为梅贻琦当时估计战争结束联大很快便可以复员，便把主要的财力用于添置图书设备和实验器材，在校舍方面坚持省而又省。于是改稿无数次之后，高楼变成了矮楼，然后变成了平房，砖墙变成了土墙。每改一稿，林徽因都要伤心一次。最终屋子盖起来了，简陋得令人发指，茅草屋顶随时落灰，吃饭时满碗都是土；铁皮屋顶一下雨刮风便呼啦作响，连教授讲课的声音都听不见。但是大家上课的热情依然不减。①

陆续来到昆明的朋友也更多了，张奚若一家来了，就住在林徽因家旁边，梁思永和李济、赵元任以及金岳霖也都来了。林徽因开心极了，她隐隐觉得，北京的生活又将回来了。老金形容那时候的林徽因："仍然

---

① 李洪涛：《精神的雕像：西南联大纪实》，云南人民出版社，2001年，第63页。

是那么迷人、活泼、富于表情和光彩照人。"但他同时也心疼地察觉到，历尽艰辛的她不再那样滔滔不绝和笑容灿烂。不过，林徽因偶尔也诗兴大发，更没有停止对生活百态的观察，作了《昆明即景》等篇章，都在十年后发表出来。诗中有昆明茶铺众生相，有小街矮楼上的老人与世事，在苦难中寻求着人性的光亮和生活的本相。

1938 年 9 月，那 8 个飞行员也结业了，他们邀请梁思成和林徽因作为他们的家长出席结业典礼。可就在典礼之后，就有频繁的空袭警报，炸弹不停落在昆明，这群年轻人陆续饱含斗志投入战场。可在以后几年，这些飞行员一个个全都在战斗中牺牲了，林徽因每次都痛不欲生。

大约就是这个时候，梁思成在逃亡前寄出的关于赵州桥的稿件到了费慰梅手里，费慰梅发给了麻省理工学院的建筑系主任威廉·爱默生，恰巧他的研究题目之一就是法国最早的散拱桥，它建造的年代比赵州桥晚十个世纪。教授非常喜欢并附了推荐信，文章顺利地被权威的建筑杂志《笔尖》(Pencil Point) 在 1938 年 1 月号和 3 月号将论文分两次刊出，并发来稿费。这让梁思成夫妇非常惊喜，从此，他们成功地和美国建筑学界恢复了联系。他们的激情再次被激发，开始在云南野外做古建筑考察。但在日本侵华的过程中考察可比军阀混战中考察危险多了。莫宗江和陈明达就曾被编入壮丁训练团并入团受训。梁思成不得不带病找到昆明市市长和云南省省长，才终于把他们二人放出来。[①]

昆明的空袭也多了起来，大家只能离开市中心。史语所迁到了城外十几里的龙泉镇龙头村中的回应寺。为了借用史语所从长沙和重庆运来的图书资料以及部分技术工具展开业务工作，营造学社就挨着史语所旁边的麦地村，租了一处叫兴国庵的尼姑庵作为工作室。这个村子很偏，夜里常常有狼嚎。但林徽因不仅没有被狼嚎吓到，反而还开始兴致勃勃地仿照当地的农村住房，设计了几间夯土墙的简易房屋。这竟然是这两位建筑师为自己设计的唯一的房子。此时林徽因的管家心态又犯了，自己病着，还事事操心。对工人也不放心，因为一个工人偷了她母亲的手表，被追到时，

[①] 林与舟：《梁思成的山河岁月：飞扬与落寞》，东方出版社，2005 年，第 181 页。

他已经把手表摔坏了。还要操心生活，此时通货膨胀，米价已从他们来时的三块四涨到一百块钱一袋，修房子加上物价飞涨，林徽因用"已经完全破产"来形容当时的境况①。还好费慰梅经常给他们寄支票，加上庚款的经费，总算熬得过去。

梁思成于1939年9月至1940年2月行期近半年，往返于岷江沿岸、川陕公路沿线、嘉陵江沿岸，跑了大半个四川，收获非常丰富。但这次川康的调查已经是学社最后一次野外调查。在雅安时，他已经能看到沿途各处红军长征留下的标语，他们隐隐感到，这个国家未来可能是另一番景象。

然而就在这个时候，不幸的消息从天而降。林徽因来电报说麦加利银行经理来信，天津大水，他们存在银行保险库的资料全遭水泡，必须尽快提取。得知这个消息后，她已经大哭了好几场。但梁思成来不及伤心，马上和刘敦桢二人当即出具证明寄到北平，这样朱启钤就可以去提取存件。同时，他们向中英庚款董事会申请五千元作为整理资料的费用。当时他们还

---

① ［美］费慰梅：《梁思成与林徽因：一对探索中国建筑史的伴侣》，曲莹璞、关超等译，中国文联出版社，1997年，第136页。

不知道资料被毁得那么惨。朱启钤带人抢救出这批资料，但是胶片被水泡坏已无可挽回，他只能将这批图纸照片逐张摊开，重新翻拍。一千多张图稿也被水泡坏，一碰即破。朱启钤便与原学社职员乔家铎、纪玉堂等人一起，将烂泥似的图稿小心翼翼地重新裱在坐标纸上，一些重要的测稿找人描下来，总算抢救回一批。后来梁思成他们迁到李庄后，朱启钤把这批抢救回来的资料寄给了他们，正是有了这些资料，学社的研究工作才有可能继续。①

　　而林徽因却很痛苦，她只能眼巴巴看着梁思成他们从云南考察到四川，自己却一脚跌进生活的尘埃中。不仅什么家务事都要做，还要为了买稀缺的水缸，和村妇一样，等在烧缸的窑口，窑一开张，女人们就不顾斯文，你争我抢甚至厮打起来。燃料是煤灰和泥做成的劣质煤球，很难燃烧，烟雾又大又呛人，加剧了林徽因的咳嗽。没有电，照明得用菜油灯，但油越来越贵，所以她只能跟村民一样，天黑下来就睡觉，没法工作。她不仅成了穷人，还成了废人。可仍然忙得

---

① 《人物》，生活·读书·新知三联书店，1998年，第125页。

没时间自怨自艾，她说："在困难的三餐中间根本没有时间感知任何事物，最后我浑身痛着呻吟着上床，我奇怪自己干吗还活着。"1939年2月，她又写下了一篇散文《彼此》，透彻而残酷地道尽前线死亡的悲壮和昆明后方生活的困苦。林徽因在给费慰梅的信中说：梁思成的背也越来越驼了，老金经常来看他们，后来索性在他们旁边加了一间"耳房"，他像在北京一样，喜欢打开他们的食橱找吃的，可是物质早已经不像北京那样丰盛了。很多朋友也在周围建了房子，包括钱端升。就这样，北总布胡同的氛围仿佛又回来了，林徽因开心极了，大家又可以长住下去了，她相信一切会好起来。可她又估计错了，知识分子们的浩劫一个接一个。[①]

1940年7月起，日本占领了法属的越南，切断了滇越铁路，昆明再也不是后方，反而是最近的大城市目标，被空袭的次数多了起来。林徽因对轰炸机和机枪的声音起了反应，不管飞机就在上空或尚在远处，她一听到就想吐，一天都没有胃口。林徽因却关心着别人，她写信给费慰梅说：金岳霖更是遭罪，他每天早

[①] [美] 费慰梅：《梁思成与林徽因：一对探索中国建筑史的伴侣》，曲莹璞、关超等译，中国文联出版社，1997年，第137页。

上在城里有课，要早上五点半从村子出发，可还没来得及上课，空袭就开始了，然后就得躲避着跑，直到下午五点半回到村子，一整天，没吃没喝，没工作也没休息。梁从诫后来回忆道，日本人的飞机低的时候，他甚至都能看见座舱里戴着风镜的日本飞行员，那是死亡逼近的气息①。

这样的日子，既无法生活，也无法做研究，于是重庆国民政府指示：西南联合大学、同济大学、中央研究院史语所、社会学院、中央博物院筹备处等驻昆明的学校和科研机构全部向大后方转移。随后史语所派出的副研究员逸夫，与同济大学的王葆仁、周召南一起，在宜宾下游 19 公里处找到了一个可供安置的地方——四川南溪李庄镇②。那里够偏僻，也够安全。

梁思成从四川回来以后就被任命为中央研究院的研究员，隶属于史语所，这样一来，营造学社就可以依靠教育部的资金存活了，不用再愁经费，还可以继

① 梁从诫：《不重合的圈：梁从诫文化随笔》，百花文艺出版社，2003 年，第 422 页。
② 岳南：《陈寅恪与傅斯年》，陕西师范大学出版社，2008 年，第 168 页。

续依附史语所的资料做研究①。可这样也有就意味着必须听从教育部，跟随史语所一起搬到李庄。昆明那座花尽他们心血、差点让他们破产的夯土房子，刚修好就被放弃了。但他们不得不离开，昆明空袭越来越频繁，1941 年被日机轰炸了 34 次。

去李庄的路上风景雄奇壮美，但险峻难走。因为搬迁工作的混乱和疲惫，梁思成在出发前突发高烧，只能暂时留下来休养。林徽因则独自带着两个孩子和母亲坐史语所的第一批车离开，在路上也是经过了抛锚、停顿，儿子发烧，狼群围车等各种九死一生的经历。史语所搬迁物品的船也不顺利，运往李庄的第三批小驳船刚出宜宾不远就倾覆了，船上的所有书籍资料沉入江底，把傅斯年气得破口大骂。三周后，病愈的梁思成终于到达了。营造学社在李庄郊外约三里的上坝月亮田找到了一处农舍安居下来，开始了长达 7 年几乎与世隔绝的避战治学生涯。②

---

① ［美］费慰梅：《梁思成与林徽因：一对探索中国建筑史的伴侣》，曲莹璞、关超等译，中国文联出版社，1997 年，第 138 页。
② 岳南：《南渡北归：南渡·第一部》，时报文化出版社，2011年，第 345 页。

3. 在李庄：人间至苦和琐碎中修行

初到李庄的一两年，林徽因可谓什么人世至苦都经历了，贫困窘迫、疾病缠身、亲人殒命、匪患侵扰，以及无力治学。说是来避难，其实更像是历劫和修行，她跌倒在尘土中，却依然保持着激情和诗性，她被淹没在生活困顿中，却为中国的建筑学绵延力量，向死而生。

营造学社到达李庄的时候已经是 1940 年末了，刚到李庄不到一个月，林徽因就肺病复发，连续几个星期高烧 40 度。而此时恰逢梁思成为了营造学社的生计，到重庆向国民政府教育部乞讨活命经费。可等着要钱的人太多了，成功者寥寥，他在一张简陋的帆布床上睡了一夜又一夜，还没等到钱，就收到信得知林徽因得病的消息，只能向重庆的朋友借钱买药品，再辗转回到李庄。因为此时的李庄百业凋敝，医疗卫生条件极差，不说特效药和检查器械，就连家里唯一的一支体温计也被梁从诫失手摔碎，搞得林徽因大半年没有办法测量体温。她写信给沈从文的时候说，如果有老天爷，我真想他明明白白地告诉我一件事：我这个人需不需要活着……一个非常有精神，喜欢挣扎着生存的人，为什么需要肺病。想问这个问题的不只有她，此刻的梁思永也因肺结核而卧床四年，中央博物院的李济，五年中死了两个十几岁的女儿，社会学家陶孟和他的妻子也死于肺结核，仿佛美好万物都在李庄凋零了。可梁思成来不及多愁善感，他讨厌西南阴冷的冬天，因为林徽因很容易感冒而咳嗽加剧，他在心里呼唤：神，假使你真的存在，请把我的生命给她吧。但他什么也没说，只是担起所有家务，还自己学着给林徽因打针，很快熟练掌握了肌肉注射和静脉注射。经过大半年的治疗和静养，随着天气转暖，林徽因稍微烧退，总算挣扎着活过来了①。

林徽因的病情让本来生活就困难的梁家雪上加霜。在镇上读小学的梁再冰和梁从诫穷得连一双普通的鞋

---

① 岳南：《南渡北归：南渡·第一部》，时报文化出版社，2011年，第434页。

子都买不起，梁从诫常年穿着布鞋或者打赤脚，只有到了最冷的冬天才能穿上外婆缝的布鞋。偶尔有朋友从重庆过昆明带来一小罐奶粉，就算是林徽因难得的高级补品。有时候，幼小的梁从诫禁不住奶粉香甜的诱惑，偷偷吃了一点，被梁思成发现以后，就会狠揍一顿揍。梁思成自己也喜欢吃甜食，但这里只有土制的红糖，他便把土糖蒸熟消毒当成果酱抹馒头，称为"甘蔗酱"。[1]

通货膨胀越来越厉害，营造学社每年的经费很快就变成一张废纸，他们只能买到便宜的粗食。因营养不良，林徽因身体日渐消瘦几乎不成人形。为了改善伙食，梁思成学着蒸馒头、煮饭、做菜，甚至还从当地老乡那儿学会了腌菜和用橘皮做果酱。最后实在山穷水尽了，梁思成只得到宜宾去典当衣物，衣服当完了，便当掉陪伴了自己几十年的派克金笔和手表，换回的仅仅是两条草鱼。提着两条草鱼回家，他还幽默地对林徽因说："这块金表拿来红烧了吧。这件衣服可

---

[1] 岳南：《李庄往事：抗战时期中国文化中心纪实》，浙江人民出版社，2005 年。

以'清炖'吗?"① 几年的逃亡时光，林徽因和梁思成轮流做起了有省钱绝招的专家。

可是林徽因卧床三个月的时候，噩耗又至——她的弟弟林恒，那个被费慰梅称作"三爷"的，当年一二·九运动之后，弃机械系改学空军的热血青年，在成都上空的一次空战中牺牲了。林恒 1940 年春天才从航校第十期毕业，在同班一百多学员中名列第二。那一次，由于后方防空警戒系统失效，大批日方敌机已经飞临成都上空，我方仅有的几架驱逐机才得到命令仓促迎战。但是时间太迟，飞机又太老，林恒驾驶的飞机还没有拉起来，就被敌人居高临下击落在跑道尽头，他甚至没有来得及参加一次像样的战斗，就抱憾牺牲。梁思成像当年处理徐志摩的后事一样，到成都去给林恒料理后事，还给林徽因带了一块飞机残骸，林徽因也把它挂在房间里。经此打击，她病得更严重了②。三年后，林徽因才有勇气给予了最好的悼念——

---

① 刘振宇、维微：《中国李庄：抗战流亡学者的人文档案》，四川人民出版社，2005 年，第 124 页。
② 梁从诫：《不重合的圈：梁从诫文化随笔》，百花文艺出版社，2003 年，第 131 页。

写诗，《哭三弟恒》不仅给林恒，也给其他八个"兄弟"，因为那八个视若家人的空军学员们也都在一次又一次和日寇力量悬殊的空战中牺牲了，林徽因不断地收到飞行员牺牲后寄来的公函和遗物，每一次她都会大哭一场。整首诗如泣如诉，温柔、坚忍而愤慨。

还好梁思成在重庆的"乞讨"有了微弱的成效，虽然没法开展野外考察，但至少能够开展日常研究了。学社工作人员可以整理昆明考察的资料，以及抗战前在五台山的考察资料。随后，梁思永也搬来了，李济和别的老朋友也在，林徽因不再孤单，而且，梁思成还能从图书馆带回一些林徽因可以躺在床上看的书，这样，她也能做一些辅助性研究，不至于感觉到自己是"累赘"。林徽因能下地时，就能做家务活了，更会趁机制造一些简单美好的生活点缀。两间简陋的房子总被她收拾得像模像样，窗台上的玻璃瓶里经常插着新鲜的野花。当年在野外考察时，再苦再累，看见乡间漂亮的罐子，林徽因都会想方设法买回去，往院子里稍一摆设，就成了艺术品。在昆明，即使住在郊区的土夯房子里，她也用煤油箱做成书架，用废物制成窗帘，破屋也要摆设得比别人好。她还留着一架留声机和几张贝多芬、莫扎特的音乐唱片，虽然没法用。①

　　细心的梁思成发现了这点，一次他在成都偶然弄回一些西红柿种子，随意种在家门口，不久便结出又红又大的果子，吸引到一大波当地村民，林徽因便无偿送给他们秧苗。村民们发现这位女先生原来如此善良好相处，便经常与她聊天，还投桃报李地示以友好。那些年轻的姑娘和媳妇们，有什么悄悄话总愿意对她讲，哪个姑娘出嫁办嫁妆，都找上门来请她出主意，谁家媳妇生了娃娃，也忘不了给她送上几个报喜的红鸡蛋②。乡居的日子给林徽因带来意外的欢乐，渐渐地她喜欢上了这个竹林深处的小江村，遍地烽火，万物凋零中，她在这个小镇看见了中国人生生不息的力量。

　　跟当地人熟络之后，林徽因就雇了一个本地佣人，这个四川女人忠实、温柔、勤勉，但是过于热心淳朴，总是会把被单枕套洗成碎片，把四十美元一件的衬衫的扣子洗掉一大半。林徽因心疼极了，可是却不得不依赖这个唯一的佣人，更舍不得责骂她，倒是母亲又

---

① 田时雨：《一个真实的林徽因：美丽与哀愁》，东方出版社，
　　2004 年，第 275 页。
② 林杉：《一代才女林徽因》，作家出版社，2005 年，第 280 页。

找到了使唤人的权力,喜欢指手画脚,让她苦不堪言,因为她和梁思成的精力都越来越差了。梁思成背越来越驼,当年协和医院装的钢背心也难以支撑起他的腰椎。林徽因病情厉害的时候,甚至提出回昆明,和西南联大一起做研究,至少可以逃离李庄可恶的气候。① 但被前来看望她的梅贻琦否决了,很明显,他知道,林徽因的身体已经经不起折腾了。

梅贻琦一行刚刚离去,李庄就遇上了更离谱的事情。成百上千的土匪从四面八方向李庄云集而来,对史语所实施抢劫,他们猜想这里一定有许多古董、金银财宝。其实,这一代原本就一直有匪患,据当地老年人说,当年栗峰山庄为了防止土匪的骚扰和抢劫,还在庄内建有打造枪炮的红炉作坊,又在围墙四周修了数个炮楼。于是史语所急电重庆,蒋介石知道后,亲自下令,命成都行营与宜宾行署联合出兵剿匪。毕竟,李庄始终还是比昆明还闭塞、与世隔绝。史语所刚搬来李庄时,千里迢迢运来一箱箱殷墟出土的头盖骨和骨头,雇当地人帮忙,没想到当地人看见头骨,

---

① 岳南:《李庄往事:抗战时期中国文化中心纪实》,浙江人民出版社,2005 年,第 1911 页。

惊骇无比，传言说史语所要吃人，甚至还添油加醋编造了很多活灵活现的灵异故事，越传越离谱，最后竟然还惊动了教育部。

就在宜宾到长江一线的枪炮声中，一个人从昆明悄然来到了李庄探望梁思成和林徽因，这个人就是他们最亲密的朋友金岳霖。金岳霖从昆明的西南联大来了，被病得不成人形的林徽因吓到了。他赶紧到市场上买了十几只小鸡，在门前的空地上喂养起来。他养鸡的本事是在昆明练出来的，汪曾祺曾回忆："金先生是个单身汉，无儿无女，但是过得自得其乐。他养了一只很大的斗鸡，这只斗鸡能把脖子伸上来，和金先生一个桌子吃饭。"[1] 随着小鸡长大，林徽因的病情也逐渐好转，营造学社里又响起了北平那般欢快的笑声。

---

[1] 汪曾祺：《汪曾祺全集：散文卷》，北京师范大学出版社，1998年，第146页。

4. 他们靠什么挺了过来

1941 年至 1943 年，是梁家最快乐、最热闹的一段日子，许多朋友和亲人从各地赶来李庄探望他们。在李庄灾祸无常的生活中，林徽因这样的知识分子就是靠自己的毅力和抱团取暖相互帮助，以及国民政府对知识分子的支持和国际人道主义援助，一次次挺了过来。

这两年给梁家施以援手的朋友或文化人很多，其中非常值得一提的是傅斯年。1942 年，时任史语所所长的傅斯年知道梁家的境况，非常焦急。4 月 8 日，他分别致信国民政府教育部部长朱家骅和经济部长翁文灏二人，希望他俩能与中政会委员陈布雷相商，由陈出面，请蒋介石特批专款，接济被疾病和贫困缠身的梁思成、梁思永两家人。

傅斯年身为史语所所长，梁思永是史语所专任研究员，遇到困难，傅斯年为他请款算是分内之事。但梁思成虽然之前被聘为史语所的兼任研究员，每月有100元的补助，但营造学社并非史语所的下属单位。而林徽因因为长期生病，更是没有任何学术头衔，傅斯年为梁思成请款已是勉强，更何况为梁思成的家属呢？可是傅斯年实在不忍一代才女就这样浪费于乱世。此时，受傅斯年委托的朱家骅想了个招，他说动中英庚款基金董事会总干事杭立武，由傅斯年和林徽因商量，为林徽因设一个学术著作项目，就可以合情合理地给予她"科学研究补助"。为此，傅斯年让林徽因报上她之前已完成一半的《中国之建筑》。傅斯年还拉上李济，给林徽因写了推荐书，希望杭立武能给到三百八十元的高标准，为了引起重视，傅斯年还评价林徽因是"今之女学士，才学至少在谢冰心辈之上"。他不掩饰对林徽因的颂扬："思成之夫人林徽因女士，当代之才女也。亦留美学建筑，与思成同志，于营造学社之工作贡献甚多。"还特别强调"徽因女士虽工作亦如其他营造学社社员，但并无独立之收入……卧病之人尤不能缺少医药营养，故思成所需之救济，与思永等"。9月，蒋介石果真批下一笔两万元的巨款，由翁文灏转交傅斯年。①

傅斯年不仅看重林徽因的才能，更将其视为独立的学者而非梁思成的附属，证明他不仅同情林徽因的处境，更赏识林徽因作为一个独立女学者的价值。林徽因知道后，异常感动，不仅是对傅斯年雪中送炭的感恩，更是一种对知遇之恩的感动，这种献身建筑学多年却一直"没名分"的感觉，终于有人体谅。她特地写了一封信，其言语有着前所未有的郑重和热烈，开篇就是"感与惭并，半天作奇异感。空言不能陈万一，雅不欲循俗进谢，但得书不报，意又未安……"② 言辞恳切，充满"大恩不言谢"的感激。

帮助她的还有陈岱孙。他是清华经济系的主任，一向行事严谨，处事公正，在知识分子圈子里颇受尊重，被林徽因戏称为"救友 agency［代办处］"，但在信里皆称为"岱老"。陈岱孙对梁家的救济最著名的就是送三只表到李庄，让他们换钱自救。林徽因写信给

① 王汎森、潘光哲、吴政上主编：《傅斯年遗札（第三卷）》，社会科学文献出版社，2015 年，第 1281 页。
② 林徽因：《你是那人间的四月天》，万卷出版公司，2009 年，第 277 页。

陈岱孙感慨地说："这三表如同维他命一样都是准备我们吃的。"秋天，林徽因又收到以徐锡良名义汇来的"巨款"，这一看就是陈岱孙安排的，她写信告诉陈岱孙：肉已多买几斤，还吃过一只肥鸡。但是林徽因气性清高、不卑不亢，从不占便宜，有时候得到的接济太多，她还会把钱退回去。1944年，她就把陈岱孙的钱寄回去过。当时陈给梁思成汇来一万多元，但梁思成和林徽因同时忽得了一点意外的接济，考虑到昆明还有穷朋友们也许有更困难的，便把钱给陈寄了回去。可是没多久，孩子要上学，又花光了家里所有财产。

随着国际形势的变化，国际上的援助也多了起来。

1941年12月，美国参战，抗日战争迎来转折。1942年9月末，费正清辗转埃及、印度，飞越中国与外界相连的唯一通道驼峰航线到昆明，然后终于来到重庆的研究院招待所见到了梁思成。11月，费正清访问李庄，结果在路上染病。他和林徽因的见面，成了隔着一个大厅跟林徽因同时躺着，两人就这样隔着屋子轻松地开玩笑，或者严肃地讨论。亲眼目睹并亲身体会了李庄困境的费正清，后来总是想尽办法给予林徽因经济上的帮助。他还和费慰梅多次劝他们去美国治疗、工作，林徽因很感激老朋友的关心，但他们给费正清夫妇回信说："我们的祖国正在灾难中，我们不能离开她，假如我们必须死在刺刀或炸弹下，我们要死在祖国的土地上。"他们的儿子梁从诫对此也是记忆犹新，当时他问母亲："如果日本人打到四川你们怎么办？"林徽因特别平静地回答："中国读书人不是还有一条老路吗？咱们家门口不就是扬子江吗？"①

1942年秋，英国政府在二战最为重要的转折时刻，决定派遣一位著名学者到中国来考察访问，并给予人道主义援助，输送图书和仪器等紧缺物品。初通中文并对东方文明怀有浓厚兴趣的剑桥大学教授李约瑟被选中。1943年3月，李约瑟考察了昆明、重庆、成都、乐山等几处的大学和科研机构后，来到了李庄。

李约瑟因为尊崇梁启超，且久闻梁思成及林徽因的大名，于是专程来到了林徽因家。家徒四壁的梁思成实在没有什么东西招待贵客，只得把仅有的鸭子杀了招待他。李约瑟吃得很开心，更惊喜的是林徽因那带有爱尔兰口音的英语，在爱尔兰生活过多年的李约

---

① 林洙：《梁思成、林徽因与我》，清华大学出版社，2004年，第152页。

瑟对此颇有他乡遇故知的喜悦。李约瑟还详细看了营造学社的研究课题，他被在如此艰苦卓绝的环境中还进行研究的知识分子们深深震撼，后来在日记中写道，"如果战后中国政府真正地、大规模地从财政上支持研究和开发，20年后，中国会成为主要的科学国家，中国人具有民族的幽默感和儒家高尚的社会理想，认为中国人会屈从于日本帝国主义侵略者的诱降，是不可思议的"①。

朋友们的帮助起了很大作用。梁思成虽然身体也不好，却完成了很多工作，其间，还为26幅古代建筑图配了文字说明和放大照片，送到重庆去参加全国美术展览。林徽因为营造学社慢慢从战乱和民族灾难中走了出来而开心，身体状况也慢慢好转，体重增加了四五斤。但她也不得不接受一个痛苦的现实：她想继续文学创作，却发现早已和曾经的作家圈子失去了联系②。尽管如此，她在李庄病床上还是写了诗，比如

① 李大斐等编著：《李约瑟游记》，贵州人民出版社，1999年，第49页。
② ［美］费慰梅：《梁思成与林徽因：一对探索中国建筑史的伴侣》，曲莹璞、关超等译，中国文联出版社，1997年，第155页。

《一天》《十一月的小村》等诗歌。而且，她乐观幽默的心态也从未真正消失。

有一次他们聊到了天府之国的文化，营造学社在川康考察时，梁思成沿途收集和记录了很多四川民间谚语。他们学四川人摆龙门阵，对金岳霖讲起他们在旅途中听到抬滑竿的轿夫们风趣的对话。梁思成发现四川的轿夫们干活时都喜欢用诙谐幽默的语言来讲面前的事物，出口成章，对答如流，还非常押韵。比如两个人一前一后抬滑竿时，后面的看不见前面的路，前后两个人就需要很好的配合。路上有一堆牛粪，前面的人就会说："天上蝇子飞"，后面的人立刻就回答："地上牛屎堆"。有时候如果看见小姑娘也会进行调侃，有一次他们坐滑竿上山，中途遇到了一位姑娘，前面的人就说："左边一枝花"，后面的人说："有点麻子还有疤"。梁思成说：但是我不懂，觉得他们真会糟践人。林徽因说，要是遇见厉害的姑娘，前面的人刚说左边有枝花，姑娘马上就会回嘴说，就是你的妈。惹得大家哄堂大笑。营造学社的院子里也快活了起来。新来的学员罗哲文常常和梁从诫、刘叙杰（刘敦桢子）三人趴在地上玩弹珠。卢绳便做了一首打油诗还贴在树上："早打珠，晚打珠，日日打珠不读书"。当时条件差，伙食不好，叶仲玑太瘦，很希望多长点肉，于是也写了一张条子贴在树上："出卖老不胖半盒"。梁再冰常常感冒，于是也写了一张"出卖伤风感冒"贴树上。这些条子使这个小院活跃了起来，大家暂时忘掉了忧愁。[1]

可是这样的平静生活并不长久，正如林徽因估计的那样。

1943年2月底，李庄来了更多逃难的研究人员家庭，小小的古镇容不下这么多人，于是，这个本来远离战火的小镇，却因为众人争夺空间和资源反而四处燃起口角战火。原本体面的知识分子们开始争吵、谩骂，友谊破裂，斯文扫地，流言蜚语四散传播。傅斯年与陶孟和、李济这样地位的知识分子也不例外，李济骂儿子和下属、李方桂家闹婆媳矛盾……林徽因像个局外人一样观察这些摩擦，唏嘘。她写给陈岱孙的信里，形容他们很像老金当年在北京养的蟋蟀，好勇斗狠。她更悲哀的是，自己就算病着躺着不动，也不

---

① 林洙：《梁思成、林徽因与我》，清华大学出版社，2004年，第136页、152页。

能幸免。营造学社因为拿到了教育部的补助金，她个人也接受了一些医药补助，又有哈佛大学的稿费，一时间竟然被史语所的一些同仁酸溜溜地指责为"发洋财"！梁思成气得不行，跺着脚说："洋人固穷，华人穷则酸矣！"[①]

除此之外，烦扰她的还有万年不变的家庭纷争，尤其与母亲何雪媛的关系。母亲看不惯那个本地的女佣人，总在不合适的时机生气，又在不合适的时机惯着她，偶尔还要耍耍家长权力，要佣人按照她的机械安排做好家务，不许听林徽因的，最终搞得家里一团乱，母女间战火不断。还好儿子梁从诫现在已成长为一个晒得黝黑的乡村小伙子，穿着草鞋，满口四川话，在家里却是一个十足的绅士，悉心照顾母亲，也帮她一起缝补。梁思成把儿子带到重庆考中学，孩子不负众望考上了战时后方首屈一指的重庆南开中学[②]。而且随着国际战争局势开始明显向着有利于中国的方向发展，他们告别李庄的日子不远了。

---

① 陈岱孙：《往事偶记》，商务印书馆，2016 年。
② 梁从诫：《不重合的圈：梁从诫文化随笔》，百花文艺出版社，2003 年，第 441 页。

第九章

她的抱负　知名的梁太太和无名分的清华教授

1. 偏要"上房揭瓦"

林徽因与营造学社是相互成就的，所有人都在谈论冰心小说中那个"我们的太太"时，她却在野外像个男人一样轻盈地在古建筑中攀援、测绘，在缤纷的大自然与诡谲的大历史中自在地吟诗、行文。林徽因与梁思成住在北总布胡同的7年间，营造学社调查了137个县市、1823座古建筑，对其中的206座古建筑进行了详细测绘，完成图稿1898张，她参与了大部分具有里程碑意义的考察，包括大同华严寺、善化寺及云冈石窟，正定隆兴寺，洛阳龙门石窟，山西晋汾地区古建筑，陕西西安碑林，五台山佛光寺等古建筑，并发表出具有划时代意义的研究成果，打破了日本对中国建筑学的断言。同时，她还为北平的学术、文化界和西方听众作过多次介绍中国古建筑的中英文讲演。

"九一八"事变后，很多东北大学建筑系的学生从沈阳流亡到北平，大家自然找到了曾经的老师梁思成和林徽因。梁思成设法给他们在营造学社找些绘图及测绘的工作，暂时维持生计，但学生绘图质量不理想，因此梁思成将绘图工作暂停，带他们去测绘故宫，没想到这无意中为1949年后设计国徽打下了基础①。但此时梁思成和林徽因最重要的工作，还是开拓性地开展了对中国古建筑的实地考察。从此，营造学社的主要工作由文献整理转向野外考察。

梁思成的第一次野外考察是去蓟县独乐寺。1932年4月，从北京到蓟县大约80公里，每天只有早上6点一班很破旧的公共汽车，路上还充满了很多不确定性。林徽因也没去过农村，她一直都在担心梁思成，不仅担心他的吃住行，还担心土匪，那是沈阳生活给她的阴影。更何况，她当时已经怀孕5个月了，当然不希望孩子爸爸有任何闪失。尽管梁思成到达后的当天晚上就打回电话说没有土匪，住宿很便宜，四个人

---

① 梁思成等摄，林洙编：《中国古建筑图典（第4卷）》，北京出版社，1999年，第933页。

一毛五①。但林徽因还是不放心，她不顾自己的病情和有孕在身，毅然挺着大肚子赶到了蓟县的独乐寺，从此开始了和梁思成携手并肩的野外考察工作。

独乐寺建于辽圣宗统和二年，距离唐亡仅77年，距离北宋的《营造法式》刊行尚有116年，非常具有对照研究的价值，为中国建筑史及《营造法式》的研究提供了丰富的实物资料。考察结束后，梁思成和林徽因很快就合作写出了独乐寺的调查报告《蓟县独乐寺观音阁山门考》。这个全中国开拓性的创举，在国内外学界引起了不小的轰动，使梁思成和林徽因大受鼓舞。这是林徽因人生中很重要的一年，她第一次野外考察，第一次公开发表了学术论文，并生下儿子梁从诫，她所有的担忧、病痛、焦虑和不甘都一扫而光。

随后，林徽因又独立撰写了第一篇学术论文，名为《论中国建筑之几个特征》，谈到了自己对中国建筑独到的见解。她认为：中国的建筑是以中国长江—黄河一带为中心，受此影响，其建筑形式类似，使用材料、

----

① 〔美〕费慰梅：《梁思成与林徽因：一对探索中国建筑史的伴侣》，中国文联出版社，曲莹璞、关超等译，1997年，第67页。

工法、营造语言、空间、艺术表现与此地区相同或者雷同的建筑，皆可统称为中国建筑。中国优秀古建筑的艺术特征必含有三要点：实用、坚固、美观①。她的论文学术性、文学性和可读性都非常强。

他们在考察时认识了蓟县县立中学校长，校长又给他们提供了一个线索，在他们老家河北省宝坻县（现在是天津市的市辖区之一），有一座广济寺，建筑特征和独乐寺很像。于是，六月份，梁思成又出发到宝坻县去，考察了三大寺，尤其是宝坻西大寺，梁思成竟然发现了《营造法式》中所说的，"彻上露明造"的做法，令他非常兴奋。可惜，很快，林徽因就生孩子了，没法去宝坻县，而且生完孩子后她被家务事牢牢困住，儿子女儿占了她大部分精力。但是她的激情已经被点燃，什么都阻挡不了她。她只用了两个月，就从产后的家务琐碎里挣扎出来，一起对北平郊区进行考察，和梁思成合写了调查报告《平郊建筑杂录》，发表在11月的汇刊上，这篇报告富有才思，充满诗意，一看便知主要出自林徽因之手。经过这两次古建筑调研，学社的野外

① 贾珺：《建筑史（第21辑）》，清华大学出版社，2005年，第1922页。

考察工作逐步走上正轨。梁思成很快制定了野外考察的行为准则：每年进行二至三个月的考察旅行，由学社派出由研究人员带领的野外小分队完成①。

此时的营造学社也开始招收更多年轻人，其中就包括后来的顶梁柱之一——莫宗江。梁思成对青年人十分爱护，周末，梁思成还带莫宗江到家里。林徽因很善于培养人才，挖掘长处，她把他们收集到的最好的素描、速写、渲染给他看，从建筑讲到美学、哲学、文学，毫无保留地给他讲解。莫宗江很快地成长起来了，在科学中融入艺术，形成了独特的个性②。

1933 年 9 月，林徽因随梁思成、刘敦桢、莫宗江在山西调查大同古建筑及云冈石窟。为了做系统、长期的研究，就在附近借了一间无门无窗的农民厢房住，吃的是煮土豆和玉米面糊糊，连咸菜都非常宝贵③。但林徽因这个名门闺秀根本没在乎，在他们拍摄的照片

---

① 林与舟:《梁思成的山河岁月：飞扬与落寞》，东方出版社，2005 年，第 100 页。
② 梁思成等摄，林洙编:《中国古建筑图典（第 4 卷）》，北京出版社，1999 年，第 935 页。
③ 林洙:《梁思成、林徽因与我》，清华大学出版社，2004 年，第 82 页。

里，林徽因穿着优雅的旗袍和裤子，却像个男人一样，爬在高高的梁上、屋顶、塔顶，精心地进行测绘。条件艰苦不堪，她布满风霜的脸上却全是优雅自信的笑容。

在考察过程中，她不仅写报告，也写散文。在她发表的散文《山西通信》里，她非常开心，一路感慨古今的兴废。那些当地的教书先生、军队里的兵卒、女人、孩子都好奇地观察着这位美丽的女学士，她也认真地观察着这些众生百态，跟他们热情地聊天。在夜里也没闲着，在一间田垄废庙，她划一根火柴偷偷照看那观音的脸①。在广阔的天地里，她挣脱了家庭琐碎，挣脱了梁太太的附属感，找到了自己。

结束了大同的调查，他们又出发到应县去调查佛宫寺木塔。随后开始调查华严寺大殿，梁思成摄影，林徽因和刘敦桢抄录碑文，记录结构上的特异诸点，莫宗江与工人测量平面。9 日，林徽因返回北平。随后，梁思成和莫宗江发现了著名的修建于隋朝的赵州桥，轰动国内外。

1933 年的 11 月，梁思成、林徽因、莫宗江又再次

① 林徽因：《林徽因诗文集》，万卷出版公司，2014 年，第 88 页。

去到正定，做补充调查，又新发现了多处宋辽时期的古建筑。除原已知道的几处外，还有开元寺钟楼、关帝庙、县庙等十余处①。这都让林徽因激动不已。

他们的野外考察能够顺利进行，跟创始人朱启钤的远见分不开。营造学社的会员中有很多政界的头面人物，每次梁思成他们要去野外勘测，朱启钤就会先请这些"门面"会员向当地政府打招呼。这样，梁思成他们到了之后，不仅会得到当地官员的亲自接待，还会被安排向导甚至保安人员一路护送。即使这样，他们仍然脚步匆匆。沈阳的经历让林徽因从未忘记国家的隐忧，他们必须和未知的国难抢时间。

讽刺的是，这时远在北京的文化人圈子里，却因为冰心的《我们太太的客厅》，将林徽因对号入座成那个肤浅虚荣、心机深重、热衷被男人追捧的"太太"。而且，即使她的论文引起轰动，还是有老派学究指着她穿旗袍做测绘的照片说，"看，上房揭瓦！"可林徽因已经成为一个专业的野外考察专家，根本不在乎什么名门闺秀、学者太太的包袱，她心中的抱负大着呢。

---

① 林洙：《梁思成、林徽因与我》，清华大学出版社，2004 年，第 70 页、80 页。

2. 在穷困潦倒中开花结果

林徽因从不被虚名遮眼，这大概是因为她见过世面、博闻广识，胸有格局；她亦不会被穷困打倒，这是她的高贵灵魂中的倨傲，也是历经生活磨难后的禀赋。这都是她用扎扎实实的作品证明出来的。

在李庄，营造学社的驻地是两个相连的小院，一边作办公室，一边作宿舍，宿舍里住着梁思成和刘敦桢两家。院内还有一棵大桂圆树，树上拴了一根竹竿，是梁思成训练年轻社员的攀爬技能用的，目的是为日后再次考察时磨练"上房揭瓦"的基本功。梁氏夫妇有两间房，一间卧室、一间书房，林徽因在患病期间，每日躺在房间里的帆布床上，为学社做了很多关键的研究性事务。

梁思成想要研究在四川发现的汉阙和崖墓，林徽因可以在深入研究汉代历史方面帮助他。因为她本来就对汉代历史人物如数家珍，她接下来的任务，就是把汉代人的习俗、服装、建筑至脾气秉性以学术的眼光进行归纳和分析。她就躺在那张帆布床上，研究整理起了二十四史还有数以千计的照片、实测草图、数据、大量的文字记录等典籍资料，完成了她的汉朝建筑研究。看到她的研究进度和成果，梁思成给费慰梅的信中由衷惊叹，"如果她照现在的速度搞下去，她将会成为汉朝研究方面杰出的年轻女学者"①。这是林徽因一贯的研究思维，她总能把建筑和文化、历史、艺术、宗教巧妙地联系和结合。

她依然热爱举荐有才干的年轻人，且眼光毒辣。1940年，学社急需一个年轻人帮助大家处理杂务、帮忙绘画，于是招收了一名本地高中肄业的农民小伙子罗哲文。罗哲文晚年回忆说：他在宜宾的一家报纸上看到一则中国营造学社招考练习生的广告时，连这个单位是干什么的都不知道，只是考题中有写字、画画、美术的内容，他很感兴趣，就去投考了，结果竟然从众多考生中脱颖而出，被录取了。林徽因很快发现罗

---

① 郭黛姮、高亦兰、夏路编著：《一代宗师梁思成》，中国建筑工业出版社，2006年，第125页。

哲文在测绘方面有培养前途，于是把他调到梁思成手下做助手。梁思成果然大受助益，说："罗哲文给我写、测绘，增加了我手的功能。"罗哲文在老年时曾经回忆起林徽因，充满感激："当时学社招考的只录取了我一人，所以她特别关心，叫我用心学习，还说莫宗江、陈明达先生进学社时比我还小，现在已经可以独立进行调查研究工作了。说我只要认真学习，一定能赶上他们的……"虽然营造学社学术地位崇高，但林徽因并没有轻视这个毫无基础的年轻人，她给他推荐建筑学启蒙读物，亲自教他和莫宗江学英语，鼓励他们跟刚从中央大学建筑系毕业来学社的卢绳先生学习古典诗文。她的鼓励让这个农民小伙子进步迅速，1945 年营造学社迁回北平，罗哲文虽非聘用人员，但却被准许一同返回北平，并成为营造学社的正式成员。[1]

可是很快，由于资金陷入困境，营造学社的支柱和元老之一、共同奋斗了十几年的刘敦桢此时不得不离开学社，到中央大学建筑系任教。临走前，他和梁思成促膝长谈，两人边谈边流泪，直至号啕痛哭。林

---

[1] 岱峻：《发现李庄》，四川文艺出版社，2009 年，第 257 页。

徽因除了伤心，更担心，自从南迁以来，营造学社干活的人一共只有五个，现在刘敦桢一走，大家很可能作鸟兽散。果然不久，陈明达也离开了学社赴西南公路局就职，学社的重担又落到梁思成一个人身上。但梁思成很快振作起来，他知道在这个关键时刻，更要鼓舞大家的士气，不能让外人以为学社没有运转，遂决定恢复《营造学社汇刊》。建筑界同仁及学社社员知道后，积极赞成并慷慨捐助了印刷费 2500 元。当时后方的条件极为困难，连最普通的报纸都没有，更别提印刷了。于是，梁思成因陋就简，改用石印。他们不用照片，将插图手工绘版，文字也直接抄录。从制版、印刷到装订发行，全部由剩下的学社同仁加上老少家属一齐亲自动手，林徽因经常带大家熬到半夜，终于在后方出版了七卷一期、二期两期汇刊，著名的唐代佛光寺、成都清真寺等重要研究成果都在七卷汇刊上，还有费慰梅写的"文武梁祠原形考"。文章发表在美国的调查报告《哈佛亚洲研究集》1941 年六卷期上，引起很大的反响，为他们战后的机遇打下了基础。①

---

① 梁思成等摄，林洙编：《中国古建筑图典（第 4 卷）》，北京出版社，1999 年，第 952、953 页。

林徽因在病床上也从未停止阅读和文学创作。她阅读范围极广，有西方文学著作、社科读物，也有建筑学术著作，比如《战争与和平》、《通往印度》、《狄斯累利传》、《维多利亚女王传》、《元朝宫殿》（中文）、《清宫秘史》、《宋代堤堰和墓室建筑》、《洪氏年谱》、《安那托里·佛兰西外史》、《卡萨诺瓦回忆录》、《莎士比亚全集》、《安德烈·纪德全集》……也读完梁思成的手稿、儿子的作文和孩子们喜爱的《爱丽思漫游记》中文译本①。那时没有电灯，菜油又贵，很难想象她是怎样完成这么大阅读量的。她仍然常常写诗，但大概受文学著作和此刻处境的共同影响，内容通常都是迷茫、惆怅、苍凉的格调，这和她早期恬静、飘逸、清丽的风格迥然不同。

1943 年，局势已经更加明显，战争结束在即，林徽因和梁思成商定，要完成《中国建筑史》初稿和英文《中国建筑史图录》稿，这样战后就可以立马出版，这样，剩余的工作人员也会更有斗志和盼头。因为有很多单位给他们写信，问有没有关于中国建筑的书出

① 四川省李庄镇人民政府等编著：《图说李庄》，中国建筑工业出版社，2006 年，第 60 页。

版，他们觉得一切势在必行。林徽因知道，《中国建筑史》将是中国第一部建筑学理论著作，可以把中国营造学社过去十二年中搜集到的材料系统化，于是林徽因拖着病体每天和梁思成工作到半夜。《中国建筑史》把过去的三千五百年分成六个建筑时代，对每一时代的建筑遗存都作了描述，并把文献研究和实地考察相结合，总结各个时代的建筑物。这里面，林徽因的贡献必不可少，宋、辽、清的建筑发展、手绘宋朝首都以及二十四史中有关于建筑的部分，都来自她的贡献。她睡的小小行军帆布床周围堆满了中、外文书籍，病痛让她苦不堪言，但她自责的却是：自己不能帮思成更多忙①。11月稿件完成后，梁思成瘦到不到 100 斤，林徽因愈发憔悴，但他们野心勃勃，充满希望。

多年以后，总有人说：林徽因不爱做家务。其实历数在加入营造学社到抗战爆发这一个动荡而繁荣的时段里，林徽因已然像一个超人了，不仅怀孕、生子、照顾家务，还不耽误野外考察，先后完成了很多影响巨大的建筑学论著。包括 1933 年 12 月的《云冈石窟

----

① 林与舟：《梁思成的山河岁月：飞扬与落寞》，东方出版社，2005 年，第 205 页。

所表现的北魏建筑》（林徽因、梁思成、刘敦桢合写），
1935 年 3 月《晋汾古建筑预查记略》（林徽因、梁思成
合写），1935 年 6 月《平郊建筑杂录续》（林徽因、梁
思成合写），1935 年《天宁寺建筑年代之鉴别问题》
（林徽因、梁思成合写）。其间，她还发表了诗歌、小
说、散文、话剧、文艺评论几十篇，逐渐成为北方文
学界一位有影响的作家和评论家。而在长沙、昆明、
李庄这一路的逃亡中，她仍然为中国建筑学理论的建
立贡献了无可替代的力量。

　　她性格率真，言辞鞭辟入里，又不失文学底蕴，
敢用奔放的语言、充沛的感情，甚至嬉笑怒骂的笔法
来写学术报告，常会从剑走偏锋的角度发表高明的创
见。梁思成后来常常对梁从诫说，他文章的"眼睛"
大半是林徽因给"点"上去的，因为梁思成所有的学
术性文字都有林徽因的修改和加工[1]。然而，这一点在
"文化大革命"中却使梁思成吃了不少苦头。因为林徽
因那些嬉笑怒骂的"神来之笔"往往成为运动狂热者
们精心挑选的"把柄"。

---

① 贾珺主编：《建筑史（第 21 辑）》，清华大学出版社，2005
　年，第 1930 页。

她的建筑成就被无数人钦佩：吴良镛称赞她："一位了不起的中华第一女建筑师，才华横溢的学者。"清华建筑学院教授、古建研究所所长楼庆西说："她当之无愧地是我国建筑历史与理论这门学科的创始者与奠基者之一。"她的弟子常沙娜，后来的中央美术学院院长说她："林先生为我们对中国历代装饰图案（包括建筑装饰、各类青铜玉器、服饰等），进行多重的比较、分析。生动地传授了历代的文化背景及相互影响演变、发展特征，她像个活辞典，博古通今地指点讲解。"

3. 没"名分"的清华建筑系创始人

战争在 1944 年终于接近尾声，曙光再现，国内知识分子的工作开始慢慢恢复。此时的梁思成担任了一个重要职位：中国战地文物保护委员会副主席。他带着罗哲文到了重庆，在上清寺中央研究院的一个小楼执行一项任务：在军方给他们的地图和指南里，编制一套沦陷区重要的文物建筑目录，包括寺庙、宝塔、博物馆等等，并标明位置以防止在战略反攻中被毁坏。目录会发给当时仍在轰炸中国东部省份日军基地的美国飞行员。与此同时，盟军司令部通过中方请梁思成把日本的重要文物古迹列表，并在地图上标出位置，因此，梁思成还通过中方代表对盟军表示，如果日本不可避免被炸，那请至少保留京都和奈良。他在日本出生和长大到十一岁，对古城京都奈良十分熟悉，他认为日本民族的文化之根就存在于这两座古城之中，此举成功保护了京都和奈良①。他不仅是一个爱国者，更是一个真正意义上的和平主义者和国际主义者。这份目录还送了一份给周恩来，引起了共产党对梁家夫妇的注意。

1945 年 8 月 10 日晚，日本广播宣布无条件投降。消息传来，举国狂欢。苍白消瘦的林徽因仍然躺在床上，对外界情况一无所知。在李庄镇上参加学生游行的女儿梁再冰飞跑回家，兴奋地告诉了母亲这个消息。林徽因闻之狂喜，顿时振作，仿佛病都好了一大半。此时梁思成和费慰梅也从重庆赶过来，大家决定一起参与这举国欢庆的时刻，于是给林徽因扎起一架滑竿，一路抬着她到了镇上，加入庆祝胜利的游行队伍。这是林徽因近五年来第一次来到这个古老小镇的街上。②

抗战胜利以后，所有战时迁往大后方的机关、团体、学校、工厂以及逃难的百姓，如开闸的洪水，一波一波地奔返家乡，驻扎李庄多年的科研人员以及同济大学的师生们也蠢蠢欲动。1946 年 5 月 1 日，终于等到重

---

① 岳南：《南渡北归：北归·第二部》，时报文化出版社，2011年，第 191 页。
② 《李庄镇志》，方志出版社，2006 年，第 366 页。

x

庆国民党政府正式颁布还都令：5 月 5 日凯旋南京。

　　林徽因心情好了之后，身体也恢复得很快，刚能下地时，就和梁思成一起坐船去重庆了。她在那里不时跟费慰梅开车兜风，看戏，看电影，甚至到美国大使馆食堂吃了几次饭，听美国军官聊战场上的惊心动魄。但这一切只是表面平静而已。在这里，她第一次近距离接触了共产党的领导人。她带着儿子参加了乔治·马歇尔将军来到重庆后不久举行的一次招待会，中国各个党派的代表以及包括苏联共产党在内的外交代表都得到邀请。那是一个微妙的时刻：日本已经投降，而内战尚未爆发，人人都盼望和平，却又各怀心思。俄国人在唱歌，共产党领袖和国民党官员相互敬酒，旧军阀中的激进者也在——冯玉祥还跟聪明伶俐的梁从诫和林徽因聊了两句。整个场面一派祥和，却又暗流涌动，大家关心的都是重庆这场国共和平谈判接下来到底会将中国引向何方。在重庆，林徽因还遇到了来自美国的著名胸外科医生里奥·埃娄塞尔博士。他当时在重庆的中国善后救济总署，为林徽因做了简单的检查和了解病史后，悄悄对费慰梅说：她双肺和一个肾都已感染，可能最多还能活五年。费慰梅没有告诉林徽因，林徽因也没有问，可能她早都料到了。她没有参与战争，战争却摧毁了她。大家都在考虑和平年代的生活怎么继续时，林徽因却要考虑人生最后的几年怎么极尽光和热。她的身体已经不适合再颠簸，于是决定不回李庄，梁思成、老金、费慰梅计划直接从重庆送她到昆明去。他们在昆明张奚若家附近找到一处住处，她终于逃离了湿冷的李庄，回到了她眼中西南的"意大利"，在这里，她大部分时间都和老金待在一起。老金每天奋笔疾书，她则如饥似渴地读书。①

梁思成的难题又来了。此时的营造学社只有梁思成、刘致平、莫宗江、罗哲文四人，然而经费早已见底。学社面临着两种抉择，一是投奔复员后的清华大学设立建筑学院，第二是彻底与中央博物院的人马合并，采用中央博物院的编制，由梁思成出任中央博物院筹备处主任。梁思成和林徽因商量了很久，最终决定选择投奔清华大学。培养中国的建筑人才，是他们在东北大学的未竟之愿。于是，梁思成把建议写信告

---

① ［美］费慰梅：《梁思成与林徽因：一对探索中国建筑史的伴侣》，曲莹璞、关超等译，中国文联出版社，1997年，第172页、173页。

诉了清华校长梅贻琦。梅贻琦欣然同意，并拟聘梁思成为建筑学系主任。他当时雄心勃勃，战后的清华不只是增加建筑系，还要增加考古人类学系、语言人类学系等多个系院，并想要把傅斯年从清华大学挖走的陈寅恪、赵元任、李济等学术大师全部招募到自己的旗下，一展当年清华研究院的雄风。这下梁思成放心了，1945 年 7 月初，梁思成和林徽因才分别从昆明和李庄聚会到重庆，又专程拜访了梅贻琦，详细谈论了复员后的工作计划和对清华建筑系的展望。经过一个多月的整理资料、安顿人员、艰辛辗转，梁思成和林徽因终于于 1946 年 7 月 31 日从重庆直航回了北平。

梁思成一家回到北京时，抗日战争已经结束一年多了，他们先住在宣武门内国会街的西南联大复员教职工接待处，不久后，搬入清华大学教授宿舍新林院 8 号。梁思成正式出任清华大学营建系（后来改为土木工程系）的主任。因为清华大学原有夫妇不能同时在清华大学任教的规定，因此，林徽因始终是以特邀教授的身份参加创办营建系的工作①。原中国营造学社的

---

① 岳南：《李庄往事：抗战时期中国文化中心纪实》，浙江人民出版社，2005 年。

人员，除了王世襄转入故宫博物院以外，刘致平、罗宗江、罗哲文连同梁思成原来的学生吴良镛等一干人马，全部投奔到清华营建系任教，一个全新的格局开始形成。也就是在这一年，他们的女儿梁再冰从李庄穿着草鞋走出来，考入了北京大学西方语言文学系就读。

在清华园的林徽因是很开心的，她在这里写过一首《我们的雄鸡》：

我们的雄鸡从没有以为

自己是孔雀

自信他们鸡冠已够他

仰着头漫步——

一个院子他绕上了一遍

仪表风姿

都在群雌的面前！

我们的雄鸡从没有以为

自己是首领

晓色里他只扬起他的呼声

这呼声叫醒了别人

他经济地保留这种叫喊

（保留那规则）

于是便象征了时间！

可是此时中国并不太平。1947年3月，国共两党谈判破裂，内战全面爆发。费慰梅回国，成为永诀，临走前，曾提出把林徽因接到美国，但是林徽因拒绝了。她这一生，经历了晚清新政的变革时代，军阀混战的乱世时代，日本侵华和抗战时代的艰难，还有什么过不去的呢？况且，她现在这副残躯，哪里也去不了。此时随着国内内战的发展，北平的形势越来越糟糕。可此时的梁思成却在美国四处奔波，家里只剩下林徽因和她的孩子们。

梁思成任务繁重，顾不上其他。他不仅要在清华筹备一套课程，还要去耶鲁大学作为客座教授到纽黑文去教中国艺术和建筑，普林斯顿大学则希望他参加1947年4月"远东文化与社会"国际研讨会的领导工作，其间他还要考察美国各大学的建筑学教育——这是教育部交给他的考察课题。这都因为他在李庄的论文引起了国际学术界的注意，战时出版的两期《汇刊》

更为营造学社赢得了国际声誉。他带上了营造学社在大水后仅存的资料照片，以及《图像中国建筑史》英文稿，作为中国代表参加了联合国纽约总部大厦设计咨询委员会，并且和著名建筑师和城市规划专家克拉伦斯·斯坦因学习经验，为清华建筑系的课程做了很好的规划。4月初，他如约参加了普林斯顿大学的"远东文化和社会"讨论会，随后被普林斯顿大学授予名誉博士学位。此时的梁思成拥有很多头衔：中央研究院院士、中国建筑研究所所长、清华建筑系主任、清华建筑研究所所长、联合国大厦咨询委员会委员以及耶鲁大学访问美术教授[①]。因此，他此时已是即将败退台湾的国民政府和新建政权的共产党共同看重的顶级人才。

可林徽因这边，尽管她还没有任何正式学者和教职名分，且身负重病，但因为梁思成不在，建筑系刚刚成立，她必须竭尽全力维持建筑系的运营。她此时对学生和教职人员基本是什么事都有求必应，不分巨细。林徽因对刚入职的吴良镛、刘致平、莫

---

① [美] 费慰梅：《梁思成与林徽因：一对探索中国建筑史的伴侣》，曲莹璞、关超等译，中国文联出版社，第182页。

宗江和罗哲文等人说，无论有什么问题都可以找她。她躺在病床上，为创建建筑系做了大量组织工作，从桌椅板凳的购置等琐碎的行政事务，到专业性很强的建筑课程相关学术问题，把一个系从无到有地办了起来。建筑系成立之初，图书资料相当匮乏，林徽因就慷慨地将自己家中的书籍借给他们，无论是教师还是学生，都可以随时到她家里来看书。她说：与其存放在家中落灰，倒不如真正利用它们的价值。林徽因很受年轻教师的欢迎，他们都喜欢来她家里和她聊天，无论是教学中遇到的问题，还是对生活、艺术的看法，都相谈甚欢。林徽因在谈话中能忘记现实的一切烦恼，感到前所未有的放松和安静、轻松和自由。即使她此刻病重，话说多了就会咳嗽，但仍然保持着一贯的幽默。

有一次，刚刚从欧洲战场回来的萧乾来到北平探望她，给她讲自己在欧洲的见闻，说英国人的乐观和幽默给她留下了深刻的印象。某天下午，伦敦上空出现了大片机群，一时间整个伦敦似乎都被机枪扫射声和炸弹爆炸声覆盖。而在伦敦的广播中，播音员们却十分滑稽地播送着战况，"天哪，我的上帝，他们开始交火了。"萧乾绘声绘色地给林徽因模仿着，逗得林徽因哈哈大笑。"英国人天生就是这样的幽默和乐观。"林徽因笑着说，"我在英国读书的时候，和克伯利克先生一同去度假，但半路上他装满钱的手提箱被人偷走了，克伯利克非但没有恼怒，还风趣地说火车还没下，提箱的人却来了。"①

在建筑系里，林徽因这样一辈留在中国的知识分子，依然保留着30年代知识分子圈自由民主的学术风气，海纳百川，互相切磋，学生们听各种学者的讲座，跳土风舞，和老师过节联欢，进城游行，有什么疑问也会很快解决。有一次，建筑系的写生课要画真人裸体，模特都请好了，却有三个女生闻风而逃。教美术的李宗津教授气愤骂道：你们去问林先生，她当时不上人体写生课吗？并去林徽因那里告状了。林徽因知道后开导她们：大学女生哪能如此封建②。她想起她当年在宾大，想学人体写生还没资格呢。后来，这三个女生成了中华人民共和国第一代女建筑师。这段日子，

① 林杉：《一代才女林徽因》，作家出版社，2005年，第324页。
② 陈新华：《百年家族：林长民·林徽音》，立绪文化，2002年。

是清华建筑系在林徽因的带领下极值得怀念的时光。

但建筑学在中国终究还是个新事物。1947年清华第一次校庆时，建筑系也有展览，林徽因请学生抬着自己去看，还在建筑系展室里神采飞扬地担任了嘉宾和解说，尽管这透支了她的精力和健康，但她认为，只要这样会让大家更了解建筑学，便值得。谁知道，意见书上竟然写着：集空想之大成，不明白建筑系是干什么的……林徽因失望又气愤。他们的空想是什么呢？无非是大庇天下寒士俱欢颜，无非是拉车拉粪的也不应该露宿街头。

可是，整个中国还没普及这个概念，一切在这里就埋下了导火索。

更糟糕的是，此时经历过战争的北平，百业萧条，工商业纷纷倒闭，国民政府开始疯狂印钞，导致恶性通货膨胀。就在林徽因回北平这短短的时间内，北平的大米由法币900元一斤一下子涨到了2600元一斤，在重庆的餐厅7000元吃一顿的消费都算便宜了。

艰难的生活同样困扰着清华大学的学子们，林徽因在学校内看到了无数学生在食堂前变卖衣服。"卖尽身边物，暂充腹中饥"，学生们常常是吃了上顿没下顿，很多人甚至高喊着"饿死事大，读书事小"。林徽因心里很不是滋味，饥饿的阴影不仅笼罩着学生们，也笼罩着自己的家庭，笼罩着整个北平。人们开始发起反饥饿、反内战的浪潮。一时间，清华园的"民主墙"上，出现了诸如"内战声高，公费日少，今日丝糕，明日啃草""向炮口要饭吃"等标语[1]。在上海、南京等地也掀起了抢救教育危机的运动，一时间各地高校纷纷宣布罢课，以示抗议。在清华大学内，学生们用高音喇叭播送着自己的罢课宣言："饥饿使我们虚弱，却不能使我们沉默……一切动乱的原因都在于内战，内战一刻不停，世间就永无宁日，饥饿也将永远追随我们。"

整个社会都处在动乱之中，林徽因更无法独善其身，家中的日子愈加艰难了。某次，一位系里的年轻教师在看书的时候对林徽因抱怨道，如今的工资只能勉强糊口。旁边的人却不这么认为，打断他的话说道："如今我们清华教师的待遇还算不错了，没听说过一句

---

[1] 林杉：《一代才女林徽因》，作家出版社，2005年，第322页。

话吗？北大老，师大穷，清华燕京可通融。"因为战况吃紧，最近又有不少北大、师大的老师哪怕舍弃原来所学的专业也要拼命调到清华。林徽因听到这些很心疼，时局艰难，本应埋头学问的教师们被迫了为了营生而挖空脑袋。她说："无论你在哪一所大学做事，都应该倍加珍惜这来之不易的机会，但前提是要吃得饱饭，不被饿死。"于是为了改善大家的处境，林徽因很快组织了一批清华学生成立了工艺美术设计组，承接外面的一些私活，用赚来的钱购买文具、颜料和纸张赠送给那些生活困难的学生。林徽因始终对学生传达着一个观念：一定要继续发扬和保护我们的民族建筑艺术。

某次，几个学生一同来到林徽因家还书。一位年轻的助教说："西方文化之所以能一直保持稳定的发展，不得不归功于他们对古代文化和艺术的保护。"林徽因听罢，笑着说道："其实在 19 世纪以前，西方的古代艺术也是时常被毁坏，那些幸存下来的要么是因为工料够坚固，要么就全凭运气。欧洲对文物也是从近代才开始重视起来的。"她又感叹道："我们必须发扬和保护我们的民族建筑艺术的特点，一个东方国家，如果在建筑上毫无个性，一概地模仿至少是文化衰落的表现。近几年来，一些新兴的通商大埠诸如上海、汉口等城市，在建筑上只会笼统地模仿欧美特色，失去了中国建筑艺术的精髓。"① 这番话放到如今仍然适用。

① 张清平：《林徽因》，百花文艺出版社，2002年，第334页。

第十章

她的抉择　新时代的希望与难题

1. 以建筑学的底气，拥抱新时代

不久之后，远在美国的梁思成毫无准备地接到了来自北京的电报，他大惊失色：林徽因的肺结核病情急剧恶化，她的一个肾严重感染，肺部的结核也愈发严重，医生考虑切除她一个肾。这么大的手术，梁思成作为家属必须回来做决定。此时梁思成耶鲁大学的课程已经结束，虽然联合国咨询委员会的会议还在继续，但梁思成能做的事已经做了。他只能马上回来，他把给清华买的书以及一辆克莱斯勒车安排好了海运，行李中也装满了给家人买的小礼品，他希望这些代表着"美国先进技术"的小玩意儿能让大家眼前一亮。梁思成回国后，立马身兼丈夫和护士，每天竭力抽出时间来陪伴林徽因。他在美国买的礼物也陆续运到了，林徽因本来期望梁思成给自己买些漂亮的洋装、饰品，或者可以送朋友们的小玩意，没想到，梁思成买的全是代表着"美国先进技术"的电子产品，他还深信林徽因会为科学而惊喜，在病床上可以解闷。林徽因虽然哭笑不得，但也的确能在优雅闺秀和女学者之间灵活转换，开始认真研究起那些玩意儿来：她坐在床上没事的时候，就拿着放大镜仔细研究录音机。她想，比起写信，录音给朋友们肯定更有趣。可机器不灵光，梁思成的声音就像梅贻琦，费慰梅的声音像费正清。林徽因最喜欢的还是梁思成买的小型克莱斯勒牌汽车，他们家以前那辆雪佛兰随着逃难早已不见踪影。在办完没完没了的海关入境和上牌照的手续之后，林徽因可以坐车到处转，还可以把朋友接到家①。她有了重获新生活的感觉，一个新时代也即将到来了。

秋凉以后，林徽因的身体状况有所改善，但这并不是好消息，这意味着她可以承受切肾手术了。在给费慰梅的信中，她把这说成"做一次大修"，"只是把各处的零件补一补，用我们建筑业的行话来说，就是堵住几处屋漏或者安上几扇纱窗"。结果这样说着说着，她就开始说建筑了：比如卧床的西四牌楼中央医院

① 郭黛姮、高亦兰、夏路：《一代宗师梁思成》，中国建筑工业出版社，2006年，第153页。

房子，"这是早期民国建筑的杰出创造。一座集民国、袁世凯式、外国承包商、德国巴洛克风格于一体的四层建筑！"① 她就这样在幽默乐观与时日不多的绝望之间不停切换，在手术之前，林徽因做好了最坏的打算，还给费慰梅写了诀别信。她甚至为这个手术作了诗，名字就叫《恶劣的心绪》。

但幸好手术是成功的，而术后，梁思成和金岳霖还写信委托费慰梅想办法搞点特效药，费慰梅也不负期待，托到北京出差的美国朋友带了两份链霉素。多亏这特效药，林徽因很快出院，回到她清华园家里了。躺了一段时间后，体力脑力都逐渐恢复了，她忽然间诗兴大发，还从旧稿堆里翻出以前的诗来，修改、整理后寄到各家杂志和报纸的文艺副刊去，几天之内寄出了 16 首。

但她的身体渐好，时局却渐糟。她趁着有体力带着孩子跟年轻朋友们游颐和园时，国共内战已经到了最后阶段，物价飞涨惊人，在颐和园内，她雇了一顶轿子直上园后的山顶，竟花了 7 万元，虽然梁思成的

① 林杉：《一代才女林徽因》，作家出版社，2005 年，第 336 页。

工资也差不多一千万，但当时连一张轻打字纸都要 1 万，钱真的比纸还廉价。

尽管仍处战乱，但刚刚恢复正常的学术界仍然充满生机。在 1948 年 3 月，梁思成被选为国民政府中央研究院第一届院士，胡适、李济、傅斯年、梁思永、金岳霖，也都赫然在列。梁思成野心勃勃，构思着中国建筑教育的未来，他想得很长远：把营建系办成营建学院，下设建筑系、市镇规划系、造园系、工业技术学系①。梁思成的构思得到了林徽因的极大支持，并毫无保留地提出极好的修正意见。8 月份，梁思成飞往南京，参加研究院创建 20 周年庆典和在研究院总部召开的第一次全体院士会议。谁知道，这竟然是和老朋友们一起切磋学术的最后一次会议。此刻内战的结局已基本明朗，蒋介石的"人才迁台"计划开始了，作为院士的梁思成，自然在名单上。尽管蒋介石两次亲自打电话催促胡适和梅贻琦，让他们率中央研究院院士以及优秀学者飞离南京，并派专机迎接，但一开始没什么人响应，就连胡适都以忙着筹备北大 50 周年校庆

---

① 梁思成：《大拙至美：梁思成最美的文字建筑》，中国青年出版社，2007 年，第 14 页。

为由不肯南下。据后来统计，除胡适、梅贻琦等几十位教授以外，中央研究院81位院士有60余位留在了大陆，包括梁思成。

梁思成和林徽因留下来的原因很简单，他们舍不得这片故土。早在1940年还在李庄的时候，费正清夫妇就写信表示可以提供条件让林徽因去美国治病，她拒绝了，回北平后，费慰梅希望接她去美国，她也拒绝了，祖国还需要她，她绝对不能离开。从父辈到他们这一代，为救国图存做了那么多牺牲，为了民族自强付出那么多心血，他们离开，就等于背弃父辈。而且她更舍不得自己亲手奠基的中国建筑学事业。更直接的原因当然就是，林徽因当时的身体状况，根本经不起千里迢迢的颠沛辗转。另外，林徽因和梁思成对未来也有了不一样的看法，因为解放军已经找到了他们。

由于国共关系最为曲折的1924—1928年那段时间，林徽因和梁思成都在美国，回国之后也只是埋头学术，对共产党并不了解。林徽因对共产党人只有过两次深刻的印象，一次是1942年在李庄的时候，周恩来曾经派女共产党员龚澎以个人身份探望她——就是曾经常到北总布胡同三号来"见世面"的那个小女孩；第二次是 1945 年抗战胜利后，林徽因带梁从诫参加乔治·马歇尔在重庆谈判前的招待会，她觉得共产党人并不像国民政府宣传的那样负面。

12 月 13 日下午，清华园北边响起了第一声炮声。在这个人人自危的时刻，梁思成和林徽因最担心的却是北京城里那些古建筑，那些仅存的宫殿都是传统的木结构建筑，遇到炮火定然灭顶，这仿佛就是千百年来中国古建筑的命运轮回。随后所有学校纷纷宣布停课，并签署了校园轰炸抗议书，没想到得到了解放军的回复：中国人民解放军十三兵团政治部在学校大门口贴出了告示，称中国人民解放军将保护人民生命财产不受损失，保护学校寺院文物古迹不遭破坏①。

第二天家里的保姆刘妈告诉林徽因，她在外面看到解放军纪律严明等事情。林徽因认真地听着。没想到刚吃完饭，张奚若就带着两个解放军的十三兵团政治部联络处负责人来到梁家。他们的目的是特地前来向梁林两位先生请教些事情：不知城里哪些文物建筑需

① 张清平：《林徽因》，百花文艺出版社，2002 年，第 360 页。

要保护，请在这张地图上标示出来，以免攻城的炮火不慎误击。林徽因和梁思成对新政权的信任，大概就是从这时开始的。他们想，大概是他在重庆曾交给过周恩来一份古建筑保护清单，所以这次共产党领袖再次委以他重任。梁思成一时顾不上多说些什么，在两位军人带来的那张军事地图上，认真地标示出了北京市的重要文物古迹和建筑群落，这都是他们二人视为生命的宝贵文化遗产。后来，中国人民解放军由西直门列队进入北京城，又请教了他们很多问题。梁思成迅速组织学生和工作人员，在最短的时间内，编写出了《全国重要文物建筑简目》。在梁思成编制好手册后，林徽因对全册的各个条目逐一审核，并加了特别提示。在解放北平的过程中，这些文物和古迹果然都没有受到破坏[1]。他们对新政权放心了。

保护北京城之后，林徽因开始对共产党既好奇又感激，1949年清华大学上演歌剧《血泪仇》，她拖着病体执意要去，最后因为咳嗽不止半途而废。她希望自己对新政权不仅仅是感激，而是能真正参与其中。为

---

[1] 林杉：《一代才女林徽因》，作家出版社，2005年，第248页。

此她交出了自己全部的信任、全部的热爱，甘愿为之鞠躬尽瘁，从单纯爱国，到一步步爱上了陌生的共产主义制度，并谦逊认真地在钻研学习中进一步让自己产生依赖。这是很多民国时期知识分子在这个政权更迭时期共同的心路历程。

2. 新时代的机遇与难题

随着中华人民共和国中央政府的成立，梁思成和林徽因获得了前所未有的机会。包括参加并指导北京全市城市规划，设计国徽和人民英雄纪念碑，发挥了他们多年的专长。

这时，四十五岁、行将就木的林徽因如愿地被聘为清华大学建筑系一级教授。这一次，她终于有了正式的名分，不再是梁太太，而是林徽因先生；不再是特邀教授，而是一级教授。她一生被像花瓶一样凝视也被忽视的命运终于扭转了。她以主人翁式的激情，恨不能把过去在建筑、文物、美术、教育等许多领域中积累的知识和多年的抱负、理想，在如今统统发挥到极致，病情再重也压不住她那激烈燃烧的工作热情。她想在生命的最后时刻，极致地发挥光亮，以报答给她机会的新政府。

林徽因此时仍然卧病在床，但风采不改，清华大学建筑系的学生都爱听她的课。在清华大学的几年里，林徽因主讲《中国建筑史》，还为学生开过《住宅概论》专题讲座，因为她行动困难，学生也不多，所以主要是通过"家教"方式授课。每当有学生来访，她就坐在床上，为学生们解答疑问。她学贯古今，几乎能把所有关于建筑的问题联系在一起，旁征博引，妙语连连，甚至一些年轻老师也来听她的课。尽管每次学生走后，林徽因便常常气力不支，卧床喘息很久，但在学生们的眼中，林徽因的形象是高贵完美而且倾囊相授的。她真正做到了桃李满天下，培养出的优秀学生有侯仁之、关肇邺、朱畅中、常沙娜、陈从周等中华人民共和国建筑大家。晚年的她性格也变了许多，温和敦厚，总教学生宽以待人。学生关肇邺回忆道，有一次，一位青年绘图员交来的图出了一些错误，关肇邺便当场训斥他。当这位同学离去后，梁林二师把他叫到内室去，以温和的语气告诉他应该平等待人。每当他工作中出现差错时，林徽因总是温和地提醒他，从不大声地斥责，想到这些，关肇邺深感惭愧。其实，早年的林徽因可不是这样。她在东北大学创立建筑学系时，有一次她讲授素描课，有个男学生翻来覆去老是画不好。林徽因急得脱口说："这简直不像人画的！"那学生受不了，一气之下转了系①。经过多年战火和病痛的磨难，她的个性和脾气都被磨平，是幸也是不幸。

教学的成就加上更多的新头衔，让梁林二人摩拳擦掌准备大干一场。梁思成抱着一万分的热情，与南京中央大学建筑系教授陈占祥一起，共同自发完成了2.5万字的《关于中央人民政府行政中心区位置的建议》，史称"梁陈方案"：1. 北京市应当是政治和文化中心；2. 必须阻止工业发展，因为它将导致交通堵塞、环境污染、人口剧增和住房短缺；3. 严格保护紫禁城；4. 老城墙里面的建筑物要限制在两层到三层；5. 在城西建造一个沿南北轴向的政府行政中心。梁思成认为这样就达到了"古今兼顾""新旧两利"的效果②。

但是，此时的中国新政府因为与苏联关系密切，

---

① 陈明远：《洗尽铅华始见真：民国才女的个性与婚恋》，中央编译出版社，2011年。
② 夏骏、明山：《居住改变中国》，清华大学出版社，2006年，第89页。

希望以苏联为样板进行城市建设，认为天安门片区就应当像莫斯科克里姆林宫与红场那样。但党中央还是保留了他们的部分努力，接受了第三点建议：保留紫禁城。这让梁思成和林徽因很沮丧。他们更不知道，多年以后，连支持"梁陈方案"都会成为一个罪名。

随后，梁氏夫妇都被任命为国徽设计小组的成员。林徽因带着小组连续修改几稿都没有被接受，最终她修改思路，凭着建筑学测绘、制图得天独厚的优势，找出梁思成早在30年代就已测绘过的天安门平面图、立面图和剖面图，重新设计国徽中的天安门，使得构图更为稳定、庄重、立体。1950年，全国政协一届二次会议在北京召开，会上，毛泽东和与会代表起立，以鼓掌的方式正式确立了林徽因所设计的中华人民共和国国徽。那是林徽因的人生巅峰时刻。1952年夏，他们又被委任设计人民英雄纪念碑。此时，林徽因已病得无法起床工作了。而作为碑建会主要负责人的梁思成，由于工作缠身，经常赴苏联访问，一时无法抽出空闲时间来参与纪念碑的设计。于是林徽因把梁思成的工作也揽了过来，成了整个设计小组的实际领导人，坐在床上每天绘图，改方案，与梁思成通信①。最终，建成后的人民英雄纪念碑小须弥碑座采用了林徽因和梁思成的设计意见，至今矗立在天安门广场。

同年，林徽因还为即将在北京召开的亚洲及太平洋区域和平会议的各国代表们准备礼物。此时，她的双肺早已被结核病菌深度吞噬，还只有一个肾脏在运转，身体大不如前，每天夜里都要依靠安眠药才能睡着。但她依然为这个项目耗尽心血，趁着这个机遇，她开始抢救和改进在战火中快失传的景泰蓝工艺，为此在清华建筑系成立了一个美术小组。她一天吃不了两碗饭，睡眠不到四五个小时，却更顽强地跟死神争抢时间。她常常带着助手跑到北京城内景泰蓝作坊做调查研究，以惊人的毅力考察分析景泰蓝走向困境的原因并写成论文，对传统景泰蓝做出改进，最后设计出的礼物得到了各国代表的强烈好评②。她拯救景泰蓝艺术的成就被广泛认可，1953 年 9 月被邀请参加文艺工作者代表大会。会上，萧乾看见了她，萧乾握着她

① 张清平：《林徽因》，百花文艺出版社，2002 年，第 381 页。
② 陈学勇：《林徽因寻真：林徽因生平创作丛考》，中华书局，2004 年，第 146 页。

的手说"小姐",她说:"还小姐呢,都老成什么样子了。"但此时,她的心却是充满活力的。

1952年,林徽因和梁思成趁着澎湃的热情,合作完成了《祖国的建筑传统与当前的建设问题》一文,发表在《新观察》第16期上。林徽因在文中对中国的建筑传统进行了精辟的分析,主张要继承中国建筑特有的民族特征,同时要吸收外国的先进经验,还就中国当前的建设任务进行了几点有意义的思考①。但这些花费他们极大心血的成果,在亟须树立独立形象的新中国面前并不那么和谐,一切注定了梁林二人接下来的困境。

1950年,北京市人民政府决定拆除瓮城,因为北京市领导们认为,这些城墙是封建帝国防御工事,现在它妨碍交通,限制了北京的发展,如果拆掉,砖头又可以用来建造房屋或铺设马路。关键是,这体现了中华人民共和国彻底与封建帝王时代决裂的决心。这让梁思成和林徽因深受震惊,他们意识到,保护老北京城的设想即将破灭。于是,林徽因和梁思成开始集

① 林徽因:《林徽因文存:建筑》,四川文艺出版社,2005年。

中写作和翻译相关书籍，并相继发表了数篇文章，其中就有《北京——都市计划的无比杰作》，这篇文章署名梁思成，但大部分内容执笔是林徽因。他们努力阐述老北京城的历史意义：那些城门楼、箭楼、角楼都是与北京整体环境密不可分的构成部分。林徽因还特地以"老大哥"相称的苏联为例：斯摩棱斯克的城墙被称为"苏联的项链"，而北京的城墙则可称得上是"中华人民的璎珞"了[①]。

然而他们的一番苦口婆心，却被扣上了"城墙派"的帽子。更令他们吃惊的是，支持拆城者们并非都是对建筑一窍不通的人，而是既有建筑师同行，也有懂科学、会写文章的人，还和梁思成进行了一番激烈的笔战。虽然最终梁思成依靠他渊博的学识和才智，暂时说服了很多专家学者[②]，但说不服负责城建的北京市市长彭真，城墙终究还是被拆毁了。之后，彭真为了扩充天安门广场，又决定将天安门南面东西两侧三座城门拆除。梁思成再次"护城"。他屡屡"站在人民对立面"的想法不被人们理解，支持他的人寥寥，最坚

---

① 《新文学史料》，人民文学出版社，2011 年，第 191 页。
② 张清平：《林徽因》，百花文艺出版社，2002 年，第 404 页。

定的就是林徽因。林徽因坐在病床上，绝望地问：为什么历经了几百年的沧桑和动乱，都能完好无损保存下来的城墙，却要在今天这个和平年代里被摧毁。为什么我们珍惜博物馆里那几块残砖碎瓦，却忍心将这世界上独一无二的城墙拆得片瓦不留呢？[1]

城市大规模的破旧立新接踵而来。1953 年 5 月 4 日，中共北京市委认为市内的古老牌楼影响交通，拟拆除朝阳门、阜成门城楼和瓮城，东西、西四、帝王庙等牌楼。5 月 9 日，中央批准了这一方案，北京市副市长吴晗任此次拆除工作的负责人。梁思成得知这一消息极为震惊，为了抢救牌楼，和吴晗发生了激烈的冲突。梁思成认为，城门和城楼、牌坊是北京不可分割的一部分，作为北京城古老街道的独特景观，牌楼将笔直单调的街道变成了有序而丰富的空间。对于出现的交通问题，完全可以用建设交通环岛的方式解决。然而他的意见却无人理睬，病榻上的林徽因听了更是愤怒痛心。之后不久，她在出席由容振纤组织的文化界知名人士的会上，当着众人的面，怒不可遏地指着

---

[1] 陈明远：《洗尽铅华始见真：民国才女的个性与婚恋》，中央编译出版社，2011 年。

吴晗的鼻子大声指责，"你们拆除的是八百多年的古董。你们以后是要后悔的。那个时候你们再盖的就是假古董！"① 此时的林徽因早已因肺病说不出什么话来，但她愤怒的神情依然充满力量。可是这些，都成了后来批判梁思成一派的把柄。她的"假古董"之假设也的确成为今天无处不在的"潮流"，梁思成提出的环岛解决交通问题的办法，也早已成了国内外通行的城市文物保护方案。

这个新的时代，刚刚给了她希望，又带来无数的困惑。

---

① 林与舟：《梁思成的山河岁月：飞扬与落寞》，东方出版社，2005 年，第 296 页。

3. 在困惑与遗憾中悄然离去

果然，1952—1953 年，屡屡"护城"、"妨碍"新北京建设的梁思成遭到了集中的批判。

其实梁思成和新政权的分歧也并非仅仅是城市建设的观念分歧。1953 年中共党中央制定了指导和控制建筑设计的方针："经济、实用和在可能条件下注意美观"。梁思成被责成设计出一种符合这个方针的全国性建筑样本，用作全国参照。但是有实际经验的建筑师极少，这个任务也并不在梁思成的专业范畴内：他只是古建筑学家，而不是现代建筑设计师。他研究的主要是中国古建筑：都是不超过一两层的传统房子和亭台、庭院构成的古建筑，仅有的较大规模的建筑都是皇家宫殿和陵墓，以及各种寺庙。但他被"赶鸭子上架"，强行进行设计的结果是：琉璃瓦的大屋顶、不实用的画梁，不仅浪费国家和人民的财产和资源，而且充满了不适合现代建筑需求的"封建传统"。于是，后来，对梁思成的大规模批评主要集中在他搞"形式主义和复古主义"而忽视了"经济和实用"，是巨大的"浪费"①。何祚庥就曾经批判梁思成的建筑风格是"中国人的脑袋，外国人的身子"，是"阶级调和的变种"。加上他曾经的"城墙派"和"梁陈方案"的原罪，无论是他的反对者还是支持者、同事和学生，都被要求对他进行严厉的批判，谁也不敢公开为他辩护。

梁思成和林徽因开始深刻反省：是不是他们真的错了，是不是他们真的没有好好理解中华人民共和国的发展需要？他们开始认真对待这件事情，除了参加党中央对知识分子进行的组织化的马克思主义教育，他们自己也开始学习马列主义。不久之后，梁思成被推选为中国建筑学会副主任，林徽因被推选为理事。1954年，理事会经过协商确定，《建筑学报》应运而生，创刊号的头篇重头文章就是由梁思成、林徽因和莫宗江联手合著的长篇论文《中国建筑发展的历史阶

---

① ［美］费慰梅：《梁思成与林徽因：一对探索中国建筑史的伴侣》，曲莹璞、关超等译，中国文联出版社，1997年，第207页。

段》，这是他们第一次尝试着以历史唯物主义作为指导思想，重新回顾从古至今中国建筑发展的整个历程，为他们的研究工作探索一个理论基础。他们渴望深刻地融入社会主义，在林徽因写给梁思成的信中，就连捷克总统逝世和斯大林逝世的消息都让他们悲痛不已。①

但对梁思成的批判没有停下来，并在 1955 年达到高潮，《建筑学报》也被停刊。何祚麻还在《学习》杂志上发表了一篇名为《论梁思成对建筑问题的若干错误见解》的文章。他认为梁思成的几大错误是：片面强调建筑的艺术性，颠倒了建筑学中美观与适用、经济的关系；梁思成提倡的"民族形式"实际上就是复古主义；梁思成的建筑学"文法"、"词汇"论其实是形式主义理论。给梁思成扣上了"资产阶级唯心主义"的帽子，认为他"违反总路线、违反实现国家社会主义工业化方针"②。在斗争和身体衰竭的双重打击下，梁思成住进了同仁医院，还染上了肺结核。更糟糕的是，林徽因也住进来了，在他邻近的病房。因为清华

① 张清平：《林徽因》，百花文艺出版社，2002 年，第 432 页。
② 谢泳：《逝去的年代：中国自由知识分子的命运》，文化艺术出版社，1999 年，第 124 页。

园没暖气，寒冬只能靠煤炉取暖，而林徽因又特别怕冷，家中必须生三四个半人多高的大炉子，维持这些炉子是极大的"战斗"，林徽因一个人哪里顾得过来，于是也病了。1945 年埃娄塞尔博士曾说，她只能活五年，但是她竟活了 10 年，已经算个奇迹了。这对"落难夫妻"只能在医院相互安慰，梁思成精神好点时，便去隔壁看望林徽因。①

在她人生前几十年里，她总能一次次面对残酷现实和变故，并迅速规划未来。父亲的横死、十年逃难、李庄避难、政权交替，都没摧毁她，只要有机会、有力气，她总能发挥自己的价值。但这次，她真的无能为力了。当时两个解放军让他们标示出古建筑以保护北京免于战火，他们以为尊重文化，尊重老祖宗遗产的义师来了。没想到，当时他们辛辛苦苦保留下来的古城，如今却要在和平年代里被除掉。她心里充满了困惑，也不再骄傲。这一次，她终于熬不过去了。

林徽因在同仁医院里，过得十分清静。她可以感受到自己的生命和建筑学梦的希望都在一点点地凋零，

---

① 林与舟：《梁思成的山河岁月：飞扬与落寞》，东方出版社，2005 年，第 296 页。

每次有朋友前来探望，她都十分沉默，不再爱笑，不再健谈。然而，当她最虚弱的时候，竟提出要和张幼仪见上一面。

　　尽管没有林徽因的才华，但张幼仪终是明白事理的人。但说对林徽因毫无怨言是不可能的，徐志摩为了林徽因离开了自己（至少她认为是这样），可林徽因却不和他在一起。张幼仪怪林徽因的懦弱，在最后一刻不敢迈出那一步，让徐志摩孤独，让她的罪算是白遭了。但她不怪陆小曼，毕竟陆小曼和徐志摩轰轰烈烈地爱过一场。陆小曼再怎么样备受争议，也不顾世俗眼光，为了徐志摩承担了许多责难。但面对着早已病入膏肓的林徽因，任凭张幼仪心中有再多的埋怨，此刻也早已烟消云散。她以为林徽因要对她说什么，可虚弱的林徽因，只是默默地看着张幼仪，此时的她已经不能说话了。此时张幼仪和她的命运都像被老天开了个阴差阳错的玩笑。张幼仪和徐志摩生的儿子带着妻子移居美国，后来当上土木工程师，竟成了林徽因和梁思成的同行。而张幼仪也已经在香港和邻居苏季之再婚，看望完林徽因之后，她即将和苏季之共游欧洲，再回到她当年住过的英国剑桥、德国柏林，并参与策划编纂台湾版的《徐志摩全集》，最后到美国和儿子团聚。林徽因走过和放弃走的路，都让张幼仪走了。张幼仪走后，林徽因再不想见任何人，像了却了心中的牵绊，她只想和自己待在一起。

她不希望被任何人惊扰，哪怕是医生——她已经拒绝吃药了。三月，林徽因陷入昏迷，一个星期后，她终于苏醒，但是已经虚弱不堪，说话的力气都没有了，只能靠护士每天喂下的葡萄糖维持生命。三月最后一天的深夜，她用极其微弱的声音对护士说，想见梁思成，护士拒绝了，那毕竟是深夜。凌晨，当护士再次进入病房时，她已经悄然离开人世，没人知道这个晚上她都经历了什么，临走前床头竟无一人陪伴。梁思成也在承担着无限的压力，这时正是他遭受批判最激烈的时候，但他都能一直默默地忍受，从不在林徽因面前表露任何悲伤。然而，见到已停止呼吸的林徽因这一刻，他感情的防线终于决堤了，泪水喷涌而出，坐在林徽因的床边不断地重复着："受罪呀，受罪呀，徽因你真是受罪呀。"① 金岳霖在办公室里听到学

----

① 陈学勇：《林徽因寻真：林徽因生平创作丛考》，中华书局，2004年，第291页。

生传来这个消息后，先是沉默不语，片刻后嚎啕大哭。哭完之后，金岳霖静静地坐在椅子上，目光呆滞，一言不发，仿佛他的某个人生阶段也一去不返了。

四月二日，《北京晚报》发布一则讣告：林徽因的葬礼将于四月三日举行。治丧委员会由周培源、张奚若、钱伟长、金岳霖、钱端升等十三人组成。四月三日，金鱼胡同贤良寺举行追悼会，林徽因被葬入八宝山革命烈士公墓。人民英雄纪念碑委员会决定，把林徽因亲手设计的一方富于民族风格的花圈与飘带的汉白玉刻样做她的墓碑，碑上刻着"建筑师林徽因之墓"。按照梁思成和林徽因此前的约定，后逝者要为对方设计墓碑的承诺，于是梁思成亲自为妻子设计了墓体，"一个美丽的诗人与建筑学家，就此长眠"。吊唁仪式上，众多的亲朋、学生都送来了花圈、挽联，最醒目的是金岳霖写的那句话，被人们传诵至今：一身诗意千寻瀑，万古人间四月天①。

---

① 岳南：《南渡北归：离别·第三部》，时报文化出版社，2011年，第396页。

4. 同侪们的普遍命运

林徽因在动荡和喧嚣中安静地去世了，不知道是幸还是不幸，因为她身后那些活着的人们，不得不想方设法与新的时代相处和自保。

梁思成在林徽因去世后，转变沉默和疑惑的态度，开始接二连三地向组织检讨自己，唯恐不够深刻和诚恳。在被接二连三地批判后，1956 年 1 月，他在全国政协公开承认了错误；2 月，他向毛泽东提交了入党申请书，称自己将成为"再生的青年"，"准备着把一切献给您"；随后他把之前 20 多年的知识、思想和成果全部冠上"资产阶级唯心主义、形式主义、复古主义"的标签，一概加以否定；"反右"运动开始之后，梁思成亲手撰写了"知识分子中第一篇反右文章"，成为"反右运动"急先锋；1957 年下半年，他还写了大量批判斗争檄文，终于躲过了随后而来的"反右"风暴，而大部分曾大鸣大放的建筑师和学者，在运动中被打倒；梁思成开始陆续担任中国科学院与清华大学合办的建筑历史与理论研究室主任、中国建筑学会副理事长等职务。1959年1月8日，鉴于在"反右运动"中的积极表现，梁思成成功入党。同年3月，梁发表《决不虚度我这第二个青春》再次表达决心①。还在第19期《中国青年》杂志上写了一篇长文《一个知识分子的十年》，文章开头就写道："1949—1959：多么令人心花怒放的10年！多么幸福的10年"……这说明梁思成放弃了自己的理想和立场了吗？或许，梁思成很明白，谁也逃不过政治旋涡，他的父辈如此，他也如此。他非常积极，曾组织过对陈占祥的批判会议——就是当年和他一起提交"梁陈方案"的著名城市规划师和建筑师，会下他对陈占祥说："占祥，你怎么就那么糊涂呢？""糊涂"，或许梁思成想说的是，在当时需要的是能够活下去的"糊涂"，而不是知识分子式的"聪明"。②

---

① 朱涛：《梁思成与他的时代》，广西师范大学出版社，2014年。
② 林与舟：《梁思成的山河岁月：飞扬与落寞》，东方出版社，2005年，第306页。

在林徽因去世后七年，梁思成娶了第二任太太林洙，还是林徽因的远房亲戚，这说明他对林徽因的感情消失了吗？

1948年3月31日，是梁思成和林徽因结婚20周年纪念日，他们在清华园的家中举行了纪念派对，来了很多朋友。林徽因把她在李庄的研究成果声情并茂地报告给了大家，非常有成就感，尽管她刚刚手术不久，伤口还曾裂开过。那时清华建筑系才成立第二年，梁思成除了负责讲授中外建筑史，还想继续考察，但是当时内战已经一年多了，野外考察当然不可能。他只能待在学校和家里做教学计划。也是在这时，一位新朋友进入了梁家——林洙。她父亲是林徽因的亲戚，刚刚从上海的中学毕业，想进清华念书，于是她父亲给林徽因写了一封介绍信。林洙忐忑不安地去见这两位当世的杰出学者，没想到，林徽因热情地把她安排在吴柳生教授家借住，还主动帮她补习英语。林洙对林徽因是无限崇拜的，她总沉浸在她智慧与美的光芒中，"她是我一生中所见到的女子中最美、最有风度的"。即使颠沛流离的生活和病魔已把40岁的林徽因折磨得只剩下一把骨头。

有一次，林徽因问林洙：北京的古建筑都看了哪些。林洙说城里的基本都看过了，最喜欢天坛神圣感的祭坛和太庙宁静肃穆的古松。听到此，林徽因突然笑着聊起她和梁思成的故事："那时我才十八九岁，第一次和思成出去玩，我摆出一副少女的矜持，可是进了太庙的大门不久，他却咕噜一下，爬到树上去了，把我一个人丢在下面！真把我气坏了。"林洙回头看看梁思成，他挑起一眉毛调皮地笑道："可你还是爱上了这个傻小子。"① 大家都笑了。在林徽因和梁思成的影响下，林洙对建筑发生了兴趣，这为她后来整理梁思成的遗作打下了基础。

　　后来林洙结识建筑系讲师程应铨，并确定婚事。病重的林徽因不仅给他们钱，还送他们一套贵重古董瓷器当作礼物，梁思成还亲自为程应铨和林洙做主婚人。后来借助程应铨的职位便利，即便没有接受过高等教育，林洙还是进入清华大学建筑系任系秘书。但是受后来一系列政治运动的影响，林洙的幸福生活并未持续太久。1955 年林徽因逝世之后，梁思成变得越

① ［美］费慰梅：《梁思成与林徽因：一对探索中国建筑史的伴侣》，曲莹璞、关超等译，中国文联出版社，1997 年，第 196 页。

来越沉默寡言，还因为肺结核住院。就在此时，林洙念着林徽因的恩情，常常来梁思成的身边问候他。失去妻子、被病痛缠绕，还受尽批判，梁思成很是孤独。林洙的出现，让他宽慰不少。但是针对梁思成的批评不止，连赞成他的人都会受到牵连，其中就包括林洙的丈夫程应铨。1956 年，程应铨还携林洙作为中国建筑家代表团的成员出访波兰等东欧国家，第二年，就因为支持梁思成的"梁陈方案"，被认为是反对"党的城市建设路线"而被划为右派。林洙也受到牵连，失去了建筑系秘书的工作。后来，林洙再也受不了没完没了的冲击，再者也为了孩子，与程应铨离婚①。

但梁思成早就有在建筑学面前不畏权贵的习惯了。当初离开东北大学，也是因为梁思成想努力保护沈阳的古建筑，与当时主张建设现代城市的沈阳市市长李德新发生了冲突。1928 年张学良"东北易帜"后，请李德新做市长，为的是继续将沈阳建立成现代意义上的城市。由于交通不便，李德新决定拆除老城的纪念性建筑物——老沈阳钟鼓楼，梁思成为此大声疾呼："毁坏

---

① 林洙：《梁思成、林徽因与我》，清华大学出版社，2004 年，第 230 页。

容易保护难。它们一旦消失就不能再恢复了！"可是没有用。1929 年沈阳钟鼓楼成为历史。但那时候与当政者的冲突，并不会引起梁思成如今面临的这种灾难。

后来梁思成自我检讨效果明显，恢复了工作。由于长期外出和各种公务缠身，生活一团糟。在他的系办公室，未拆的信件和杂志积成了堆。为了解决这个难题，他唯一能想到的就是林洙。正好她离婚后要独立抚养孩子，便来继续供职，工作之余总会隔一天就来梁家整理家务，两人的感情迅速升温。而此时有大胆的妇女写信向梁思成求婚，这事触发了梁思成和林洙封闭的内心世界，那天他们谈到了各自生活中的问题，两个孤单的人决定生活在一起。可想而知，不仅是梁思成的朋友们不赞成这门婚事，张奚若和其他几位好友更声称要与他绝交。他的弟妹们也反对这桩婚姻，他们联名写了封抗议信，梁思成的子女们更是吵得昏天暗地，觉得父亲被这个女人利用了。而梁思成说的理由只有一句话："我需要人照顾。"可以理解，经历了政治冲击和妥协的梁思成心境早已不一样了，他知道，务实地生活下去，才是最重要的。但很难说梁思成对她到底有多少感情，据说，在林洙结婚之后，曾想把林徽因的照片从客厅取下来，但是却因此被梁再冰打了一巴掌。而且这件事发生的时候，梁思成也没有站在林洙身边。

十年后，谨小慎微的梁思成仍然没有躲过"文革"的冲击，在一次次批斗中，梁思成死于癌症。而八宝山上林徽因的墓，也在"文革"中被她亲手培养出来的清华大学的红卫兵砸掉了①。

比起梁思成和林徽因，金岳霖的处境更为艰难。他学的是哲学，和意识形态密切相关，因此为了迎接新时代，他不仅要积极研究马克思主义，还要全盘否定自己的毕生研究，对自己以往的学术研究进行彻底的检讨。1952年4月17日，他在《光明日报》发表了《批判我的唯心论的资产阶级教学思想》，检讨自己"成为美国文化侵略的工具""丧失了民族立场"；在学术上则检讨自己搞的哲学"根本是反科学的"，要肃清自己的"资产阶级腐朽思想"。还和同为哲学家的冯友兰互相鼓励写检讨，生怕不被人民认可，据说他写了12份才过关。在检讨文章中，他还把自己在中华人民

---

① 清华大学建筑学院编：《建筑师林徽因》，清华大学出版社，2004年，第106页。

共和国成立前培养的三个得意门生殷福生、沈有鼎、王浩也批判了一番，说他们是"反动分子""落后分子"，"深受自己资产阶级学术思想的毒害"，"有的现在仍留在美国的大学里，为美帝国主义服务"。同期写检讨的还有当年和林徽因他们开读诗会的朱光潜，他写了《最近学习中的几点检讨》，和林徽因他们同住一个新林院的潘光旦也写了《为什么仇美仇不起来》……

有的教授除了全盘否定自己的学术成就外，还把自己在旧社会不同流合污、特立独行的特点也当作缺点大加批评①。后来，金岳霖自我检讨成了习惯，甚至别人都觉得过头了。1960 年，金岳霖发文，论证逻辑具有阶级性，引来逻辑学界的激烈争论，但金岳霖非常坚持自己的观点，直到 1961 年，毛泽东在庐山的一次谈话中明确表达："形式逻辑只管形式，不管内容"，才结束这场争论。

沈从文这个和林徽因通信最为频繁的朋友之一，从 1948 年就受到郭沫若等的批判，即使他从来不写阶级斗争，仍被认为是"反动"作家，他心灰意冷，于

---

① 赵德强编：《1949—1957：共和国教坛风云》，福建教育出版社，2005 年，第 80 页。

是 1948 年 12 月 31 日宣布封笔，不再进行文学创作，转而研究中国古代服饰，没想到因此躲过了同时代知识分子的困境。然而到了"文革"时，仍未逃过质疑与劫难，当时他在中国历史博物馆工作，军管会的军代表指着他工作室里的图书资料说："我帮你消毒，烧掉，你服不服？""没有什么不服，"沈从文回答，"要烧就烧。"于是包括明代刊本《今古小说》在内的几书架珍贵书籍被搬到院子全都烧毁①。

同样心气高傲且态度更为配合的钱锺书也没有好到哪里去。1950 年到 1953 年，钱锺书担任《毛泽东选集》1—3 卷英译委员会委员，他几乎花费了所有的精力翻译毛泽东著作，包括毛泽东的选集、诗词、会议纪要的翻译，功不可没。但 1969 年 11 月，还是被下放至河南罗山中国科学院哲学社会科学部的"五七干校"，一度烧过开水，收发过信件。不久，夫人杨绛也来到干校。但同年，他的女婿王德一在清查"五一六"运动中被逼自杀。1972 年 3 月回京，他开始闭门创作《管锥编》，韬光养晦，不问世事。

---

① 沈展云、梁以埋、李行远：《中国知识分子悲欢录》，花城出版社，1993 年，第 41 页。

作为林徽因的知音之一和唯一全程报道二战欧洲战场的中国记者，萧乾于 1949 年回到北京，后来担任《文艺报》的副主编，因为报上发表了一些"没审核到位"的文章，在反右期间被打为右派，"文革"期间与爱人文洁若备受迫害，"文革"过后才被平反。

女作家丁玲虽然是一个坚定的左派，很早就去了延安，还写了《太阳照在桑干河上》对土改运动发出由衷的肯定。但是在 1957 年的反右运动中，她曾经的"一杯水主义"却遭到诟病，随后受到政治批判。群众翻出她早年的《苏菲女士的日记》，说女主人公就是她自己：沉迷肉欲、操纵男人。她还因为跟胡风太近，无法脱身。最后，她因为苏联激进革命者式的生活作风问题被送去劳改。

冰心 1951 年从日本回国后，除创作外，还积极参加新时代的各种社会活动，担任各种职务，比如中国民主促进会中央名誉主席、中国文联副主席、中国作家协会名誉主席和顾问、中国翻译工作者协会名誉理事等职，更有《冰心小说散文选》《我们把春天吵醒了》《樱花赞》等作品出版。但"文化大革命"时，冰心深受冲击，被抄家，并被打进"牛棚"，胸前挂着

"资产阶级黑作家、司徒雷登的干女儿"的牌子——大概因为她是司徒雷登创办的燕京大学的知名才女，在烈日下被造反派批斗。曾经是文联副主席的她，年届70岁却在文联大楼打扫厕所，后来被下放到湖北咸宁的五七干校进行劳动改造。直至1972年美国总统尼克松访华前，冰心与吴文藻才回到北京，接受政府安排的翻译任务。

而和林徽因并称才女的凌叔华，1947年全家人定居英国，因此逃脱了政治运动的冲击。1953年，在伍尔夫的建议和鼓励下，用英文写成的带有自传体色彩的小说《古韵》，由英国霍加斯出版社（The Hogarth Press）出版时，引起英国评论界的重视，一度成为畅销书。

不知道林徽因看到这些故交的遭遇会作何感想。不过，梁思成去世后，林洙并没有离开梁家，她依旧在照顾着林徽因的母亲何雪媛。1978年，梁思成去世六年后，其冤案才得以平反。1987年，过世多年的梁思成和林徽因因曾经的《中国古代建筑理论及文物建筑保护的研究》，获得中国自然科学领域的国家最高奖——国家自然科学一等奖。1992年，梁思成的头像被印在了中国邮政发行的纪念邮票上。

第十一章

她的爱恨情仇　莫须有的绯闻与猜想

1. 徐志摩：她只是他诗里的"幻影"

与民国时代的新派女性相比，林徽因的感情经历远算不上激进和丰富，哪怕就和同阶层的女作家如丁玲、萧红、陆小曼等人比起来，她都远不如其大胆和张扬，但因为与徐志摩的多年纠葛，在大众眼中，她却偏偏成了那个年代诗性与浪漫的缩影。其实，这是对徐志摩和林徽因的双重误解。

徐志摩真的是林徽因的挚爱或者最重要的文学导师吗？可能并非如此。与其说徐志摩影响了她对诗歌和文学的追求，倒不如说她本来就热爱文学，毕竟她自小的西方文学引路人就是林纾，只是后来恰好遇到了徐志摩而已。而徐志摩的诗歌灵性更非因林徽因而触发，他作为现代诗歌领路者是早有准备的。

徐志摩先学经济学，再学哲学，后来深钻文学，知识面广博，爱好也极为广泛。林徽因在《北平晨报》

发表《悼志摩》里就记录了他这些"奇怪的"爱好：他始终极喜欢天文，他对天上星宿的名字和部位就认得很多，最喜暑夜观星，好几次坐火车都是带着关于宇宙科学的书。他还翻译过爱因斯坦的相对论，并写过相对论的文章刊登在《民铎》上。他对戏剧和绘画都兴趣极深，喜欢文艺复兴时代的画家，尤其是鲍蒂切利和达文骞。当然，他也热爱音乐，还和林徽因、梁思成一起组织过世界小提琴大师克莱斯勒的北京音乐会。但对于建筑审美，他在林徽因和梁思成面前却自愧不如："太对不起，我的建筑常识全是 RUSKINS 那一套。"[1] 他知道梁、林是讨厌 RUSKINS（John Ruskins，维多利亚时代的艺术评论家，写作的题材包罗万象，曾写过一系列研究建筑的文章合集《建筑之诗》）的。

徐志摩自然是个狂浪的浪漫主义者，可林徽因却务实理性。这不仅和两个人迥异的家庭成长背景有关，更和那个时代的男女地位有关。徐志摩作为富商长子，从小集万千宠爱于一身，除了婚姻没自主，其他方面

——————

[1] 林徽因：《林徽因诗文集》，万卷出版公司，2014年。

可谓为所欲为。而林徽因却在动荡的童年和长姐的责任中艰难长大，虽然骄傲，却顾忌太多。而那个时代，看似女性婚姻自主权有所提高，但男性和女性在资源配置、知识结构和财产权各方面差异悬殊的背景下，实际上，婚姻自主权却是为男性的喜新厌旧行了方便。林徽因可不想做第二个何雪媛或者张幼仪。因此对于徐志摩的精神追求，林徽因是理解的，但反过来林徽因所追求的，徐志摩却未必能理解，在建筑事业上，更得不到徐志摩的支持。

但是林徽因和徐志摩之间的感情，到底是怎样的状态呢？或许要综合多面的评论才能得出答案。

陈植的姐姐陈意 20 年代曾留学美国攻读家政系营养学，曾与林徽因、梁思成两人交好。林徽因有时从费城到纽约，因陈植和梁思成的亲密关系，她多借住陈意宿舍。她后来曾在采访中直言，自己曾问过林徽因与徐志摩是否有恋情，林徽因称无，还说自己决不能做破坏别人婚姻的事，还说徐志摩不该抛弃张幼仪，且曾劝过徐志摩与张幼仪和好①。

---

① 陈学勇：《林徽因寻真：林徽因生平创作丛考》，中华书局，2004 年，第 5 页。

林徽因的女儿梁再冰也说过，徐志摩去世时她年纪还小，但作为林徽因和梁思成的女儿，她很了解徐志摩同父母之间关系的性质。"徐志摩是我家两代人的朋友。他曾经追求过年轻时的母亲，但她对他的追求没有做出回应。他们之间只有友谊，没有爱情。母亲在世时从不避讳徐志摩曾追求过她，但她也曾明确说过，她无法接受这种追求，因为她当时并没有对徐志摩产生爱情。她曾在一篇散文中披露过 16 岁时的心情：不是初恋，是未恋。当时她同徐志摩之间的接触也很有限，她只是在父亲的客厅中听过徐志摩谈论英国文学作品等，因而敬重他的学识，但这并不是爱情。她曾说过，徐志摩当时并不了解她，他所追求的与其说是真实的她，不如说是他自己心目中一个理想化和诗化了的人物。"不过梁从诫后来在《人间四月天》播出后，接受媒体采访时，倒没有梁再冰这样彻底否定，他的描述可能更接近林徽因对徐志摩的感觉：林徽因很坦然承认她与徐志摩之间的友谊与感情，但不是那种爱，不是谈婚论嫁的那种爱。[①]

---

① 陈明远：《洗尽铅华始见真：民国才女的个性与婚恋》，中央编译出版社，2011 年。

费慰梅在回忆林徽因的时候说，林徽因在谈到徐志摩的时候，总是把他和英国的诗人、大文豪联系在一起。在她看来，林徽因对徐志摩更多的是待之以文学上的师友，这才是他们之间的真实关系。总的来说，林徽因对徐志摩的回忆，大多是人的灵性、文学与艺术，极少是关于男女感情的，即使有，也全无惭愧，因为她从未越矩过。1931年她在写给胡适的信中说："志摩警醒了我，他变成一种 Stimulant 在我生命中，或恨，或怒，或 Happy 或 Sorry，或难过，或苦痛，我也不悔的，我也不 Proud 我自己的倔强，我也不惭愧。"她的感情观与其说是保守，不如说是理性，她很清楚，自己就不是那个时代流行的摩登女性："我的教育是旧的，我变不出什么新的人来，我只要'对得起'人——爹娘、丈夫（一个爱我的人，待我极好的人）、儿子、家族等等。"①

与徐、林都很熟识的陈岱孙也说过："徐志摩与林徽因在伦敦恋爱也不可信，那时林徽因才十六七岁。徐志摩这人很糊涂，有一次请客，只一桌人，客人都

---

① 周静庭：《逝水人生：徐志摩传》，杭州出版社，2004年，第96页。

到了，他没想到坐下一看，全是女性。徐志摩与林徽因恋爱，林长民也不会同意。"①

但是徐志摩死后，文化界仍然掀起不少纠纷，其中最知名的"悬案"之一莫过于林徽因和凌叔华的"日记"之争。

起因是徐志摩去世之后，他大量日记的归属成了问题。凌叔华说，徐志摩早年就曾把日记交给她，开玩笑说，等他死后，请为他立传。因此，凌叔华认为，这个箱子只能交给徐志摩的遗孀陆小曼。然而陆小曼最终只拿走了自己的两本私人日记，徐志摩剩下的日记如何处置，她没有交代。但是林徽因又想起，徐志摩生前对她说了，他的康桥日记里写到她，将来是要送给她作纪念的。因此她想要日记。胡适闻得此言，主动出面，以征集徐志摩资料为名，还找了一帮人帮腔，跟凌叔华讨要。凌叔华在胡适的压力下，把那个后来俗称"八宝箱"的小箱子交给了胡适。然后胡适就转给了林徽因。然而林徽因却并没有在箱子里发现徐志摩提到的"康桥日记"，便怀疑是凌叔华私自"扣

---

① 陈学勇：《林徽因寻真：林徽因生平创作丛考》，中华书局，2004年，第5页。

押"了。凌叔华不知何故，支支吾吾地回答，确实还有一两册日记。于是林徽因说下午去她家取。凌叔华又称下午不在家，林徽因就跟她约在三天后，叫人去她家取来。三天后，林徽因亲自去了，凌叔华依然不在家，还给她留了张便条，说是家里需要整理，等择日再来。林徽因觉得被戏弄了，留了个条子让凌叔华务必找出来。凌叔华不愿意惹林徽因，虽不情愿，她还是在隔周送来了"康桥日记"，但是，日记止于徐志摩认识林徽因的前一两天，林徽因最想看的内容仍然不见踪迹，不由大光其火，继续跟胡适"告状"。胡适再次为她出头，写信给凌叔华，大意还是请她"归还"那两册日记。自然还是无疾而终。①

从此，那两册日记成了悬案，林徽因、凌淑华、胡适、张奚若、叶公超等名流，也在这日记拉锯战中逐渐精疲力竭，最终不了了之。但凌叔华却在后世几十年被人诟病，不管有无私藏日记，至少是不够诚恳。另有推测，徐志摩也曾和凌叔华有过不清不楚的感情，按照徐志摩的个性，这并不奇怪。但这样一来，书信

① 高恒文、桑农：《徐志摩与他生命中的女性》，天津人民出版社，2000年，第233页。

事件在世人眼中，由文人的体面问题，变成了两个女人的"争风吃醋"之战。

但还有人推测，真正私藏日记的是胡适。因为后来凌叔华写信，道出自己的"苦衷"，说她不交箱子的原因是因为里面有两本陆小曼的日记，闲言碎语牵涉面很广，"骂徽因最多"，还有些关乎胡适与张歆海，由于牵扯太广泛，公布出来恐引起纠纷。因此胡适读完便扣下了，还在日记中道"我匆匆读了，才知此中果有文章"①。反而是徐志摩的遗孀陆小曼并没有参与这场大战，而且一改对大烟的依赖，在第一时间，立志出版徐志摩的著述，从 1931 年起，陆续整理出版了好几部徐志摩的遗作。

林徽因固然争强好胜，却坦荡豪爽，凌叔华也不见得心机深沉。倒是归根结底，还是生前的徐志摩太"多情"而深情轻率，将杰出而美丽的女性都视为他的灵感和欲望的出口，他的缪斯，远不止林徽因一人。

徐志摩和凌叔华的"暧昧"也非空穴来风。林徽因跟梁思成去美国后，徐志摩和泰戈尔在山西又见到

---

① 汪修荣：《民国风流》，21 世纪出版社，2010 年，第 118 页。

了军阀的混乱，回家后，他表兄、堂弟、伯母又相继去世，一时间郁闷不堪。胡适为了宽慰他，介绍他去北大任教授。他开始宣泄情绪，写了很多散文诗歌，并找到凌叔华当通信员——他通信的对象。在这个真空期，很难说，徐志摩是否对凌叔华燃起过感情。他在信中几乎是口无遮拦，对凌叔华说过："你真是个妙人。真傻，妙得傻，傻得妙……"[1] 成天被这种文字连番轰炸，凌叔华真的稳如泰山吗？徐志摩任《晨报副刊》主编时，有一期刊头是请凌叔华画的，当时还闹了一个小纠纷——那是凌叔华照着英国画家比亚兹莱的一幅几乎上身全裸的挥手女郎图画的，可徐志摩却在同期发表的凌叔华小说《中秋晚》的"附记"中说："副刊篇首广告的图案也都是凌女士的。"于是，一周后有人在《京报副刊》上揭露"挥手女郎图"是凌叔华"抄袭"比亚兹莱的画，引发一场不小的笔战[2]。

但也不止凌叔华有此"殊荣"。徐志摩也曾对冰心这样说："我的五脏六腑都坏了，要到你那圣洁的地方

---

[1] 高恒文、桑农：《徐志摩与他生命中的女性》，天津人民出版社，2000年，第169页。

[2] 张琳璋：《徐志摩婚恋传奇》，作家出版社，2003年，第302页。

去忏悔……"因为徐志摩觉得冰心对恋爱的保守立场很纯洁,想找个不在这种烦恼里的朋友倾诉。郁达夫也这样评价冰心的思想:"冰心女士散文的清丽,文字的典雅,思想的纯洁,在中国好算是独一无二的作家。"① 不过也正是因为这种严苛的感情观,冰心后来也和林徽因有了著名的"太太的客厅"的纠纷。

据说林徽因与梁思成到美国之后,徐志摩大病一场。朋友张歆海陪他来庐山休养,张看到徐志摩满面愁容,说:"你这家伙,真是个情种,一刻也离不开女人的慰藉。一旦有了心目中理想的女人,马上便才思泉涌。没有了女人,便整天失魂落魄。"徐志摩说,"没有女人,哪有生活? 没有生活,到哪里寻找美。"②

徐志摩对自己的多情是坦诚的,在后来中国新文化运动中是勇敢的,唯有在对待张幼仪这件事上,他懦弱、自私,像个被惯坏的巨婴。

张幼仪到欧洲时,徐志摩已经和林徽因热恋了,

---

① 林非:《中国现代散文史稿》,中国社会科学出版社,1984年,第63页。
② 若凡编:《徐志摩的前世今生》,东方出版社,2005年,第114页。

可仍然写信接张幼仪来。张一到马赛，就发现了徐志摩的不耐烦，据说因为颠簸，在飞机上张幼仪吐了，徐志摩说"你这个乡下土包子"。没多久，徐志摩也吐了，张幼仪回敬：我看你也是个乡下土包子。但是徐志摩一边跟林徽因精神交往，一边跟张幼仪行夫妻之实。张幼仪兴奋地告诉他又怀孕了，或许她幻想着第二个孩子能拴住他。不料徐志摩说把孩子打掉。她说有生命危险。徐冷漠地说：火车肇事也会死人，可你见过谁因此不坐火车吗？孩子没打掉，因此徐志摩离家出走了。徐志摩竟然还找了黄子美带来口信，问张幼仪：你愿意不愿意做徐家的媳妇，而不做徐的太太？①

或许，张幼仪后来同意在离婚协议上签字，与其说是让步，不如说是张幼仪看不得自己崇拜的心爱的男人如此懦弱、狼狈、不堪。见她签字了，徐志摩竟然还高兴得不得了，还说一定要这么做，中国一定要摆脱旧习气。在他和旧制度做斗争和追求自由爱情的远大志向面前，张幼仪受过的那么多苦，都微不足道。张幼仪爱徐志摩吗？她回答："我这辈子从来没跟人

---

① 张邦梅：《小脚与西服：张幼仪与徐志摩的家变》，谭家瑜译，智库文化，1998年。

说过我爱你。如果把照顾徐志摩和他家人叫作爱的话，我说不定最爱他。"[1] 意思是，她尽了最大的责任，做出了最大的牺牲，却没有得到过爱。

但其实林徽因和张幼仪都是这种结构性性别不平等的牺牲品。梁实秋在《谈徐志摩》一文中，对张幼仪评价得最为中肯："她沉默地、坚强地过她的岁月，她尽了她的责任，对丈夫的责任，对夫家的责任，对儿子的责任——凡是尽了责任的人，都值得尊重。"金岳霖曾评价徐志摩道："徐志摩是我的老朋友，但我总感觉到他滑油……当然不是说他滑头。"他是指徐志摩感情放纵，没遮拦[2]，不顾对方感受，所谓深情，其实只是自己在宣泄而已，丝毫不考虑林徽因的处境，也不考虑梁、林家的交情。

而且徐志摩在还没有最后放弃林徽因的时候，就注意到了当时还是有夫之妇的陆小曼。那就是在泰戈尔的生日会上，有一个靓丽的身影在发放演出的宣传

---

① 丁言昭：《徐志摩的原配夫人张幼仪：在现代与传统中挣扎的女人》，上海人民出版社，2006年，第292页。
② 陈明远：《洗尽铅华始见真：民国才女的个性与婚恋》，中央编译出版社，2011年。

册，这个人正是陆小曼。她精通英语和法语，18 岁就被顾维钧聘为外交翻译，还擅长书画，满身光环的她，19 岁就活跃于北京社交界，各种舞池中若是没有陆小曼，那就黯然失色。徐志摩被她吸引了。可如此新式的女性，婚姻仍然由家里安排，嫁给了不解风情的王庚，她对婚姻的倦怠可想而知。而此时林徽因早跟梁思成去美国留学了，徐志摩的一腔激情终于找到了安放之处。

但他和陆小曼的风声很快又沸沸扬扬，因为王庚也是梁启超的优秀弟子，1911 年清华学校毕业保送美国，然后获普林斯顿大学文学学士，此后转入西点军校，学成归国供职于陆军部，还以武官身份随陆徵祥参加过巴黎和会。他与陆小曼 1922 年结婚，不久就任哈尔滨警察局局长。喜欢热闹和激情的陆小曼在哈尔滨住不习惯，很快离开王庚回北京娘家居住，于是遇见了徐志摩。

此时徐志摩一方面把《晨报副刊》办得有声有色，另一方面，与陆小曼的恋爱谈得热火朝天。可北平知识分子的批判声四起，他实在待不下去了，恰好泰戈尔来信约他去欧洲见面，于是他借找泰戈尔之名出走欧洲，顺便看张幼仪和儿子，路费有一部分还是梁启超帮助筹措的。可在欧洲漫游数月，也未等到泰戈尔。当他到了德国见到张幼仪的时候，才知道二儿子彼得已经病逝，他捧着彼得的骨灰盒，终于觉得愧疚和自责，这样他才和张幼仪缓和了一些。大概经过这次，他也成熟了，陆小曼家里也松动了。王赓更是有修养：愿我们都为自己创造幸福。

但对徐志摩和陆小曼的婚事，父亲徐申如一直未松口，他要见到张幼仪，得到儿媳妇的明确态度，才能决定是否同意。张幼仪晚年回忆当时的情景，她见到徐志摩及其父母的时候，注意到他手指上戴了只大玉戒，色泽是她这辈子见过最绿的。她知道，此刻徐志摩心里一定燃烧着新生活的熊熊烈火，她决定再次成全他。于是老丈人问她是否反对徐志摩与陆小曼结婚时，她说"不反对"[①]。

1926 年七月初七日乞巧节这天，徐志摩与陆小曼的订婚典礼在北海董事会举行，伴婚人也是他的离婚见证人——金岳霖。证婚人是梁启超，他的发言与其

---

① 韩石山：《重说文坛三剑客：悲情徐志摩》，同心出版社，2005 年，第 155 页。

说是证婚词，不如说是训话，他首先是痛心徐志摩"性情浮躁，所以在学问方面没有成就"。然后批他用情不专①。婚后的徐志摩很快就带着新夫人陆小曼回到硖石老家。1926 年 12 月，北伐军打到浙江，硖石一带正处在战线的中心，徐志摩夫妇又仓促离开老家，来到上海。此后这段时间，徐志摩的生活可以说是更加糟糕。1928 年，徐志摩和马文伯去了趟日本、欧洲，返回时又看了泰戈尔。回北京时，陆小曼婚后的作为让徐志摩疲惫不堪，此时恰好林徽因回国了，他又对林徽因重燃旧情。或者说，当成知己和倾诉对象。他在信中什么都对林徽因倾诉，包括在婚姻期间，他也逛过妓院，并且如实告诉了陆小曼。据赛珍珠晚年回忆，徐志摩还跟赛珍珠来往甚密过。

不过回国后的林徽因已经是梁太太，而且经历过家庭巨变，早都看开了。她始终是清醒的，或者说是身不由己的。前期，林长民和梁启超是世交和政治同道，后期林父去世，梁家全然接纳并负担她的学费和家人生活，这笔恩情债林徽因当然需要一辈子来还。

---

① 陈明远：《洗尽铅华始见真：民国才女的个性与婚恋》，中央编译出版社，2011 年。

有人认为，徐志摩的死也带走了林徽因一部分感性的气质。可是，她大量发表文学作品的时候是1930—1937年之间，这时候徐志摩已经过世。因此，林徽因和徐志摩是相互成就的，可以说，对于徐志摩，林徽因是他的缪斯女神，激发了他心中积聚已久的诗性。而对于林徽因，徐志摩只是她的文学领路人，而后来的修行全靠林徽因自身。

为此，她向胡适说过："我不以诗人的美谀为荣，也不以被人恋爱为辱。我永远是我，有过一段曲折的旧历史没什么可羞愧。……我觉我的一生至少没有太堕入凡俗的满足，也不算一桩坏事。志摩警醒了我，他变成了一种激励，在我生命中，或恨、或怒、或快乐、或遗憾、或难过、或苦痛，我也不后悔的，我也不得意，我自己的倔强，我也不惭愧。"[1] 她终其一生，警醒、坦荡、充满激情，又不失理性。1934年林徽因和梁思成在浙江考察中，还专门在硖石下了车，短短几分钟的停留里，她深深地凝望着这个徐志摩的故乡，不胜唏嘘。

---

[1] 林徽因：《林徽因诗文集》，万卷出版公司，2014年，第270页。

2. 梁思成： 无处不在的"隐形丈夫"

林徽因和梁思成是新旧参半的名门联姻，在她和徐志摩惊天动地的浪漫传闻下，显得如普通夫妻生活一样平淡枯燥，其实，这不仅是对他们婚姻的误解，更是对梁思成本人的误解。

她和梁思成婚前两情相悦，留学期间互相照顾、共同成长；婚后共同创立建筑学基业，生育之后共同开创中国田野调查壮举，事业共进；日本侵华后颠沛流亡，互相照顾，守望相助，成为彼此生命的支柱；他们包容了彼此的缺点，克服了家庭的龃龉，度过国家的危难，并创造出不可替代的成就。可能正因为这样，他们之间的诗意与浪漫反而被历史的宏大叙事和生活的琐碎细节盖过了。

17 岁的梁思成第一次见到 14 岁的林徽因，应该就理解何为"一见钟情"了。那时候的时髦女郎很多，绸缎衫裤，一条油光大辫子。但她却不是，稚气但成熟，从容但热情，笑靥如花，五官精致，半袖短衫和黑裙，热烈而独特。在影视剧中，梁思成总被刻画得木讷憨直、不解风情。其实他性格爽直，风趣幽默，多才多艺，会钢琴、小提琴，还会乐队指挥。还是足球健将，全校运动会上跳高第一名。为了讨好林徽因，他还邀请过林徽因和几个表姐妹来清华看他的乐队演出。

关于梁思成的受伤，坊间一直有传言，说梁思成之所以出车祸，是因为林徽因给她的诸多追求者制造了一个竞赛，说谁能买到最新上市的苹果给她，就证明谁对她忠心耿耿。于是梁思成为给她买苹果而受伤。可是因为这天是"国耻日"，林徽因的父亲当时还跟北洋政府有着千丝万缕的关系，是重要的法政要人，她怎么会在国耻日当天做如此儿戏的玩乐？而且梁思成终生都非常具有民族气节，对国家局势非常敏感，他在国耻日这一天也不会应承如此儿戏的"竞赛"，更何况还带着弟弟。梁思成当天只是怀着一颗拳拳的爱国之心跟梁思永去参加游行才受伤的。这个"买苹果"传闻的最早版本好像正出自陆小曼，如胡适所说：私人日记里有些许误忆和情绪，不宜放大。

梁思成对林徽因的才华由衷钦佩，他晚年曾对林洙说过：林徽因是一个很特别的人，她的才华是多方面的，不管是文学、艺术、建筑，还是哲学，都有着很深的修养。她能作为一个严谨的科学工作者，和他一同到乡间村野调查古建筑，又能和徐志摩一起用英文探讨英国古典文学和中国的新诗创作。她具有哲学家的思维和高度概括事物的能力。梁思成无不骄傲地说："中国有句俗话：文章是自己的好，老婆是人家的好。可是对我来说，老婆是自己的好，文章也是老婆的好。"他也不否认和林徽因在一起时，有时候很累。因为她的思维太活跃，和她在一起必须和她同样的反应敏捷才行。①

可是，他们之间最大的问题，依旧是家庭，或者说旧时代的毒瘤。

梁启超的夫人李蕙仙是不喜欢她的。其实李蕙仙是清末礼部侍郎李端棻的堂妹，熟读诗书，堪称才女。按理说，李端棻是个维新派大臣，而李蕙仙也是个坚

---

① 林洙：《梁思成、林徽因和我》，清华大学出版社，2004年，第238页。

韧、深明大义的人，思想应该开明才对，但是她思想中的等级秩序、婆媳秩序和宗法思想依然根深蒂固。她不喜欢新派女性，看到林徽因照顾受伤的梁思成时，还没过门就如此亲近，觉得是不合时宜的，就连林徽因用毛巾给他擦汗也被视为没分寸。尤其是泰戈尔来华，林徽因和徐志摩出双入对出现在公众视野，被视为天作之合时，李氏更认为有辱门庭，坚决反对林徽因成为儿媳。她的旧思想当然跟儿女们有冲突，总被儿女们嘲笑太守旧，而林徽因的到来加剧了这样的冲突，她当然更视其为"乱源"。1924 年李蕙仙去世之前，依然还坚持说自己至死不能接受林徽因成为儿媳。她的态度影响到女儿梁思顺，因此即使她是外交官夫人，仍然难以脱离母亲的思维。终于在梁启超和梁思成的无数来信中，才得以化解。

于是可以想象，在宾大，林徽因本来大肆地呼吸自由空气，放肆地做自己。但梁思成却因为母亲和姐姐们的排斥，夹在中间，很难做人，他不敢让母亲知道林徽因如此奔放，也不敢直接传达母亲的反感，而且他觉得自己作为未婚夫应该对她加以约束，因此在林徽因面前总显得木讷、沉默，甚至会泼她冷水，因此两人的争吵不少。但是他们最好的方式就是沟通，慢慢在梁启超信件的调试下，他们学会了在不改变自己的情况下相互容忍。但这并非全是好事，按林徽因之弟林宣的说法："梁思成林徽因结婚以后，家庭生活充满矛盾……单从性格上讲，两个人很合不来，梁思成处处让着林徽因，经常沉默，林徽因对此很反感。"①

即使后来母亲过世，姐姐们接受了林徽因，他还是喜欢内敛的表达，或者，面对女神一样的妻子，他不得不端着一些丈夫的架子，以和一般仰慕者区别开来。林微因对自己的美丽很有自觉，无时无刻不在乎自己仪态的高雅和优美，就连在香山养病，也坚持要穿高跟鞋，结果上坡容易下坡难，走下坡时，不得不由林宣和徐志摩左右搀扶托举着下来。林徽因在香山疗养时正是创作旺盛期，写诗常在晚上。清风明月中，林徽因身穿白纱睡衣，点一炷清香，采一朵莲花，面对一池荷叶，静思诗作，画面如诗如画。她曾对梁思成说起，如果山中有男子见到，定会沉醉晕倒。谁知梁思成听罢顽皮一笑，回答"我看了就没晕倒"。没等

① 陈学勇：《林徽因寻真：林徽因生平创作丛考》，中华书局，2004 年。

来夸奖的林徽因只能嗔怪梁思成不懂得赞赏①。

但梁思成真是个不解风情的人吗？他其实对林徽因的照顾和理解深藏于心，始终体恤、包容她所有的情感。不然，多年来也不会和徐志摩、金岳霖等人坦诚相处，更不会主动把徐志摩的飞机残骸带给林徽因。在李庄的时候，他变着法让林徽因不感觉孤独和枯燥，给她准备唱片、杂志，采集花草和蔬菜的种子。一静一动不啻为一种很好的组合，更何况，他们在建筑事业上是最好的搭档，共同开创了一个全新的事业。再则，林徽因始终不会忘记梁家的"恩情"，父亲林长民去世时，是梁启超一手力挽狂澜，为她解决了学费、生活费，以及对她母亲的赡养。的确，在性格上，梁、林二人差别巨大。但是，经过事业上的彼此成就，逃亡颠沛中的彼此照顾，他们的生命早已连接在了一起。徐志摩无力改变，金岳霖无力插足，只有死亡能将他们分开。

但林徽因死后 7 年，他娶了林洙，将林徽因和建

---

① 陈明远：《洗尽铅华始见真：民国才女的个性与婚恋》，中央编
译出版社，2011 年。

筑学的真知都藏在了心里最深处。虽然他战战兢兢地逃过了"反右运动",但是"文革"还是来了。荒诞的是,"文革"批判他的大字报,写的竟是:梁思成是与彭真同伙的反党分子,是反动学术权威——当初在"保护古城"事件中,他明明与彭真针锋相对。他被抄家,所收藏的图书资料全部被没收,去世前三年,他一直在医院一边治病一边写检查。在他去世前不久,有一天,林洙下班回来,发现一箱林徽因生前与梁思成为人民英雄纪念碑设计的纹饰草图被扯得满地都是,还被踏上很多脚印,想必是又有红卫兵前来抄家了。她正准备整理,梁思成说,算了吧!于是让她把这些图抱到院子里去,他点燃火柴默默地把它们烧了。最后一张林徽因的手稿他拿在手中凝视了良久,还是扔进了火堆。结婚几年,她没有见他哭过,但是这时,在火光中她看到了梁思成眼中的泪花。很快,梁思成便永远地倒下了①。

---

① 林洙:《大匠的困惑》,作家出版社,1991年,第 171 页。

3. 金岳霖：从不是一个为爱"痴"狂的书呆子

在所有关于林徽因的绯闻中，比起徐志摩的自由狂浪，梁思成的内敛柔韧，金岳霖的形象比较另类，就是一个为爱痴狂的书呆子。这三个男人的形象共同构建了后世对林徽因情爱世界的想象。

人们对金岳霖单身一世，都理解为守护林徽因，其实这也是很大的误会。首先，他一生并非只"守护"林徽因，他被人所知的女友至少有丽琳·泰勒和浦熙修二人。其次，比起徐志摩激荡的狂热、梁思成内敛的深情，金岳霖其实更像一个充满天真和钝感的哲学宅男。

金岳霖一生所写的三本书：《知识论》《论道》《逻辑》，其中《逻辑》是中国人写的第一本高水准现代逻辑哲学著作，其中最辛苦的著作莫过于六七十万字的《知识论》。之所以写得辛苦，因为这是他在云南的西南联大时写下的。当时他在西南联大任教，在基本完稿的时候，有一次，突然遇到空袭，金岳霖和往常一样夹起书稿就往外跑，到了城北的安全地带，他随地坐下来继续修改书稿，不久又困又累，以书稿当枕头，睡了过去。空袭结束时，他迷迷糊糊起身就走，书稿则被遗忘在了山上，后来再也没找到。捶胸顿足之后，他决定从头再来。于是那个暑假，他来到李庄，在梁思成和林徽因家中，继续写作①。

在学术和生活中，他就是这样一个集认真和天真于一身的哲学天才。他日常生活中书生气太重，在北京上演过很多令人捧腹的故事。他闲来无事平时喜欢养鸡、蛐蛐等小动物。他经常去东城的隆福寺和西北城的护国寺庙会，买了一对黑狼山鸡带回家养，养到近 10 斤重，很是宝贵。有一次，他突然给赵元任打电话，说请赵元任学妇产科的太太杨步伟赶紧过来。杨步伟以为是金岳霖的女伴丽琳小姐出了什么男女方面的事情，结果过去一看，竟然是那只老母鸡被他喂了太多鱼肝油，肥得生不出蛋了。杨步伟成功帮鸡解围

① 乔清举：《金岳霖新儒学体系研究》，齐鲁书社，1999 年，第207 页。

之后，他还请杨步伟吃了顿烤鸭。但从此以后，他只养公鸡，不养母鸡。他一生爱养鸡，即使在逃亡途中，也不忘养鸡，还为养鸡写了不少文章，讲起鸡来如数家珍："东北和山东有寿光鸡，江北有狼山鸡，上海有浦东鸡，也有养了多年而成为中国种的波罗门鸡，湖南有桃源鸡"①。

有一年夏天的三伏天，几位友人来到金岳霖家里做客。突然金岳霖愁容满面拱手求助，希望大家一定要帮他一个忙。大家不便细问，以为他单身一人，肯定有诸多不便，于是答应下来。结果，只见厨师端出来好几碗滚烫的牛奶，金岳霖请大家立马喝掉。原来他喜欢喝牛奶，订得比较多，一到夏天就喝不下去了。朋友告诉他，这个牛奶的订货量是可以随时改的。他竟然不知道，连称朋友"真聪明"。在昆明时，金岳霖研究哲学的同时也看了很多小说，从普鲁斯特到福尔摩斯甚至平江不肖生的江湖奇侠传都看。沈从文有一次请他去给少数爱好文学的同学讲"小说和哲学"。不料金岳霖讲了半天，结论却是小说跟哲学没有关系。

---

① 《金岳霖的回忆与回忆金岳霖》，四川教育出版社，2000 年，第 85、86 页。

有人问，那么红楼梦呢。金岳霖说红楼梦里的哲学不是哲学。然后他讲着讲着，突然停下来说："对不起，我这里有个小动物。"他把右手伸进脖子里，抓出了一个跳蚤，捏在手里非常得意①。学者王晓渔就曾说："金岳霖先生是一个'顽童哲学家'，不管在别人的回忆文章还是他自己的回忆录里，他都是一个'天真汉'的形象。"

在民国那个思想激荡的时代，金岳霖也绝不是唯一一个终身未婚的人。但金岳霖虽没结婚，却从没杜绝恋爱。1914 年，金岳霖毕业于清华学校高等科，同年官费留美，1920 年获哥伦比亚大学的政治学博士学位，在美国留学期间就认识了一个女友 Lilian Taylor，中文名秦丽琳。赵元任的太太杨步伟见过她，这点在《杂记赵家》里提到过。大约 1924 年，金岳霖到英国学习，在伦敦大学经济学院听课，其间旅欧，Lilian Taylor 与他同行，而金岳霖对逻辑学的兴趣也跟 Lilian Taylor 有关。1924 年一天，他跟张奚若、丽琳在巴黎街头偶然看见一群人争论，然后他们也加入争论，争

---

① 《那些逝去的厚重声音：民国著名学人性情档案》，《伴随》编辑部，2012 年。

论到最后没什么结果，但是却激发了金岳霖对逻辑学的兴趣[1]。金岳霖于 1925 年回国，被清华学校聘请讲授逻辑学，当年他便创办哲学系，任教授兼系主任。丽琳随他来到中国，并与金岳霖一起参加过很多公开活动，徐志摩、梁思成、林徽因、胡适等人都见过她。吴宓在 1930 年 4 月 19 日的日记写道："下午大风。四五乘人力车入城，至史家胡同 54 号甲金岳霖宅，赴 Lilian Taylor 女士招茶会，为介绍其女友 Binda 女士。"

在吴宓日记中：丽琳性格叛逆，20 世纪 20 年代就参加美国的女权运动，是不婚主义者。大概因此与金岳霖一拍即合，长年同居而未结婚，吴宓相当羡慕他们这种亲密的同居关系。从吴宓的记录里还可看出，同居而不婚这种新型的两性关系，在 20 世纪 30 年代北京学术圈尤其在留美学生中，非常流行，因为这很合新文化运动中那批要彻底否定传统文化、"冲破家庭束缚"的学者们的追求。

何炳棣还曾经做过丽琳的学生。他 1933—1934 年在山东大学读书，丽琳此时在山大教英文。何后来在

---

[1] 杨步伟：《杂记赵家》，中国文联出版社，1999 年，第 227 页。

《读史阅世六十年》里，还提到丽琳与金岳霖有一女儿："泰勒女士（Miss Lilian Taylor）最不可解的是她明明是美国人，但三番五次警告我们决不可学一般美国人的发音……多年以后才知道她在20年代是美国故意反抗礼教的'女叛徒'之一，这就说明何以她在20年代卜居北平，和清华大学哲学系教授金岳霖同居生女而不婚。"[①] 但此后再没有丽琳的消息，因为，她1935年回美国，之后一直踊跃参加女权、节制生育等运动，可能连女儿也带回国了。由于中日战争爆发等原因，她与国内友人也难再联系。

在林徽因去世后，金岳霖还有一场公开的恋情，就是与著名记者浦熙修的恋爱。当时几乎已经到了要谈婚论嫁的地步，可最后因为种种原因导致没能做成夫妻。因此，说金岳霖一生守护林徽因，是经不起推敲的。

而"林徽因约在1932年告诉梁思成，说她爱上了老金"这件事情，出自林洙的《困惑的大匠——梁思成》，林洙说，这是后来梁思成亲口告诉她的。林洙的

---

① 何炳棣：《读史阅世六十年》，广西师范大学出版社，2009年，第52页。

很多整理内容后来都被学界证明有误，因为她毕竟是根据晚年梁思成的口述回忆整理的，人在几十年后的回忆有误，甚至将想象当成事实，都是很常见的。那么从时间线上来看，这个故事是否经得起考证呢？

按照林洙的记载，1932 年 6 月，梁思成从河北宝坻县考察回来时，林徽因已抑制不住内心的波澜，哭诉：我苦恼极了，因为我同时爱上了两个人。可是根据更多的记载，包括林徽因和友人的通信，可知此时的林徽因已经参加了第一次野外考察，她对未来的考察生活是充满向往的，不太会沉浸于如此幼稚的"三角恋"。更何况，1932 年 8 月儿子梁从诫就出生了，若林洙的记载为真，那她是在怀孕期间爱上金岳霖的，还在第 8 个月的时候，告诉梁思成她同时爱上了两个人，而且有分手的打算——即将做母亲的女人，还有心思爱上另一个人而打算离开孩子的父亲？更有甚者还说林徽因和金岳霖这时候有过肌肤之亲，更是不科学了。再说，据考证，那时金岳霖正在哈佛大学听谢非教授讲解逻辑学，并不在国内。

如果林徽因真对梁思成说过这话，那也可能是怀孕期间孤独而焦虑，而梁思成偏不在身边，她渴望唤起关注。也或许是发现营造学社其他成员尤其是梁思成成天在外面考察，频出成就，而她只能在家，由此产生失落感，因而赌气说这话。况且，在 6 月 14 日，林徽因还给胡适写过信，信中并没有透露她感情出现波动摇摆的痕迹。信中，她不仅在帮胡适的太太在香山找房子，她自己也在香山养胎，触景伤怀，提到最多的还是徐志摩，伤心于国难当头，去世不到一年，已经没有人写文章评论他了。信中她也谈到了梁思成，并无嗔怪："思成又跑路去，这次又是一个宋初木建——在宝坻县——比蓟州独乐寺或能更早。这种工作在国内甚少人注意关心，我们单等他的测绘详图和报告印出来时吓日本鬼子一下痛快：省得他们目中无人以为中国好欺负。"她甚至邀请胡适趁着天气好得很，有空千万上山玩一次①。通篇无一字提到金岳霖或者感情问题。

不仅如此，林徽因平安生下孩子两个月后，就从家务的琐碎里挣扎出来，跟梁思成一起对北平郊区进行了考察，还和梁思成合写了调查报告《平郊建筑杂

① 陈学勇编：《林徽因文存：散文·书信·评论·翻译》，四川文艺出版社，2005 年。

录》，发表在会刊 11 月上，此时的她意气风发。如果夫妻二人没有感情和激情，很难完成这样专注的研究。因此，这段"三角恋"的传说，很值得怀疑。

但是林徽因和金岳霖之间彼此是一定视为知己的。金岳霖被徐志摩引荐到梁家的 1931 年，正是林徽因在凡尘琐碎之间喘息的时候，他冷静而缜密的逻辑思维，给了林徽因终其一生都在追求的独立之人格、自由之精神和辩证的逻辑思维。金岳霖能够给她完全发自内心的理解和欣赏，是徐志摩和梁思成都无法给予的。

4. 被想象出来的"敌人"们

在关于林徽因的想象中，还有一个广为人知的标签，就是"敌人多，没有女性朋友"，敌人主要包括：陆小曼、张幼仪、凌叔华、冰心。这种标签一厢情愿地认为，她们的"矛盾"一定是围绕着男人的关注和认可而争风吃醋。李健吾认为，林徽因未必是孤傲，她朋友多，看不惯她的人也多，更多是率真个性所致。的确，林徽因的好胜、雄辩，让许多男性都有些畏惧，更何况女性，但无论如何也不会到"结仇"的地步，而且，事实上她还有很多知心的女性朋友。

后世认为她首要的"敌人"是张幼仪。因为徐志摩无疑是因为林徽因才离婚的。但是张幼仪自始至终没有真正恨过林徽因，从离婚后她的表现我们知道，她和徐志摩的确是分开之后大家更自由了，她晚年甚至公开说过："我要为离婚感谢徐志摩。若不是离婚，我可能永远都没有办法找到我自己，也没有办法成长"①。她对林徽因不能说没有埋怨，而张幼仪忍痛成全了徐志摩，林徽因却"背弃"了他，这无疑是对张幼仪的双重伤害。但是她对林徽因始终保持着善意和复杂的羡慕，她说林徽因是个"长相更漂亮，思想更复杂，双脚完全自由的女士"②。在林徽因临终前，唯独想见张幼仪一面，而张幼仪欣然前往，即使张曾有些许埋怨，此刻也冰释了。

陆小曼在婚后的确因为徐志摩老往梁家跑而生气，在日记中对林徽因颇多微词，但她对林徽因的感受是很复杂的：羡慕、钦佩、好奇融合一点嫉妒。她曾在日记中写道："歆海讲的菲（林徽因）真有趣，他亦同他（徐志摩）一般的痴，她果真有这样好吗？一个女人能叫人在同时敬爱，那真是难极了，有一种人，生来极动人的，又美又活泼，人人见了能爱的，可是很少能敬的，我的本性是最骄傲的，叫我生就一种小孩脾气，

---

① 高恒文、桑农：《徐志摩与他生命中的女性》，天津人民出版社，2000年，第65页。
② ［美］张邦梅：《小脚与西服：张幼仪与徐志摩的家变》，谭家瑜译，智库文化，1998年。

叫人爱而不敬，我真气急了。①"她虽自知自己能招致男人喜爱，但她更希望自己是林徽因那种让人"既爱且敬"的女性。

林徽因和冰心之间众所周知的"争战"，主要是围绕冰心的文章《我们太太的客厅》，李健吾曾说林徽因从山西考察回来之后特地给冰心带了一坛醋作为回敬。然而，小说与"吃醋"都没有得到过证实，冰心的文字里从没指名点姓提过一句林徽因的坏话。更多像是写者无意，观者有心，而林徽因本人并没有特别的回应。然而从事实来看，林徽因和冰心的交集不少。1925年夏天，林徽因还跟冰心一同郊游野炊。而且冰心一生中最崇敬的先辈偶像恰也是林徽因的公公梁启超。1987年，87岁的她，还写专文称赏故交林徽因是"入世秀士灿若花"，回想起1925年初见林徽因，还称"林徽因也是我见到的女作家中俏丽的一个"。冰心甚至还在多年后暗示，《我们太太的客厅》里费心吸引男性的"太太"，更像陆小曼，并非林徽因。

---

① 虞坤林编：《苦涩的恋情:〈爱眉小札〉〈陆小曼日记〉》，山西古籍出版社，2006年，第36页。

林徽因跟凌叔华虽然因为徐志摩日记闹得不愉快，但是她们曾经也是关系不错而且充满信任的朋友。泰戈尔访问中国时，作为北京大学教授兼英文系主任的陈西滢担任接待，凌叔华也是燕京大学的欢迎代表，自然和担任翻译的林徽因有不少的交集。林徽因在美国读书期间，还托胡适请凌叔华帮忙拍一些她家旧宅（此时林长民已去世）的照片，说明她信任凌叔华。有人说徐志摩跟她也暧昧，但她多次把和徐志摩的关系比作彼此欣赏的"手足之情"，在致陈从周的信中，她说："徐志摩和我的感情真的是如同手足之情，而我对文艺的心得大半都是来自他的栽培。说真话，我对徐志摩向来没有动过感情。原因很简单，我已经计划和陈西滢结婚，小曼又是我的知己朋友，而且当年我们都自视甚高，志摩既已抬举我的文艺成就，在此种种原因，我只知我既应允了志摩为他保守他的遗稿等物，只能交予他的家属小曼，别人是无权过问的。"[1]

在传言中，林徽因的"敌人"还不乏男性，其中最著名的就包括钱锺书和鲁迅。据说，这也是因为钱

---

① 宋生贵：《凌叔华的古韵梦影》，东方出版社，2008年，第37页。

锤书看不惯林徽因家的沙龙聚会，觉得里面充满了知识分子的虚伪不堪，而林徽因竟然还在其中被万众瞩目。他在 1945 年写了一篇短篇小说《猫》，女主角李太太是一位喜欢在家里办沙龙、接受各种知识分子讨好的美丽女子，她有个"最驯良，最不碍事"的丈夫，是一位留学归来的学者。虽然钱锤书在序中说"书里的人物事情都是凭空臆造的"，但后世纷纷认为他讽刺的是林徽因和梁思成。甚至还拿小说中女主角的形象直接对照林徽因，说林徽因双眼皮是去日本割的，说梁思成的毕业论文是外国人代写的，更嘲讽梁思成是"夫以妻贵"。有人认为，这是因为在清华园时，因为梁思成老出差，林徽因养了只猫。恰好这时钱锤书夫妇也在清华教书，就住她隔壁，而且也养了只小猫。结果两只猫经常为争夺母猫而打架，钱锤书不顾大学者风范，专门准备了一根竹竿帮它打架，夜里不管睡得多香，只要听见猫叫，他就会抄起竹竿去加入夜猫大战。此时的林徽因成天躺在病榻，听闻此事很是生气。但因猫及人，还写小说讽刺，这不像是钱锤书这样的大学士所为。再说，钱锤书一生看不惯的人颇多，嬉笑怒骂为日常，倒不专是难为林徽因。而且为猫的事情，夫人杨绛还多次劝阻过他，还用《猫》中的一句话缓和："打狗要看主人面，打猫要看主妇面。"[1] 再说，杨绛的小说处女作还得到过林徽因的推荐，对林徽因应该始终心怀感恩的。

而比钱锺书"战斗力"更强的鲁迅，据说多次表达过对林徽因的不满，尤其是他写过一首诗叫《我的失恋》，被人们分析是直接影射林徽因："爱人赠我玫瑰花；回她什么：赤练蛇。从此翻脸不理我。不知何故兮——由她去罢！"鲁迅究竟是为什么不喜林徽因，目前尚未看到确切的论证，可是，鲁迅不喜欢的女性非常多，并非林徽因一个。鲁迅对林徽因的迁怒，应该主要来自于与徐志摩的积怨。最初两人关系还不错，鲁迅在 1923 年还把自己的《中国小说史略》送给徐志摩，徐志摩很珍视。但是后来鲁迅的反传统立场越来越强烈，泰戈尔来华后，反感泰戈尔"东方文化论"的鲁迅自然迁怒于徐志摩，还写文讽刺。1930 年，左翼作家联盟成立，鲁迅成为灵魂人物，他带领左联长期对胡适、徐志摩、梁实秋等"资产阶级代言人"进

---

① 杨绛：《记钱锺书与〈围城〉》，湖南人民出版社，1986 年，第 36 页。

行笔战，鲁迅代表的《语丝》和徐志摩代表的《晨报副刊》，还就苏俄到底是敌是友的问题展开过强烈对立的论辩，用词都相当尖锐，如周作人说：这是一种阶级仇恨。那么与胡适、徐志摩来往亲密的林徽因自然逃不脱连带挨骂。就连与林徽因有矛盾的凌叔华，也因为丈夫陈西滢与鲁迅旷日持久的骂战，而不为鲁迅所喜。冰心本人更是逃不脱鲁迅的蔑视：杭州当局禁掉十个作家的文章，其中就有冰心，鲁迅知道后，竟对郑振铎道："连冰心在内，奇极。"[1] 对其文字和本人充满轻蔑。他不喜林徽因，也并非林徽因太惹人注目。那些作风温顺、婉约，并不高调的女性也逃不脱鲁迅的批判，比如与林徽因、冰心齐名的另一名著名福州女作家苏雪林也被鲁迅骂了很多年。

林徽因"没有女性朋友"的论断更是没有根据的。林徽因的时代，中国的杰出女作家很多，她熟悉的女友除了凌叔华、冰心，还有袁昌英、陈恒泽、黄如影、冯远军、张爱玲、韩素音等人。而且林徽因和张奚若的夫人杨景任、钱端升的夫人陈公意、赵元任的夫人

---

[1] 陈学勇：《旧痕新影说文人》，中华书局，2007年，第83页。

杨步伟、周培源的夫人王蒂徽，以及陈植的姐姐陈意，都有不错的关系，她在信中屡屡提到过她们。其中钱端升和夫人的婚姻，还是林徽因做的媒，以至于钱端升在她离世多年以后犹自念及"要几辈子感谢林徽因"①。

林徽因还有一个很重要的女性朋友就是一代名媛沈性仁，她同样也是金岳霖终身念念不忘的女性。

沈性仁是著名的翻译家，受林纾影响很大，早年留学日本，回国后进入北京女高师，在学校认识了当时的北大教授陶孟和，两个人兴致相投，一拍即合，最终在 1917 年结婚。"五四"时期，沈性仁就在《新青年》发表了翻译的戏剧作品《遗扇记》，剧中体现的女性主义与五四运动走上公共空间的北高师女学生形成了有效的互动，各大报纸统统都在报道她，说她是第一个明确提出解放女性思想的文人。

此后，沈性仁与徐志摩共同翻译了《玛丽·玛丽》等文学作品，引起文化界广泛注意，特别受到林徽因的赞赏。沈性仁也因此加入了新月社，从此与梁思成、

---

① 陈明远：《洗尽铅华始见真：民国才女的个性与婚恋》，中央编译出版社，2011 年。

林徽因、徐志摩、金岳霖、胡适和朱自清等人相识相交。后来，陶孟和与沈性仁成为"太太的客厅"中的主要宾客，与林徽因互相欣赏。金岳霖初次见到沈性仁时，不写诗的他也题赠沈性仁一首藏头诗：性如竹影疏中日，仁是兰香静处风①。

沈性仁和林徽因的价值观太相近了。她翻译《遗扇记》，就是想利用这本书来建立新的女性思想观点，同时提出女性也应拥有自由的婚姻爱情和自我选择的生活。就连胡适也受到沈性仁的鼓舞，硬着头皮写信给家乡的母亲，说自己特别爱与受过良好教育的女子交谈，话里尽是对包办婚姻的不满。

战时，沈性仁和陶孟和迁至四川李庄，他们抗战热情高涨，在路上就参加了红十字会，义务看护伤兵。但逃亡途中，长期颠沛流离，又因吸入大量含硫量很高的煤炭烟雾，沈性仁也患了严重的肺结核。这可把深受此病困扰的林徽因急坏了，"经验丰富"的她给沈性仁药，并叫梁思成写信告诉陶孟和怎么吃药，"一茶匙，放入一深而高的大水罐内，罐内装满枉熟的水，

---

① 刘明清、孟波主编：《夜读百年中国》，中央编译出版社，2014年。

用布蒙头，将蒸气深深吸入，能使喉部舒爽"。还画了一幅图，告诉陶孟和水罐的形状。可惜沈性仁最终于1943年1月21日在兰州西北医院离世。

世人关于林徽因的"敌人"们的想象，主要的根据就是认为林徽因惹人注目，那么势必作风开放。其实除开那些无法佐证的"暧昧"，林徽因的感情选择和婚姻经历可谓保守。作风上比她大胆的女性有萧红、丁玲，文字比她叛逆的有张爱玲、庐隐、冯沅君、石评梅。与林徽因同时代的那些女作家们，生活重心不在男人身上，她们花心思在更重要的事情上。其实这些女知识分子若有似无的"争斗"传说的背后，不过是一个暗流汹涌的时代，各种知识分子在为中国女性的处境寻找答案。

图书在版编目（CIP）数据

被误解的林徽因及其时代/凌怡著. —上海：上海三联书店，2024.1

ISBN 978 - 7 - 5426 - 8191 - 1

Ⅰ. ①被… Ⅱ. ①凌… Ⅲ. ①林徽因（1904 - 1955）—人物研究 Ⅳ. ①K826.16

中国国家版本馆 CIP 数据核字（2023）第 146382 号

被误解的林徽因及其时代

著　　者 / 凌　怡

责任编辑 / 杜　鹃
封面设计 / 0214 _ Studio
版式设计 / ONE→ONE Studio
监　　制 / 姚　军
责任校对 / 王凌霄

出版发行 / 上海三联书店

　　　　　（200030）中国上海市漕溪北路 331 号 A 座 6 楼
邮　　箱 / sdxsanlian@sina. com
邮购电话 / 021 - 22895540
印　　刷 / 上海颛辉印刷厂有限公司

版　　次 / 2024 年 1 月第 1 版
印　　次 / 2024 年 1 月第 1 次印刷
开　　本 / 787 mm×1092 mm　1/32
字　　数 / 195 千字
印　　张 / 13.5
书　　号 / ISBN 978 - 7 - 5426 - 8191 - 1/K・728
定　　价 / 68.00 元

敬启读者，如发现本书有印装质量问题，请与印刷厂联系 021 - 56152633